戸籍のための

## Q&A

# 「出生届」の すべて

荒木文明 著

日本加除出版

# はしがき

　子どもの出生数を出生の届出件数からみると，戦後の第一次ベビーブーム期（昭和22～24年）は260万件を超えていました。その後低下傾向にありましたが，第二次ベビーブーム期（昭和46～49年）には210万件近くに回復しました。しかし，その後，年々低下し，平成17年度（平成17.4.1～18.3.31）の統計では，109万2,354件と過去最低を記録しています（法務省の統計・「戸籍」795号27頁参照）。

　出生届出の件数の推移としては，以上のような変化がみられますが，戸籍の届出件数の総数（平成17年度の総件数は，451万4,309件）からみれば，24パーセントを占めていますので，市区町村役場の戸籍事務における届出件数の割合は，一番高いことになります。

　本書は，戸籍の届出件数の一番多い「出生届」について，出生届書の様式に沿って，届書の各欄にはどのように記載して届出すればよいかを，まず，届出をされる方々の立場にたって説明し，併せて市区町村役場で，実際にその処理に当たられる戸籍事務担当職員の方々の事務処理の一助となるよう解説を試みようとするものです。

　子どもの出生の届出をしようとする夫婦，あるいは女性の方々の生き方，考え方等については，社会の変化等もあって多様であると考えられます。したがって，出生の届書に記載する内容も一様ではない場合もあると思われます。そのような場合において，届出をされる方々の届書記載のヒントになればと考え，設問（Q）と事例を多く掲げましたが，そのどれかに該当し，解決の一助となればと思っております。

　一方，市区町村役場の戸籍事務を担当する職員におかれても，届出をする方々が前述のような変化もあって，届出の内容も一様でないことから，届書の記載方法等の説明をする場合には，状況に応じた説明をしないと納得が得られにくい場合もあるかとも考えられます。戸籍事務の適正な処理は，届出をする方々にいかに正確な届出をしていただくかにかかっているといっても

過言ではありません。

　その意味では，届出をする方々に対する届書記載の仕方等の説明は大切であり，前述の届書記載のヒントは，戸籍事務を担当する職員にも役立つものと考えます。そのために，答（A）の他に〔注〕を付け加え，説明をする場合に役立つように心がけました。

　また，届出の内容によっては，経験を積んだ戸籍事務担当職員でも，法令や戸籍先例等を確認する必要性が生じる場合もあるものと考え，前記の〔注〕の他に〔参考文献〕を掲げ，その文献を参照することによって，より深く理解が得られるように配意しました。

　本書は，以上のような点に配慮したにもかかわらず，筆者が何分にも非力であるため，思わぬ誤りをおかしている点があるのではないかと危惧しております。また，本書の題名を「出生届のすべて」としましたが，まだまだ付け加えるべき事項があるように感じられ，「すべて」というには程遠いかと思います。それらの点については，読者の皆様のご叱正やご意見をいただきながら，今後さらに充実を期して参りたいと考えております。

　なお，本書については，今後「婚姻届のすべて」，「離婚届のすべて」等の発刊によりシリーズ化し，戸籍事務の処理に多少なりとも役立つものにしたいと考えております。

　おわりに，本書の構成・内容等につきましては，日本加除出版株式会社常任顧問木村三男氏（元大津地方法務局長）に適切なご指導をいただきました。ここに記して，心から感謝を申し上げます。

　　平成20年1月

　　　　　　　　　　　　　　　　　　　　　　　　荒　木　文　明

## 【凡例】

法令，判例，先例は，次のように略記しました。

| | |
|---|---|
| 国 | 国籍法 |
| 国規 | 国籍法施行規則 |
| 民 | 民法 |
| 通則法 | 法の適用に関する通則法 |
| 人訴 | 人事訴訟法 |
| 家審法 | 家事審判法 |
| 家審規 | 家事審判規則 |
| 特家審規 | 特別家事審判規則 |
| 戸 | 戸籍法 |
| 戸規 | 戸籍法施行規則 |
| 住基 | 住民基本台帳法 |
| 標準準則 | 戸籍事務取扱準則制定標準 |

| | |
|---|---|
| 昭和15．1．23大審院民事連合部判決・民集19巻1号54頁 | 昭和15年1月23日大審院民事連合部判決・大審院民事判例集第19巻第1号54頁 |
| 昭和44．5．29最高裁判所判決・民集23巻6号1064頁 | 昭和44年5月29日最高裁判所判決・最高裁判所民事判例集第23巻第6号1064頁 |
| 平成19．5．7民一1007号通達 | 平成19年5月7日付け民一第1007号各法務局長，地方法務局長あて法務省民事局長通達 |
| 昭和59．11．1民二5502号通達 | 昭和59年11月1日付け民二第5502号各法務局長，地方法務局長あて法務省民事局長通達 |
| 昭和39．2．13民事甲317号回答 | 昭和39年2月13日付け民事甲第317号法務省民事局長回答（昭和39年1月8日付け横浜地方法務局長照会に対する回答） |

## 【参考文献】

引用した参考文献は，次のように略記しました。

| | |
|---|---|
| 注釈民法親族(3) | 中川善之助編集「注釈民法(22)のⅠ親族(3)」 |
| 改訂親族法逐条解説 | 中川淳著「改訂親族法逐条解説」 |
| 逐条註解国籍法 | 木棚照一著「逐条註解国籍法」 |

|  |  |
|---|---|
| 全訂戸籍法 | 青木義人・大森政輔著「全訂戸籍法」 |
| 新しい国際私法 | 澤木敬郎・南敏文編著「新しい国際私法」―改正法例と基本通達― |
| Q&A渉外戸籍と国際私法 | 南敏文編著「Q&A渉外戸籍と国際私法」 |
| はじめての渉外戸籍 | 南敏文編著「はじめての渉外戸籍」 |
| 民事月報国籍・戸籍改正特集 | 法務省民事局「民事月報国籍法・戸籍法改正特集（昭和59年号外）」 |
| 改訂戸籍届書の審査と受理 | 木村三男・神崎輝明著「改訂戸籍届書の審査と受理」 |
| 設題解説戸籍実務の処理Ⅰ | 木村三男著「設題解説戸籍実務の処理Ⅰ総論編」 |
| 設題解説戸籍実務の処理Ⅱ | 木村三男・竹澤雅二郎著「設題解説戸籍実務の処理Ⅱ戸籍の記載・届出（通則）編」 |
| 設題解説戸籍実務の処理Ⅲ | 竹澤雅二郎・荒木文明著「設題解説戸籍実務の処理Ⅲ出生・認知編」 |
| 設題解説戸籍実務の処理Ⅳ | 横塚繁・竹澤雅二郎著「設題解説戸籍実務の処理Ⅳ養子縁組・養子離縁編」 |
| 設題解説戸籍実務の処理Ⅴ(1) | 横塚繁・竹澤雅二郎著「設題解説戸籍実務の処理Ⅴ婚姻・離婚編(1)婚姻」 |
| 設題解説戸籍実務の処理Ⅷ | 竹澤雅二郎・山本正之著「設題解説戸籍実務の処理Ⅷ入籍・分籍・国籍の得喪編」 |
| 設題解説戸籍実務の処理Ⅸ | 竹澤雅二郎著「設題解説戸籍実務の処理Ⅸ氏名の変更・転籍・就籍編」 |
| 設題解説戸籍実務の処理Ⅹ | 木村三男著「設題解説戸籍実務の処理Ⅹ戸籍訂正総論編」 |
| 設題解説戸籍実務の処理ⅩⅠ | 神崎輝明・竹澤雅二郎著「設題解説戸籍実務の処理ⅩⅠ戸籍訂正各論編(1)出生」 |
| 設題解説戸籍実務の処理ⅩⅦ | 神崎輝明著「設題解説戸籍実務の処理ⅩⅦ追完編」 |
| 初任者のための戸籍実務の手引き（改訂新版第四訂） | 戸籍実務研究会編「初任者のための戸籍実務の手引き（改訂新版第四訂）」 |
| 全訂初任者のための渉外戸籍実務の手引き | 戸籍実務研究会編「全訂初任者のための渉外戸籍実務の手引き」 |
| 全訂戸籍訂正・追完の手引き | 戸籍実務研究会編「全訂戸籍訂正・追完の手引き」 |
| 新版実務戸籍法 | ㈶民事法務研究会・民事法務研究所　戸籍法務研究会「新版実務戸籍法」 |

| | |
|---|---|
| 届書式対照戸籍記載の実務（上） | 木村三男著「届書式対照戸籍記載の実務（上）届出編」 |
| 注解戸籍届出追完の実務 | 木村三男著「注解戸籍届出追完の実務」 |
| 新版Ｑ＆Ａ戸籍公開の実務 | 斉藤忠男著「新版Ｑ＆Ａ戸籍公開の実務」 |
| 補訂注解戸籍届書「その他」欄の記載 | 島田英次郎・大熊等補訂「補訂注解戸籍届書「その他」欄の記載」 |
| 戸籍実務相談 | 東京法務局戸籍課職員編「戸籍実務相談」 |
| 改訂第1版注解コンピュータ記載例対照戸籍記載例集 | 日本加除出版㈱・㈶民事法務協会共編「改訂第1版注解コンピュータ記載例対照戸籍記載例集」 |
| 全訂注解・戸籍記載例集 | 木村三男・神崎輝明編著「全訂注解・戸籍記載例集」 |
| 全訂相続における戸籍の見方と登記手続 | 髙妻新・荒木文明著「全訂相続における戸籍の見方と登記手続」 |
| 旧法親族相続戸籍の基礎知識 | 大里知彦著「旧法親族相続戸籍の基礎知識」 |
| 全訂住民記録の実務 | 東京都市町村戸籍住民基本台帳事務協議会住民基本台帳事務手引書作成委員会編著「全訂住民記録の実務」 |
| 全訂初任者のための住民基本台帳事務 | 東京都市町村戸籍住民基本台帳事務協議会住民基本台帳事務手引書作成委員会編著「全訂初任者のための住民基本台帳事務」 |
| 戸籍法施行規則解説① | 戸籍法研究会編「戸籍法施行規則解説①」（日本加除出版） |
| 戸籍時報 | 月刊誌「戸籍時報」（日本加除出版） |
| 戸籍 | 月刊誌「戸籍」（テイハン） |
| 法務通信 | 月刊誌「法務通信」（日本加除出版） |

# 目 次

## 第1 出生届出の方法

**1 書面による届出** …………………………………………………………1

 Q1 出生の届出は，必ず書面によらなければならないのですか。………1

 Q2 出生届の届書の様式は，法律又は規則等に定められているのですか。…1

 Q3 出生届の届出用紙は，どこにありますか。………………………4

 Q4 子どもを出産した病院からもらった出生証明書付きの出生届の届出用紙は，そのまま使えますか。………………………………………4

 Q5 出生の届出をする場合，届出用紙の様式にならって，自分で必要事項を手書きしたもので届出をすることができますか。………………5

 Q6 出生の届出をする場合，届出用紙をコピーした用紙を使って届出をすることができますか。……………………………………………6

 Q7 出生の届出をする場合，届書の記載を，鉛筆，ボールペン，ワープロ，パソコンなどで記載したものでも受付けられますか。………………6

**2 口頭による届出** …………………………………………………………7

 Q8 出生届を口頭によって届出するときは，どのようにするのですか。……7

 Q9 出生届を口頭によって届出をする場合に，その届出人が，病気その他の事故で市区町村役場に出かけられないときは，どのような方法がありますか。…8

**3 届書の提出方法** …………………………………………………………9

 (1) 届出人による提出

  Q10 出生の届出をするときは，届出人が，届書を市区町村役場の窓口に直接持参して提出しなければなりませんか。………………………9

 (2) 使者による提出

  Q11 出生届書の「届出人」欄の署名，押印は父になっているが，市区町村役場の窓口に届書を提出したのは，母である場合，「届出人」欄の記載を母とするように届書を補正する必要がありますか。………………11

  Q12 出生届書の「届出人」欄の署名，押印は父になっているが，市区町村役場の窓口に届書を提出したのは，母の父（子の母方の祖父）である場合，当該届出は受付けられますか。………………………………12

 (3) 郵送による提出

  Q13 出生届書を，届出人の父が署名，押印し，本籍地の市区町村長に郵送した場合，当該届書は受付けられますか。………………………12

Q14 出生届書を，届出人の父が署名，押印し，住所地の市区町村長に郵送した場合，当該届書は受付けられますか。……………………13

Q15 郵送による出生の届出の場合は，いつ届出がされたことになりますか。…13

Q16 出生届書を，届出人の父が署名，押印し，本籍地の市区町村役場に郵送の手続をした（郵便ポストに投函）が，その後，当該届書が市区町村役場に到達前に父が事故で死亡した。
この場合において，出生届書が父の死亡した日の翌日に市区町村役場に到達したときは，出生の届出は，父以外の届出義務者から再度届出をすることになりますか。……………………14

Q17 届出人が生存中に郵送した届書が，市区町村役場に到達する前に届出人が死亡した場合，その届出が，届出人が死亡した時に届出がされたとみなされるのは，どうしてですか。……………………15

Q18 前問において，届出人が死亡した時に届出がされたものとみなすという場合，それはどのような方法で確認することになりますか。……………16

Q19 郵送による出生の届出が受理され，戸籍の記載をした後に出生届の届出人の死亡届がされ，出生届が市区町村役場に到達した前日に届出人が死亡していることが判明した場合，先に受理した出生届及び出生の戸籍の記載事項はどのようになりますか。……………………16

Q20 本人夫婦間の嫡出子が外国で出生した場合，出生届は夫婦の本籍地の市区町村長に郵送で届出をすることができますか。……………………17

## 第2　出生届書の記載方法

### 1　届出の日 ……………………18

Q21 前日に出生届書を記載して，届出の年月日もその日を記載したが，そのままの日付で翌日に市区町村役場の窓口に提出できますか。………18

Q22 出生届書に記載した届出の日が，届出をする前日の日付のまま提出した場合，どのようになりますか。……………………19

Q23 出生届を，子の出生から6年以上経過してから届出をした場合，その届出は受付けられますか。……………………19

### 2　届出先 ……………………21

Q24 出生の届出は，どこの市区町村役場にすることになりますか。………21

Q25 出生届書に届出先の市区町村長名を記載するとき，本籍地の市区町村長あてになりますか。……………………22

Q26 出生届書を届出人が住所地の市区町村長に提出したが，届出先を本籍地の市区町村長あてにした場合，本籍地の市区町村長に回送してくれるのですか。……………………22

### 3　「子の氏名」欄 ……………………23

Q27 子を出産した病院からもらった出生証明書は，「子の氏名」欄は空欄に

なっているが，それ以外の各欄は適正に記載されています。このままの
　　　証明書で出生の届出ができますか。……………………………………………23

　Q28　子を出産した病院からもらった出生証明書の「子の氏名」欄に記載さ
　　　れた名を，出生の届出をするときに別の名前に変更し，出生届書の「子
　　　の氏名」欄に変更後の名前を記載して届出をすることができますか。
　　　その場合，出生証明書の「子の氏名」欄に記載した名前を，病院の医師
　　　に訂正してもらう必要がありますか。………………………………………24

　Q29　出生届書の「子の氏名」欄の氏を，内縁中の夫の氏で届出ができますか。…25

　Q30　出生届書の「子の氏名」欄の氏・名の「よみかた」のふり仮名が，戸籍
　　　に記載されますか。……………………………………………………………25

　Q31　出生届書の「子の氏名」欄の氏・名の「よみかた」のふり仮名が，通
　　　常の漢字の読み方と違う記載をした場合，その届出は受付けられます
　　　か。………………………………………………………………………………26

　Q32　戸籍の「名」欄にふり仮名が付されているものを見かけますが，それ
　　　は，出生届書の「よみかた」のふり仮名を誤って記載したものですか。…27

　Q33　嫡出でない子の出生の届出を母が届出し，同時に父が認知の届出をす
　　　る場合，出生届書及び認知届書の「子の氏名」欄の氏を，認知する父の
　　　氏で記載することができますか。……………………………………………28

　Q34　出生届書の「子の氏名」欄に記載する名が，届出期間内に決まらない
　　　場合，出生の届出はできませんか。…………………………………………29

　Q35　出生届書の「子の氏名」欄に「名未定」と記載して出生の届出をした後，
　　　子の名が決まったときは，どのような手続をすることになりますか。……30

　Q36　出生届書の「子の氏名」欄の名の文字が，子の名に使用できない文字
　　　で届出をした場合は，どのようになりますか。……………………………31

# 4　「父母との続き柄」欄 ……………………………………………………………32

## (1)　嫡出子の父母との続き柄

　Q37　出生の届出をする場合に，出生届書の「父母との続き柄」欄に記載す
　　　る「嫡出子」とは，どのような子をいうのですか。…………………………32

　Q38　出生届書に記載する「嫡出子」について，もう少し詳しく説明してく
　　　ださい。…………………………………………………………………………33

　Q39　嫡出子とされる者が，真実は，嫡出でない子の場合は，どのようにす
　　　ることになりますか。…………………………………………………………36

　Q40　婚姻中に長女（又は長男）が出生したが，出生届書の「父母との続き
　　　柄」欄は，どのように記載するのですか。 …………………………………40

　Q41　婚姻中に出生した子の出生届書の「父母との続き柄」欄は，すべて嫡
　　　出子と記載するのですか。……………………………………………………41

　Q42　父母の婚姻後200日以内に出生した子を，母が嫡出でない子として出生
　　　の届出をしたが，その後に夫が認知の届出をした場合，その子は認知に
　　　より嫡出子になるのですか。…………………………………………………42

- **Q43** 父母が離婚してから9か月後に男の子が生まれたが、出生届書の「父母との続き柄」欄は、どのように記載するのですか。 ……… 44
- **Q44** 父母が離婚してから9か月後に男の子が生まれたが、その子が離婚した夫の子でない場合、出生届はどのように届出しますか。 ……… 44
- **Q45** 父母が離婚してから10日後に女の子が生まれたが、出生届書の「父母との続き柄」欄は、どのように記載するのですか。 ……… 45
- **Q46** 父母が離婚してから10日後に女の子が生まれたが、その子が離婚した夫の子でない場合、出生届はどのように届出しますか。 ……… 46
- **Q47** 父母が婚姻する前に生まれた子で、出生の届出未了の子を、婚姻後に父が出生の届出をする場合、出生届書の「父母との続き柄」欄は、どのように記載するのですか。 ……… 47
- **Q48** 父母が離婚をし母が復氏した後、母は他男と婚姻をし、前婚の離婚後300日以内、後婚の成立から200日後に出生した子の出生届を母が届出する場合、出生届書の「父母との続き柄」欄は、どのように記載するのですか。 ……… 49
- **Q49** 父母が離婚をし母が復氏した後、母は他男と婚姻をし、前婚の離婚後300日以内、後婚の成立から200日後に出生した子の出生届を、後婚の夫が、医師の作成した「懐胎時期に関する証明書」を添付して嫡出子出生の届出をする場合、出生届書の「父母との続き柄」欄は、どのように記載するのですか。 ……… 50
- **Q50** 夫婦間に3人目の男子が出生したが、2男は外国で出生し日本国籍留保の届出をしなかったため、戸籍には記載されていない場合、3人目の子の「父母との続き柄」欄は、「☑嫡出子 2☑男」と記載して届出をすることになりますか。 ……… 51
- **Q51** 再婚した妻との間に1人目の女子が出生したが、戸籍には前妻との間の長女と2女が在籍しています。この場合、再婚した妻との間の子の「父母との続き柄」欄は、「☑嫡出子 3☑女」と記載して届出をすることになりますか。 ……… 51
- **Q52** 父母の婚姻後200日以内に出生した子の「父母との続き柄」欄を、「☑嫡出子 長☑女」と記載した出生届を、母が届出した場合、この届出は受付けられますか。 ……… 52
- **Q53** 父母の婚姻前に出生した子の「父母との続き柄」欄を、「☑嫡出子 長☑男」と記載した出生届を、父が届出した場合、この届出は受付けられますか。 ……… 53
- **Q54** 父母の離婚後300日以内に出生した子の「父母との続き柄」欄を、「☑嫡出子 3☑男」と記載した出生届を、母が届出した場合、この届出は受付けられますか。 ……… 53
- **Q55** 父母の離婚後300日以内に出生した子の「父母との続き柄」欄を、「☑嫡出子 3☑男」と記載した出生届を、父が届出した場合、この届出は受付けられますか。 ……… 54

Q56 母の離婚後300日以内で，後婚の成立から200日以内に生まれた子の「父母との続き柄」欄を，「☑ 嫡出子　長☑ 男」と記載した出生届を，後婚の夫が届出した場合，この届出は受付けられますか。 ………………55

Q57 母の離婚後300日以内で，後婚の成立から200日以内に生まれた子の「父母との続き柄」欄を，「☑ 嫡出子　長☑ 女」と記載した出生届を，嫡出子否認の裁判の謄本及び確定証明書を添付して，後婚の夫が届出した場合，この届出は受付けられますか。 ……………………………………55

Q58 母の離婚後300日以内で，後婚の成立から200日以内に生まれた子の「父母との続き柄」欄を，「☑ 嫡出子　長☑ 男」と記載した出生届を，子と母の前夫との親子関係不存在確認の裁判の謄本及び確定証明書を添付して，後婚の夫が届出した場合，この届出は受付けられますか。 ……56

Q59 母の離婚後300日以内で，後婚の成立から200日以内に生まれた子の「父母との続き柄」欄を，「☑ 嫡出子　長☑ 女」と記載した出生届に，医師の作成した懐胎時期に関する証明書を添付して，後婚の夫が届出した場合，この届出は受付けられますか。 ……………………………58

(2) 嫡出でない子の父母との続き柄

Q60 出生の届出をする場合に，出生届書の「父母との続き柄」欄に記載する「嫡出でない子」とは，どのような子をいうのですか。 ……………59

Q61 父母が婚姻をする前に生まれた子を，母が嫡出でない子として出生の届出をし，婚姻後に父が認知の届出をした場合と，婚姻後に父が嫡出子出生の届出をした場合では，どのような相違がありますか。 ………60

Q62 内縁中の夫との間に長女が生まれたが，出生届書の「父母との続き柄」欄は，どのように記載するのですか。 ……………………………61

Q63 嫡出でない子の出生の届出を母がすると同時に，父が認知の届出をする場合，出生届書の「父母との続き柄」欄は，どのように記載するのですか。 ……………………………………………………………………62

Q64 母が嫡出でない子の出生の届出をする場合，出生届書の「父母との続き柄」欄を，「☑ 嫡出でない子　長 ☑ 男（又は長 ☑ 女）」と記載して届出することになりますか。 ……………………………………64

Q65 母が嫡出でない子（女）の出生の届出をする場合，母の戸籍には，既に嫡出でない子で父母との続き柄が「女」と記載されている子が1人いるときは，出生届書の「父母との続き柄」欄を，「☑ 嫡出でない子　2 ☑ 女」と記載して届出することになりますか。 ……………64

Q66 父母の離婚後300日以内に出生した子の出生届を，母が，嫡出子否認の裁判の謄本及び確定証明書を添付して届出をする場合，例えば，出生届書の「父母との続き柄」欄を，「☑ 嫡出でない子　2 ☑ 男」と記載した出生の届出は，受付けられますか。 ……………………65

Q67 父母の離婚後300日以内に出生した子の出生届を，母が，子と母の前夫との間の親子関係不存在確認の裁判の謄本及び確定証明書を添付して，届出をする場合，例えば，出生届書の「父母との続き柄」欄を，「☑ 嫡出でない子　長☑ 女」と記載した出生の届出は，受付けられますか。 ……66

- Q68　父母の離婚後300日以内に出生した子の出生届を，母が，医師の作成した懐胎時期に関する証明書を添付して，届出をする場合，例えば，出生届書の「父母との続き柄」欄を，「☑嫡出でない子　長☑男」と記載した出生の届出は，受付けられますか。 …………………………… 66

## 5　「生まれたとき」欄 ……………………………………………………… 67

- Q69　日本人の出生の届出をする場合，出生届書の「生まれたとき」欄の年月日を，「西暦2008年1月2日」と記載して届出ができますか。その場合，戸籍にはどのように記載されますか。 ……………………… 67

- Q70　外国人の出生の届出をする場合，出生届書の「生まれたとき」欄の年月日は，例えば「西暦2008年2月3日」と西暦の年号で記載することになりますか。
  また，日本人の戸籍に外国人の生年月日を記載するときは，元号に引き直して記載するのですか。 …………………………………………… 68

- Q71　子の生まれた時刻が，昼の12時30分の場合，出生届書の「生まれたとき」欄の時刻は，どのように記載するのですか。 ……………… 69

- Q72　子の生まれた時刻が，夜中の12時20分の場合，出生届書の「生まれたとき」欄の時刻は，どのように記載するのですか。 ……………… 70

- Q73　出生証明書の「生まれたとき」欄は「平成20年6月3日午前12時30分」と記載されているが，出生時刻が昼の12時30分であるときは，出生届書の「生まれたとき」欄を「平成20年6月3日午後0時30分」と記載して届出できますか。
  この場合，出生証明書を証明者である医師等に訂正してもらうことになりますか。 ……………………………………………………………… 70

- Q74　出生証明書の「生まれたとき」欄は「平成20年8月2日午後12時10分」と記載されているが，出生時刻が夜中の時刻であるときは，出生届書の「生まれたとき」欄を「平成20年8月3日午前0時10分」と記載して届出できますか。
  届書記載のとおり認められる場合，出生証明書について，証明者である医師等に訂正してもらうことになりますか。 ………………………… 72

## 6　「生まれたところ」欄 …………………………………………………… 73

- Q75　子どもが市内にある総合病院で生まれたが，この場合，出生届書の「生まれたところ」欄には，病院の所在番地のほかに病院名も記載することになりますか。 …………………………………………………………… 73

- Q76　出生届書の「生まれたところ」欄に，例えば「東京都千代田区」と最小行政区画までしか記載をしないで届出した場合，この届出は受付けられますか。 ……………………………………………………………… 74

## 7　「住所」・「世帯主の氏名」・「世帯主との続き柄」欄 ………………… 75

- Q77　産院で生まれた父母間の長男は，退院後は父母とともに生活するが，この場合，出生届書の「住所」欄には父母の住所を記載するのですか。「世帯主の氏名」欄には，誰の氏名を記載するのですか。「世帯主との続き柄」欄は，どのように記載するのですか。 ………………………… 75

Q78　産院で生まれた父母間の長女は，退院後は父母とともに生活するが，父母は，父の父母と同居しており，住民票上の世帯主は父の父になっています。この場合，出生届書の「住所」欄，「世帯主の氏名」欄及び「世帯主との続き柄」欄は，どのように記載するのですか。……………76

Q79　単身者の女が嫡出でない子を出生し，子は母と一緒に生活しています。母は，住民票上は世帯主になっているが，この場合，出生届書の「住所」欄，「世帯主の氏名」欄及び「世帯主との続き柄」欄は，どのように記載するのですか。……………76

Q80　単身者の女が嫡出でない子を出生し，子は母と一緒に生活しているが，母は，母の父母と同居しており，住民票上の世帯主は母の父になっています。この場合，出生届書の「住所」欄，「世帯主の氏名」欄及び「世帯主との続き柄」欄は，どのように記載するのですか。……………77

Q81　父母は子の出生前に，他の市区町村に住所を変更しているが，まだ転入届をしていない場合，出生届書の「住所」欄の記載はどのようにするのですか。……………77

Q82　子の出生後，その出生届出前に父母が住所を変更したが，まだその変更手続をしていない場合は，出生届書の「住所」欄の記載は，住所変更前の住民登録をしている住所を記載して届出をすることになりますか。…78

Q83　出生届書の「住所」欄の「世帯主との続き柄」の記載が，「子」，「子の子」，「妻（未届）の子」「妻の子」又は「夫の子」等と記載することになっているが，そのように記載するのは，何に基づいているのですか。…78

Q84　出生届書の「住所」欄の「世帯主との続き柄」の記載は，「子の子」，「妻の子」又は「夫の子」等と記載されることになっているが，それを証明するには，住民票の写しを提出することになりますか。……………80

## 8　「父母の氏名・生年月日」欄……………80

### (1)　嫡出子の父母の氏名

Q85　父母の婚姻中に出生した子の出生届をする場合，出生届書の「父母の氏名・生年月日」欄は，どのように記載するのですか。……………80

Q86　父母の婚姻前に生まれた子について，婚姻後に出生届をする場合，出生届書の「父母の氏名・生年月日」欄の「父母の氏名」は，子の出生当時の氏名を記載するのですか。
また，父母の年齢の記載は，子が父母の婚姻する3年前に生まれている場合は，いつの時点の満年齢を記載するのですか。……………81

Q87　父母が子の出生後，その出生届をする前に夫婦で他の者の養子となる縁組をし，養親の氏を称した後，子の出生の届出をする場合，出生届書の「父母の氏名・生年月日」欄の氏名は，どのように記載するのですか。……………82

Q88　父母が離婚をし母が復氏した後，母は他男と婚姻をし，前の離婚後300日以内，後婚の成立から200日後に出生した子の出生届を，母が届出をする場合，出生届書の「父母の氏名・生年月日」欄は，どのように記載するのですか。……………82

- Q89 父母が離婚をし母が復氏した後，母は他男と婚姻をし，前婚の離婚後300日以内，後婚の成立から200日後に出生した子の出生届を，後婚の夫が，医師の作成した「懐胎時期に関する証明書」を添付して嫡出子出生の届出をする場合，出生届書の「父母の氏名・生年月日」欄は，どのように記載するのですか。……84

- Q90 父母の離婚後300日以内に出生した子の嫡出子出生届を，母が届出する場合，出生届書の「父母の氏名・生年月日」欄の父母の氏名は，離婚当時の氏名を記載するのですか。……85

- Q91 父母が離婚をし母が復氏した後，母は他男と婚姻をし，前婚の離婚後300日以内で，後婚の成立から200日以内に出生した子について，その出生の届出をする前に前夫の嫡出子否認の裁判が確定し，その裁判の謄本を添付して後婚の夫から嫡出子の出生の届出をする場合，出生届書の「父母の氏名・生年月日」欄は，どのように記載するのですか。……86

- Q92 父母が離婚をし母が復氏した後，母が他男と婚姻をし，前婚の離婚後300日以内，後婚の成立から200日以内に出生した子について，その出生の届出をする前に子と母の前夫の親子関係不存在確認の裁判が確定し，その裁判の謄本を添付して後婚の夫から嫡出子出生の届出をする場合，出生届書の「父母の氏名・生年月日」欄は，どのように記載するのですか。……87

- Q93 父母が離婚をし母が復氏した後，母が他男と婚姻をし，前婚の離婚後300日以内，後婚の成立から200日以内に出生した子について，医師の作成した懐胎時期に関する証明書を添付して，後婚の夫を父とする嫡出子出生の届出をする場合，出生届書の「父母の氏名・生年月日」欄は，どのように記載するのですか。……88

- Q94 父母が離婚をし母が復氏した後，母が他男と婚姻をし，前婚の離婚後300日以内，後婚の成立から200日以内に出生した子について，医師の作成した懐胎時期に関する証明書を添付できない場合（又は同証明書を添付したが，懐胎時期が離婚以前の日と認められたため受理されなかった場合）において，後婚の夫を父とする嫡出子出生の届出をするには，どのようにしたらよいですか。……89

- Q95 日本人男が日本人女の胎児を認知した後，同男女は婚姻し，その後に胎児認知した子が出生した場合は，子の出生届及び胎児認知届は，どのようにしますか。……89

- Q96 日本人男が外国人女の胎児を認知した後，同男女は婚姻し，その後に胎児認知した子が出生した場合は，子の出生届及び胎児認知届は，どのようにしますか。……90

- Q97 父母の婚姻中に出生した子の「母」欄の「子が生まれたときの年齢」が50歳と記載された嫡出子出生の届出を父がした場合，この届出は受付けられますか。
  なお，この届出は，届書の記載は適正で，出生証明書も添付され，届書の記載とも符合します。……91

## (2) 嫡出でない子の父母の氏名

**Q98** 内縁中の夫との間に長男が生まれたが，出生届書の「父母の氏名・生年月日」欄の「父」欄に内縁の夫の氏名を記載して届出をすることができますか。……………………91

**Q99** 嫡出でない子の出生届を母が届出をすると同時に，子の父が認知の届出をする場合，出生届書の「父母の氏名・生年月日」欄の「父」欄に認知する父の氏名を記載して届出をすることができますか。…………92

**Q100** 単身者の女性が嫡出でない子を出生した場合，出生届書の「父母の氏名・生年月日」欄には，「母」欄のみ記載することになりますか。………93

**Q101** 父母の戸籍に在籍する長女が，嫡出でない子を出生し，その出生の届出をする前に他男と夫の氏を称する婚姻をしている場合，出生届書の「父母の氏名・生年月日」欄は，どのように記載するのですか。…………93

**Q102** 父母の戸籍に在籍する長女が，嫡出でない子を出生し，その出生の届出をする前に養子縁組により養親の戸籍に入籍している場合，出生届書の「父母の氏名・生年月日」欄は，どのように記載するのですか。………94

**Q103** 父母の婚姻前に出生した子の出生届において，出生届書の「父母の氏名・生年月日」欄に婚姻後の父母の氏名を記載した嫡出子出生の届出を母がした場合，この届出は受付けられますか。……………95

**Q104** 父母の婚姻から200日以内に出生した子の出生届において，出生届書の「父母の氏名・生年月日」欄に母の氏名のみ記載した嫡出でない子の出生の届出を母がした場合，この届出は受付けられますか。……………96

**Q105** 父母の婚姻から200日後に出生した子の出生届において，出生届書の「父母の氏名・生年月日」欄に母の氏名のみ記載した嫡出でない子の出生の届出を母がした場合，この届出は受付けられますか。……………96

**Q106** 父母の離婚後300日以内に出生した子の出生届において，出生届書の「父母の氏名・生年月日」欄に母の氏名のみ記載した嫡出でない子の出生の届出を母がした場合，この届出は受付けられますか。……………97

**Q107** 嫡出でない子の出生届書において，「母」欄の「子が生まれたときの年齢」が55歳と記載された出生の届出を母がした場合，この届出は受付けられますか。
なお，この届出は，届書の記載は適正で，出生証明書も添付され，届書の記載とも符合します。……………97

**Q108** 夫婦間に2男が生まれたが，その出生の届出をする前に，嫡出子否認の裁判が確定し，その裁判の謄本を添付して，嫡出でない子の出生の届出を母がする場合，出生届書の「父母の氏名・生年月日」欄は，どのように記載するのですか。……………98

**Q109** 夫婦間に2女が生まれたが，その出生の届出をする前に，子と父との親子関係不存在確認の裁判が確定し，その裁判の謄本を添付して，嫡出でない子の出生の届出を母がする場合，出生届書の「父母の氏名・生年月日」欄は，どのように記載するのですか。……………99

Q110　父母が離婚をし母が復氏した後，離婚後300日以内に出生した子の出生の届出をする前に嫡出否認の裁判が確定し，その裁判の謄本を添付して，嫡出でない子の出生の届出を母がする場合，出生届書の「父母の氏名・生年月日」欄は，どのように記載するのですか。……………100

Q111　父母が離婚をし母が復氏した後，離婚後300日以内に出生した子の出生届をする前に子と父との間の親子関係不存在確認の裁判が確定し，裁判の謄本を添付して，嫡出でない子の出生の届出を母がする場合，出生届書の「父母の氏名・生年月日」欄は，どのように記載するのですか。…101

Q112　父母が離婚をし母が復氏した後，離婚後300日以内に出生した子について，医師の作成した懐胎時期に関する証明書を添付して嫡出でない子の出生の届出を母がする場合，出生届書の「父母の氏名・生年月日」欄は，どのように記載するのですか。………………………101

Q113　父母が離婚をし母が復氏した後，離婚後300日以内に出生した子について，医師の作成した懐胎時期に関する証明書を添付できない場合（又は同証明書を添付したが，懐胎時期が離婚以前の日と認められたため受理されなかった場合）において，嫡出でない子の出生の届出を母がする場合，どのようにすることになりますか。………………102

Q114　日本人女と外国人男の間に出生した子の出生届で，出生届書の「父母との続き柄」欄を，「☑　嫡出でない子　長☑　男」と記載し，父欄に父の氏名を記載し，更に，出生届書の「その他」欄に「父の本国法は事実主義を採用している。父の国籍証明書，申述書及び本国法の写しを提出する。」と記載して，母が届出した場合，この届出は受付けられますか。…103

Q115　日本人男が日本人女の胎児を認知した後，その後に胎児認知した子が出生した場合，子の出生届及び胎児認知届は，どのようにしますか。……104

Q116　日本人男が外国人女の胎児を認知した後，その後に胎児認知した子が出生した場合，子の出生届及び胎児認知届は，どのようになりますか。　…105

## 9　「本籍」欄 …………………………………………………………106

### (1)　嫡出子の入籍戸籍

Q117　父母間に長男が出生したが，その出生届を父又は母がする場合，出生届書の「本籍」欄は，どのように記載するのですか。………………106

Q118　父母間に長女が出生したが，その出生届をする前に，母は他の者の養子となる縁組をしたため，長女の入るべき父母の戸籍が除かれて除籍になっている場合，出生届書の「本籍」欄は，どのように記載するのですか。………………………………………………………………106

Q119　父母間に長女が出生したが，その子を懐胎中に母は他の者の養子となる縁組をしたため，婚姻当時の父母の戸籍が除籍になっている場合，出生届書の「本籍」欄は，どのように記載するのですか。………107

Q120　父母間に長女が出生したが，その出生届をする前に，母は他の市区町村に転籍をしたため，出生当時の父母の戸籍は除籍になっている場合，出生届書の「本籍」欄は，どのように記載するのですか。………108

Q121 父母が離婚をし母が復氏した後，母は他男と婚姻をし，前婚の離婚後300日以内，後婚の成立から200日後に出生した子の出生の届出を母がする場合，出生届書の「本籍」欄は，どのように記載するのですか。……109

Q122 父母が離婚をし母が復氏した後，母は他男と婚姻をし，前婚の離婚後300日以内，後婚の成立から200日後に出生した子の出生の届出を，後婚の夫が，医師の作成した「懐胎時期に関する証明書」を添付して嫡出子出生の届出をする場合，出生届書の「本籍」欄は，どのように記載するのですか。…………………………………………………110

Q123 父母が離婚をし母が復氏した後，離婚後300日以内に出生した子の嫡出子出生の届出を母がする場合，出生届書の「本籍」欄は，どのように記載するのですか。………………………………………………111

Q124 父母が離婚をし母が復氏した後，離婚後300日以内に出生した子の嫡出子出生の届出を母がする場合，離婚当時の父母の戸籍は，子の出生前に他の市区町村に転籍しているとき，出生届書の「本籍」欄は，どのように記載するのですか。………………………………………112

Q125 父母が離婚をし母が復氏した後，離婚後300日以内に出生した子の嫡出子出生の届出を母がする場合，離婚当時の父母の戸籍は，子の出生後その出生の届出前に他の市区町村に転籍しているとき，出生届書の「本籍」欄は，どのように記載するのですか。………………113

Q126 父母が離婚をし母が復氏した後，離婚後300日以内に出生した子の嫡出子出生の届出を母がする場合，離婚当時の父母の戸籍は子の出生前に，筆頭者である父が妻の氏を称する婚姻により除籍され，その戸籍は全員除籍により除かれているとき，出生届書の「本籍」欄は，どのように記載するのですか。………………………………………114

Q127 父母が離婚をし母が復氏した後，離婚後300日以内に出生した子の嫡出子出生の届出を母がする場合，離婚当時の父母の戸籍は子の出生後，出生の届出前に筆頭者である父が妻の氏を称する婚姻により除籍され，その戸籍は全員除籍により除かれているとき，出生届書の「本籍」欄は，どのように記載するのですか。………………………………………115

Q128 Q118及びQ127の場合において，父母の除かれた戸籍（除籍）を回復するとされているが，具体的にはどのように回復するのですか。………116

Q129 父母が離婚をし母が復氏した後，離婚後300日以内に出生した子の嫡出子出生の届出を母がする場合，離婚当時の父母の戸籍は，子の出生前に筆頭者である父が，養子縁組により養親の戸籍に入籍し，その戸籍は全員除籍により除かれているとき，出生届書の「本籍」欄は，どのように記載するのですか。………………………………………116

Q130 Q129において，父母の離婚当時の戸籍にいったん入籍した後，子について新戸籍が編製されるとしているが，具体的にはどのように新戸籍を編製するのですか。………………………………………117

Q131 父母が離婚をし母が復氏した後，離婚後300日以内に出生した子の嫡出子出生の届出を母がする場合，離婚当時の父母の戸籍は，子の出生後に筆頭者である父が，養子縁組により養親の戸籍に入籍し，その戸籍は

全員除籍により除かれているとき，出生届書の「本籍」欄は，どのように記載するのですか。……………………………………………………117

Q132　父母が離婚をし母が復氏した後，母は他男と夫の氏を称して婚姻をし，前婚の離婚後300日以内，後婚の成立から200日以内に出生した子について，その出生届をする前に嫡出子否認の裁判が確定し，その裁判の謄本を添付して，嫡出子出生の届出を後婚の夫がする場合，出生届書の「本籍」欄は，どのように記載するのですか。………………………………119

Q133　父母が離婚をし母が復氏した後，母は他男と夫の氏を称して婚姻をし，前婚の離婚後300日以内，後婚の成立から200日以内に出生した子について，その出生届をする前に子と前夫との間の親子関係不存在確認の裁判が確定し，その裁判の謄本を添付して，嫡出子出生の届出を後婚の夫がする場合，出生届書の「本籍」欄は，どのように記載するのですか。…120

Q134　父母が離婚をし母が復氏した後，母は他男と夫の氏を称して婚姻をし，前婚の離婚後300日以内，後婚の成立から200日以内に出生した子について，医師の作成した懐胎時期に関する証明書を添付して，後婚の夫が嫡出子出生の届出をする場合，出生届書の「本籍」欄は，どのように記載するのですか。…………………………………………………………………121

Q135　日本人と外国人夫婦間に長女が出生したが，出生届書の「本籍」欄は，どのように記載するのですか。………………………………122

Q136　外国人夫婦間の子が日本で出生し，その出生の届出がされたが，この場合，「国籍」は出生届書のどの欄に，またどのように記載するのですか。……………………………………………………………………122

Q137　嫡出子出生の届出において，父母の本籍欄を「無国籍」と記載した届書は，受付けられますか。………………………………………124

(2)　嫡出でない子の入籍戸籍

Q138　父母の戸籍に在籍する女が，嫡出でない子を出生し，その出生の届出を子の母がする場合，出生届書の「本籍」欄は，どのように記載するのですか。……………………………………………………………125

Q139　養父母の戸籍に在籍する養女が，嫡出でない子を出生し，その出生の届出を子の母がする場合，出生届書の「本籍」欄は，どのように記載するのですか。…………………………………………………126

Q140　父母の戸籍に在籍する女が，嫡出でない子を出生し，その出生の届出を子の母の同居者である親（子の祖父又は祖母）がする場合，出生届書の「本籍」欄は，どのように記載するのですか。………127

Q141　戸籍の筆頭者である単身者の女が，嫡出でない子を出生し，その出生の届出を母がする場合，出生届書の「本籍」欄は，どのように記載するのですか。…………………………………………………127

Q142　父母の戸籍に在籍する女が，嫡出でない子を出生し，その出生の届出をする前に，子の母が他男と夫の氏を称する婚姻をしている場合，母が出生の届出をするとき，出生届書の「本籍」欄は，どのように記載するのですか。…………………………………………………128

Q143　父母の戸籍に在籍する女が、嫡出でない子を出生し、その出生届を
　　　する前に、養子縁組により養親の戸籍に入籍している場合、出生届書の
　　　「本籍」欄は、どのように記載するのですか。…………………………129

Q144　Q142及びQ143において、出生子を母が在籍していた戸籍の末尾にい
　　　ったん入籍させ、同時に子について単独戸籍を編製するとされているが、
　　　具体的にはどのように新戸籍を編製するのですか。……………………129

Q145　戸籍の筆頭者である単身者の女が、嫡出でない子を出生し、その出
　　　生届をする前に、子の母が他男と夫の氏を称する婚姻をしている場合、
　　　母が出生の届出をするとき、出生届書の「本籍」欄は、どのように記載す
　　　るのですか。………………………………………………………………130

Q146　Q145において、母が在籍していた戸籍を回復して、その戸籍に子を
　　　入籍させるとしているが、具体的にはどのように回復するのですか。…130

Q147　父母の戸籍に在籍する女が、養子縁組により養親の戸籍に入籍した
　　　後、縁組前に懐胎した子を出生し、嫡出でない子として出生の届出を母
　　　がする場合、出生届書の「本籍」欄は、どのように記載するのですか。…131

Q148　夫婦間に2男が生まれたが、その出生届をする前に夫から嫡出否認
　　　の訴えがされ、その裁判が確定したため、裁判の謄本及び確定証明書を
　　　添付して、嫡出でない子の出生の届出を母がする場合、出生届書の「本
　　　籍」欄は、どのように記載するのですか。………………………………131

Q149　Q148の出生の届出がされた場合、子の戸籍はどのようになりますか。…132

Q150　父母が離婚をし母が復氏した（父母の戸籍に入籍）後、離婚後300日以
　　　内に出生した子について、出生の届出をする前に嫡出子否認の裁判が確
　　　定し、その裁判の謄本を添付して、嫡出でない子の出生の届出を母がす
　　　る場合、出生届書の「本籍」欄は、どのように記載するのですか。……134

Q151　父母が離婚をし母が復氏した（新戸籍を編製）後、離婚後300日以内
　　　に出生した子について、出生の届出をする前に嫡出子否認の裁判が確定
　　　し、その裁判の謄本を添付して、嫡出でない子の出生の届出を母がする
　　　場合、出生届書の「本籍」欄は、どのように記載するのですか。………135

Q152　夫婦間に2女が生まれたが、その出生の届出をする前に子と父との間
　　　の親子関係不存在確認の裁判が確定し、その裁判の謄本を添付して、嫡
　　　出でない子の出生の届出を母がする場合、出生届書の「本籍」欄は、ど
　　　のように記載するのですか。………………………………………………136

Q153　Q152の届出がされた場合、子の戸籍はどのようになりますか。……137

Q154　父母婚姻中の出生子について、出生届未済のまま父母が離婚をし母が
　　　父母の戸籍に復籍した後、子と父の親子関係不存在確認の裁判の謄本及
　　　び子の氏を母の氏に変更する許可審判の謄本を添付して、嫡出でない子
　　　の出生の届出を母がする場合、出生届書の「本籍」欄は、どのように記
　　　載するのですか。…………………………………………………………138

Q155　Q154の出生の届出がされた場合、子の戸籍はどのようになりますか。…139

Q156　父母の離婚後300日以内に出生した子について、復氏した母（父母の

戸籍に復籍）が，子と父との間の親子関係不存在確認の裁判の謄本を添付して，嫡出でない子として出生の届出をする場合，出生届書の「本籍」欄は，どのように記載するのですか。……………………………………141

Q157 父母の離婚後300日以内に出生した子について，復氏した母（新戸籍を編製）が，子と父との間の親子関係不存在確認の裁判の謄本を添付して，嫡出でない子として出生の届出をする場合，出生届書の「本籍」欄は，どのように記載するのですか。…………………………142

Q158 父母の離婚後300日以内に出生した子について，復氏した母（父母の戸籍に復籍）が，医師の作成した懐胎時期に関する証明書を添付して，嫡出でない子として出生の届出をする場合，出生届書の「本籍」欄は，どのように記載するのですか。………………………………142

Q159 父母の離婚後300日以内に出生した子について，復氏した母（新戸籍を編製）が，医師の作成した懐胎時期に関する証明書を添付して，嫡出でない子として出生の届出をする場合，出生届書の「本籍」欄は，どのように記載するのですか。……………………………………143

Q160 夫の氏を称して婚姻をした夫婦の婚姻後200日以内に出生した子の出生届を，嫡出でない子として母が届出をする場合，出生届書の「本籍」欄は，どのように記載するのですか。…………………………144

Q161 嫡出でない子の出生の届出において，母の本籍欄を「無国籍」と記載した届書は，受付けられますか。……………………………………145

## 10 「同居を始めたとき」欄……………………………………………………146

Q162 出生届書の「同居を始めたとき」欄は，どうして記載するのですか。…146

Q163 嫡出でない子の出生の届出をする場合，出生届書の「同居を始めたとき」欄の記載はしなくてよいですか。…………………………………147

Q164 内縁中に生まれた子を，内縁の夫が同居者の資格で，嫡出でない子として出生の届出をする場合，出生届書の「同居を始めたとき」欄の記載は要しますか。……………………………………………………147

Q165 婚姻前に出生した子を，婚姻後に父が出生の届出をする場合，出生届書の「同居を始めたとき」欄は，どのように記載するのですか。……148

Q166 出生届書の「同居を始めたとき」欄の「結婚式をあげたとき，または，同居を始めたとき」の記載をしたときは，何か証明するものが必要となりますか。……………………………………………………148

## 11 「子が生まれたときの世帯のおもな仕事と父母の職業」欄……………149

Q167 出生届書の「子が生まれたときの世帯のおもな仕事と父母の職業」欄は，どうして記載するのですか。………………………………………149

Q168 出生届書にある「国勢調査の年」とは，具体的にはいつの年のことですか。……………………………………………………………149

Q169 出生届書の「子が生まれたときの世帯のおもな仕事と父母の職業」欄の記載をしたときは，何か証明するものが必要となりますか。…………150

## 12 「その他」欄 ……………………………………………………150

- Q170 出生届書の「その他」欄には，どのようなことを記載するのですか。…150
- Q171 出生届書の「その他」欄には，具体的にどのような事項を記載することになりますか。
その記載は，どのようにして確認されることになりますか。……………152
- Q172 出生届書の「その他」欄には，届書の各欄に記載することができない事項を記載することとされているが，その必要とされる事項以外の事項を記載したときは，どのようになりますか。………………………………155

## 13 「届出人」欄 …………………………………………………155

### (1) 届出資格の記載

- Q173 出生届書の「届出人」欄の届出資格を記載する欄が，□1．父母，□2．法定代理人，□3．同居者，□4．医師，□5．助産師，□6．その他の立会者，□7．公設所の長となっているが，それ以外の者は届出ができないのですか。…………………………………………………………155
- Q174 出生届書の「届出人」欄の届出資格を記載する欄の，□2．法定代理人，□3．同居者，□6．その他の立会者，□7．公設所の長とは，どのような者か具体的に説明してください。…………………………………156
- Q175 医師，助産師，その他の立会者及び公設所の長が届出する場合，出生届書の「届出人」欄にその者の住所，本籍及び出生年月日を記載しなければならないのですか。………………………………………………157
- Q176 父母が届出人の場合，出生届書の「届出人」欄の住所及び本籍を記載する場合は，「住所」欄は，「(4)欄に同じ」，「本籍」欄は，「(6)欄に同じ」と省略した記載をしてよいですか。……………………………158
- Q177 出生届の届出義務者・届出資格者及びそれらの者の届出順序は，戸籍法第52条に規定されているが，その順序はどのようにして確認することになるのですか。……………………………………………………159
- Q178 嫡出子の出生届においては，出生届書の「届出人」欄に父母双方が署名押印して届出をすることになりますか。………………………………159
- Q179 嫡出子の出生届において，出生届書の「届出人」欄に父母双方が署名，押印して届出をしたが，届出人をどちらか一方に変更するため，届書を補正することになりますか。………………………………………………160
- Q180 嫡出子の出生届において，届出人の資格を「☑3．同居者」とし，出生届書の「その他」欄に「届出人は，出生子の祖父である。」と記載した場合，この届出は受付けられますか。…………………………………160
- Q181 嫡出子の出生届を，医師が届出をする場合，出生届書の「その他」欄に「母は病気療養中であり，父は海外出張中のため，医師が届出する。」と記載した場合，この届出は受付けられますか。……………………161
- Q182 嫡出でない子の出生届において，届出人の資格を「☑3．同居者」とし，住所，本籍を記載した上，署名，押印し，出生届書の「その他」欄に

「出生子の母は病気入院中であるため，届出できないので事実上の父である同居者が届出する。」と記載した場合，この届出は受付けられますか。… 161

Q183　嫡出でない子の出生届において，届出人は「☑3．同居者」の資格で，住所，本籍を記載した上，署名，押印し，出生届書の「その他」欄に「出生子の母は病気入院中であり，届出できないため同居者が届出する。同時に父（同居者）が認知届をする。」と記載した場合，この届出は受付けられますか。……………………………………………………………162

Q184　嫡出子の出生届において，届出人を，○○市立○○病院長何某印と記載し，届出資格は「☑7．公設所の長」とし，また，「住所」欄には病院の所在地を記載した上，出生届書の「その他」欄に「母は出産後に意識不明になり入院中で，父は所在不明のため，出生した病院の院長が届出する。」と記載した場合，この届出は受付けられますか。…………163

Q185　嫡出子の出生届において，「届出人」欄を，○○病院長何某印と記載し，届出資格は「☑7．公設所の長」とし，「住所」欄には病院の所在地を記載した上，出生届書の「その他」欄に「母は出産後に意識不明となって入院中であり，父は行方不明のため，出生した病院の院長が届出する。」と記載して届出した。この病院は，私立の病院ですが，この届出は受付けられますか。……………………………………………………164

(2)　届出人が自署できない場合

Q186　届出人が，出生届書の「届出人」欄の「署名」欄に自ら署名できないときは，どのようにすればよいですか。……………………………165

(3)　届出人が印を有しない場合

Q187　届出人が，出生届書の「届出人」欄の「署名」欄に署名した後，押印をしようとしたところ，印を持参していないときは，押印をしないで届書を提出できますか。………………………………………………166

Q188　届出人が，出生届書の「届出人」欄に署名した後に押す印は，実印でなければなりませんか。もし，認印しか持っていない場合はどうすればよいですか。………………………………………………………166

(4)　届出人が自署できず印も有しない場合

Q189　届出人が，出生届書の「届出人」欄の「署名」欄に自ら署名できず，また，印を持参していない場合はどのようにすればよいですか。………167

## 第3　出生届の届出期間

### 1　法定の届出期間 ……………………………………………………………168

Q190　出生の届出は，子が出生してから何日目までに届出しなければならないのですか。………………………………………………………………168

Q191　出生届の届出期間が満了となる日が，日曜日その他の休日に当たり，届出地の市区町村役場の窓口が開いていないので，休日受付け又は夜間受付けの場所で届書を提出したが，これでよかったでしょうか。………169

- **Q192** 出生届の届出期間が満了となる日が，日曜日その他の休日に当たり，届出地の市区町村役場の窓口が開いていないので，窓口が開いているその翌日に届書を提出したが，これは，届出期間が過ぎた届出になりますか。……………………………………………………………………169

## 2 届出期間経過後の届出 ……………………………………………170

- **Q193** 届出期間が過ぎてしまったときは，もう出生の届出はできないのですか。………………………………………………………………………170
- **Q194** 届出期間を過ぎてから出生の届出をするときは，届出が遅れた理由を届出地の市区町村役場の窓口で説明しなければなりませんか。又は遅れたことについて理由書を提出することになりますか。……………………171

## 3 国籍留保の届出及びその届出期間 ………………………………172

- **Q195** 外国に居住する日本人夫婦間の嫡出子が，出生した国の国籍を出生によって取得し，日本国籍とその国の国籍を取得している場合，日本人として出生の届出をするだけでよいですか。……………………………172
- **Q196** 日本人と外国人夫婦間の嫡出子が，外国で出生した場合，出生した国が生地主義国でないときは，出生の届書に国籍留保の旨の記載はしなくてもよいですか。……………………………………………………173
- **Q197** 日本人夫婦の嫡出子が生地主義国で出生した場合（又は，日本人と外国人夫婦間の嫡出子が，外国で出生し外国人の父（又は母）の国籍をも取得している場合）において，出生届書に国籍留保の旨の記載をして届出をしたが，届出期間が経過してしまった場合は受付けられませんか。…………174
- **Q198** 国籍留保の旨の届出を要する出生届を，届出期間が経過してしまってから届出した場合，やむを得ない事由により届出期間を経過した理由を，出生届書の「その他」欄又は遅延理由書に記載した届出は受付けられますか。………………………………………………………………………175
- **Q199** 届出期間を経過した国籍留保の旨の記載がされた出生の届出において，届出期間を経過した遅延事由で，戸籍の先例で認められたものには，どのようなものがありますか。……………………………………………175

## 4 届出の催告 ……………………………………………………………177

- **Q200** 出生の届出をすべき者が，届出期間を経過しても届出をしていない場合は，どのようになりますか。…………………………………………177
- **Q201** 出生の届出をすべき者が，届出期間を経過しても届出をしなかったため，市区町村長から届出をするよう催告を受けたが，それでも届出をしないときは，どのようになりますか。……………………………………178
- **Q202** 出生の届出をすべき者が，届出をするよう再催告を受けたが，それでも届出をしないときは，どのようになりますか。………………………178

## 5 届出期間経過による過料 …………………………………………179

- **Q203** 届出が遅れたときは，過料を支払わなければならないと聞きましたが，過料の支払いの根拠はどのようになっていますか。…………………179

Q204　届出の遅れが短い期間と長い期間では，過料の額に差があるのですか。…180

　Q205　届出期間が遅れたことについて，その理由がやむを得ない事由がある場合でも，過料を支払うことになるのですか。……………………………180

## 第4　出生届の届出人

### 1　届出義務者 …………………………………………………………………181
　Q206　出生の届出は，誰がするのですか。………………………………181

### 2　届出義務者の届出順序 …………………………………………………182
　Q207　出生の届出において，第1順位の届出義務者に定められている父又は母より先に，届出の後順位者である同居者又は出産に立ち会った医師，助産師又はその他の者が届出した場合，その届出は受付けられますか。…182

　Q208　出生の届出をすべき父又は母が届出ができない場合において，出産に立ち会った医師，助産師又はその他の者が，同居者より先に届出をした場合，その届出は受付けられますか。……………………………………183

　Q209　出生の届出をすべき父又は母が届出ができない場合において，届出義務者とされている出産に立ち会った医師，助産師又はその他の者の間において，その届出に順序が定められていますか。……………………183

### 3　届出資格者の届出 ………………………………………………………184
　Q210　出生届の届出義務者である父又は母以外の法定代理人（届出資格者）が，父又は母より先に届出をした場合，その届出は受付けられますか。………184

### 4　届出義務者，届出資格者以外の者からの出生の申出 ……………185
　Q211　出生届の届出義務者又は届出資格者以外の者が，届出をした場合，その届出は受付けられますか。………………………………………185

### 5　届出義務者の届出遅滞と過料 …………………………………………186
　Q212　父又は母が届出期間内に出生の届出をしないので，次順位の届出義務者が届出をした場合，誰が届出を怠った過料（戸120条・121条）の責めを負うことになりますか。……………………………………………186

　Q213　父又は母が出生の届出をすることができない場合，第一に同居者，第二に出産に立ち会った医師，助産師又はその他の者が届出をするとされていますが，この場合に，第二の者が届出をしたときは，誰が届出を怠った過料（戸120条・121条）の責めを負うことになりますか。……………186

## 第5　出生届の届出地

### 1　出生地での届出 …………………………………………………………187
　Q214　妻が，妻の両親の住所地（A市）の病院で子を出生し，夫がA市の市役所に出生の届出をした場合，その届出は受付けられますか。…………187

## 2　本籍地での届出 ································································ 188

Q215　妻が住所地（B市）の病院で子を出生し、夫が夫婦の本籍地（C市）の市役所に出生の届出をした場合、その届出は受付けられますか。······ 188

## 3　住所地（所在地）での届出 ···················································· 188

Q216　妻が、妻の両親の住所地（A市）の病院で子を出生し、夫が夫婦の住所地（B市）の市役所に出生の届出をした場合、その届出は受付けられますか。·········································································· 188

Q217　妻が住所地（B市）の病院で子を出生し、夫が勤務地（D市）の市役所に出生の届出をした場合、その届出は受付けられますか。················ 189

# 第6　出生届書の提出する通数

## 1　届書の通数 ·········································································· 190

Q218　出生の届出を、父が住所地の市区町村長にする場合、届書は本籍地の市区町村役場分と届出地の市区町村役場分の2通を提出することになりますか。·········································································· 190

## 2　届書の一通化 ······································································· 191

Q219　出生の届出を、父が住所地の市区町村役場にする場合、届書を1通だけしか提出しませんでしたが、この場合、本籍地の市区町村長に送付する分の届書は提出しなくてもよいのですか。······················· 191

Q220　出生の届出を、父が住所地の市区町村役場にする場合、届書を本籍地の市区町村役場分を含めて2通提出した。届書を受付けした住所地の市区町村役場は、届書の一通化を実施しているので、届書は1通で足りるとして、他の1通は返戻されたが、これでよいのでしょうか。··········· 192

## 3　届書原本の保管市区町村 ······················································· 193

Q221　出生の届出を、父が住所地の市区町村役場に1通提出したが、この場合、届書の原本は、本籍地の市区町村役場に送付されるのですか。··· 193

## 4　届書謄本の作成方法 ····························································· 195

Q222　出生の届出を受理した市区町村長が、他の市区町村長に届書謄本を作成して送付する場合、届書謄本に添付する出生証明書（原本）は、届出人が提出することになりますか。·········································· 195

# 第7　出生届の添付書類

## 1　出生証明書 ·········································································· 196

Q223　出生証明書の「子の氏名」欄に、子の氏名が記載されていないとき、それを証明書と認められますか。············································· 196

Q224　出生届書の「子の氏名」欄に記載されている名と、出生証明書の「子の氏名」欄に記載されている名が違う場合、その証明書を出生証明書と

して使うことができますか。……………………………………196

**Q225** 出生証明書の「男女の別」欄の記載がされていないときは，出生届書の「父母との続き柄」欄は，どのように記載して届出することになりますか。……………………………………………………………………197

**Q226** 出生証明書の「生まれたとき」欄の記載が，午前12時50分となっている場合，どのようにすればよいですか。また，届書にはどのように記載すればよいですか。……………………………………………198

**Q227** 出生証明書の「生まれたとき」欄の記載が，午後12時40分となっている場合，どのようにすればよいですか。また，届書にはどのように記載すればよいですか。……………………………………………199

**Q228** 出生証明書の「母の氏名」欄が婚姻前の氏名で記載されている場合，出生の届出はどのようにすればよいですか。……………………199

**Q229** 出生証明書の証明者である「1 医師　2 助産師　3 その他」欄で，証明者の印がない場合，どのようにすればよいですか。………………200

**Q230** 出生の届書を作成し，出生証明書と合致することを確認して届出をした後，出生証明書を発行した医師から，先に発行した出生証明書に記載の誤りがあるとして，正しい証明書が送られてきた場合，どのようにすればよいですか。
また，出生の届出をした市区町村役場の窓口に確認したところ，届出は受理され，戸籍の記載前であるという場合，どのようにすればよいですか。………………………………………………………………201

**Q231** Q230の事例で，戸籍の記載が完了している場合，どのようにすればよいですか。………………………………………………………………202

**Q232** 出産に立会った者は父だけで，他に立会った者がいないため，父が出生証明書を作成し，その証明書を添付して，父が嫡出子出生の届出をした場合，この届出は受付けられますか。……………………………202

**Q233** 出生届に添付する出生証明書は，出生当時の医師又は助産師が死亡又は行方不明で添付できないので，出生届書の「その他」欄にその旨の記載をして，母が出生の届出をした場合，その届出は受付けられますか。…203

## 2 出生証明書に代わる書面 ……………………………………204

**Q234** 出産に立会った者がいないため，出生証明書の添付ができない場合，出産前後の状況を知っている母の関係者（例えば，母の母又は母の妹等）が，その状況を記載した書面を添付して届出をした場合，受付けられますか。……………………………………………………………204

**Q235** 出産に立会った者がいないため，出生証明書の添付ができない場合，出産後に母体を診察した医師の証明書を添付して届出をした場合，受付けられますか。……………………………………………………204

**Q236** 出生証明書に代わるものとして，親子関係不存在確認の裁判の謄本を添付し，出生届書の「その他」欄に「乙野太郎及び同人妻花子との親子関係不存在確認の裁判確定により消除された子の出生届である。」

と記載した出生の届出がされた場合，受付けられますか。……………205

## 第8　出生届出の受理又は不受理

### 1　受理の場合 …………………………………………………………………206

Q237　出生の届書を市区町村役場の窓口に提出した場合，どのように処理されるのですか。…………………………………………………………206

Q238　出生の届出の受付けと受理は，違うのですか。 ……………………207

Q239　出生の届出が受理されるのは，どのような場合ですか。……………207

Q240　出生の届出が受理されたときは，届出人に受理した旨の通知がされますか。…………………………………………………………………208

### 2　不受理の場合 ………………………………………………………………209

Q241　出生の届出が不受理とされるのは，どのような場合ですか。………209

Q242　出生の届出が不受理とされたときは，届出人に不受理にした旨の通知がされますか。……………………………………………………210

### 3　受理又は不受理の証明書 …………………………………………………211

Q243　出生の届出をしたことを証明する必要があるため，受理証明書の交付を請求したいが，どのようにすればよいですか。……………………211

Q244　出生の届出が，届書の記載の誤り又は出生証明書等の不備などのため，届出は不受理になりました。
不受理になったことを証明するために，その証明書が必要ですが，どのようにすればよいですか。……………………………………………212

Q245　住所地の市区町村長に出生の届出をしたが，本籍地の戸籍にはまだ記載がされていなかったので，戸籍謄本の代わりに，受理証明書の交付を本籍地の市区町村長に請求しました。この証明書の交付は受けられますか。……………………………………………………………………212

### 4　不受理申出 …………………………………………………………………213

Q246　婚姻中に出生した子について，妻が，夫から嫡出子出生の届出がされても，その届出は受理しないでほしい旨，出生届の不受理申出書を本籍地の市区町村長に提出したが，受付けられますか。……………………213

Q247　夫婦の婚姻前の出生子について，妻が，夫から嫡出子出生の届出がされても，その届出は受理しないでほしい旨，出生届の不受理申出書を本籍地の市区町村長に提出したが，受付けられますか。……………………215

Q248　妻の婚姻前の出生子について，夫が，嫡出子出生の届出がされても，その届出は受理しないでほしい旨，出生届の不受理申出書を本籍地の市区町村長に提出したが，受付けられますか。……………………………216

### 5　届出の取下げ ………………………………………………………………217

Q249　出生の届出が不受理となる前に，届出人が届出を取下げることはで

きますか。……………………………………………………………217

## 第9 出生届が即日に受理決定ができない場合

### 1 届書の補正又は追完 …………………………………………218

**Q250** 出生の届出を市区町村役場の執務時間の終わる直前にしたが，その日に受理されますか。……………………………………………218

**Q251** 出生の届出を市区町村役場の執務時間の終わる直前にしたが，その日に受理ができないので，届書の審査は翌日になるといわれた。届書の記載の誤りがある場合の書類の補正等については，届出人に連絡がありますか。……………………………………………219

**Q252** 出生の届出は受理されたが，その後に戸籍に記載できない書類上の不備があるので，追完の届出をするようにと市区町村役場から通知があった場合，どのようにしたらよいですか。……………………………………………220

**Q253** 出生の届出を受理し，戸籍受附帳に記載した後，戸籍に記載する際に届書の記載に誤りがあることを発見したが，その誤りが戸籍の記載に差し支えない場合は，届出人に補正を求めるまでもなく，市区町村長において処理するとされているようですが，その場合はどのような取扱いをするのですか。……………………………………………221

### 2 受理照会を要する届出 ……………………………………221

**Q254** 出生の届出がされたときに，市区町村長が，管轄法務局の長の指示を求めるのは，どのような届出がされた場合ですか。……………221

## 第10 出生届の戸籍受附帳の記載

### 1 本籍人に関する届出 ………………………………………223

**Q255** 出生の届出がされた場合は，まず，戸籍受附帳に記載し，それから届出書類の審査をすることになりますか。……………………223

**Q256** 出生の届出書類を受領し，戸籍受附帳に記載するまでの間，その出生の届出がされたことを他の帳簿に書きとめておくことになりますか。 …223

### 2 非本籍人に関する届出 ……………………………………224

**Q257** 届出人の住所地の市区町村長に届出された出生届書を，本籍地の市区町村長に送付するまでの間，戸籍発収簿等に記載しておくことになりますか。……………………………………………224

## 第11 出生届による戸籍の記載

**Q258** 出生の届出に基づく戸籍の記載は，どのようにされますか。 ………226

**Q259** 出生の届出に基づく戸籍の記載は，具体的にはどのようにされますか。…226

## 第12　出生届書の他市区町村役場への送付

Q260　嫡出子の出生届を，父が住所地の市区町村長に届出した場合，その届出書類は，本籍地の市区町村長にどのようにして送られるのですか。……230

Q261　嫡出でない子の出生届が，母から住所地の市区町村長に届出され，出生届書の「その他」欄に，母は住所地の市区町村に新本籍を定める旨を記載している場合，その届出書類は，母の従前の本籍地の市区町村長には送付されませんか。……230

## 第13　出生届書の整理

### 1　市区町村役場での保管……232

Q262　市区町村長に届出された出生の届出書類は，どのように整理して保存されるのですか。……232

Q263　外国人が所在地の市区町村長に届出した出生の届出書類は，どのように整理して保存されるのですか。……233

### 2　管轄法務局への送付……234

Q264　出生の届出書類のうち，本籍人に関するものを管轄法務局に送付するのは，どうしてですか。……234

## 第14　出生届書類の記載事項証明書

### 1　市区町村役場での証明……235

Q265　出生の届出をした届出人が，子が戸籍に記載される前に受理された出生届書の写しが必要になった場合，どのようにすればよいですか。……235

Q266　非本籍の市区町村長が出生の届出を受理し，出生届書の謄本を保存している場合，届出人が出生届の記載事項証明書を請求したときは，交付されますか。……236

Q267　外国人夫婦がした出生の届出を，所在地の市区町村長が受理し，同届出書類を保存している場合，届出人が，旅券取得のため在日大使館に提出する必要があるとして，届書の記載事項証明書を請求した場合，交付されますか。……236

### 2　管轄法務局での証明……237

Q268　戸籍に「長男」と記載されている子について，出生の届出6か月後に親子関係存否確認の裁判を提起するため，出生届の写しが必要になり，申立人の父が出生の届出をした市区町村役場に請求したところ，その届出書類は既に管轄法務局に送付し，市区町村役場に保存していないといわれました。この場合，どのようにしたらよいですか。……237

# 事例

## 第1　嫡出子の出生届

**事例1**　父母の婚姻から200日後に出生した子の嫡出子出生届を，父が，住所地の市区町村長に届出をする場合 ………………………239

**事例2**　父母の婚姻後200日以内に出生した子の嫡出子出生届を，母が，本籍地の市区町村長に届出をする場合 ………………………245

**事例3**　父母の離婚後300日以内に出生した子の嫡出子出生届を，母が，住所地の市区町村長に届出をする場合 ………………………249

**事例4**　父母の婚姻前に出生した子の出生届を，父が，婚姻後に嫡出子として住所地の市区町村長に届出をする場合 ………………………254

**事例5**　嫡出子出生届を，同居者が，住所地の市区町村長に届出をする場合　259

**事例6**　名未定の嫡出子出生届を，出産に立ち会った医師が，住所地の市区町村長に届出をする場合 ………………………263

**事例7**　名未定の嫡出子出生届がされた後，父が，名の追完届を本籍地の市区町村長に届出をする場合 ………………………267

**事例8**　嫡出子出生届を，公設所の長（公立病院の長）が，所在地の市区町村長に届出をする場合 ………………………272

**事例9**　日本人女と外国人男夫婦の日本で出生した子の嫡出子出生届を，父が，住所地の市区町村長に届出をする場合 ………………………277

**事例10**　日本人男と外国人女夫婦の婚姻前に日本で出生した子の出生届を，父が，婚姻後に嫡出子として住所地の市区町村長に届出をする場合 …281

**事例11**　日本人夫婦の子が生地主義国で出生し，父が，嫡出子出生届とともに国籍留保届を在外公館の長に届出をし，それが本籍地の市区町村長に送付された場合 ………………………284

**事例12**　日本人夫婦の子が生地主義国で出生し，父が，在外公館の長に嫡出子出生届をしたが，国籍留保の届出期間を経過していたところ，その期間経過が届出人の責めに帰することができない事由に当たると認められて受理され，本籍地の市区町村長に送付された場合 ………………………289

**事例13**　日本人女と外国人男夫婦の子が外国で出生し，子は外国人父の国籍を取得しているため，母が，嫡出子出生届とともに国籍留保届を母の本籍地の市区町村長に郵送により届出をする場合 ………………………294

**事例14**　外国人夫婦の子が日本で出生し，父が，嫡出子出生届を所在地の市区町村長に届出をする場合 ………………………298

**事例15**　父母の離婚後300日以内に出生した子の入籍すべき父母離婚当時の戸籍が，筆頭者である父が子の出生前に，他女と妻の氏を称する婚姻により全員除籍で除かれている場合において，母が，嫡出子出生届を住所地の市区町村長に届出をする場合 ………………………299

事例16　父母の離婚後300日以内に出生した子の入籍すべき父母離婚当時の戸籍が，筆頭者である父が子の出生後に，他女と妻の氏を称する婚姻により全員除籍で除かれている場合において，母が，嫡出子出生届を住所地の市区町村長に届出をする場合 …………………………………306

事例17　父母の離婚後300日以内に出生した子の入籍すべき父母離婚当時の戸籍が，転籍により除籍されている場合において，母が，嫡出子出生届を住所地の市区町村長に届出をする場合 ……………………315

事例18　父母の離婚後300日以内に出生した子の出生届を，母の後夫が，前夫の嫡出子否認の裁判の謄本を添付して，嫡出子として住所地の市区町村長に届出をする場合 ……………………………………325

事例19　父母の離婚後300日以内に出生した子の出生届を，母の後夫が，子と前夫との親子関係不存在確認の裁判の謄本を添付して，嫡出子として住所地の市区町村長に届出をする場合 ……………………329

事例20　父母の離婚後300日以内に出生した子の出生届を，母の後夫が，医師の作成した懐胎時期に関する証明書を添付して，嫡出子として本籍地の市区町村長に届出をする場合 ……………………………333

事例21　母が前夫と離婚後300日以内に出生した子で，かつ，後夫と婚姻200日後に出生した子の出生届を，母が，父未定の子として住所地の市区町村長に届出をする場合 ………………………………………338

事例22　父未定の子として母が出生届をした子につき，母の後夫から父を定める訴えが提起され，後夫を父と定める裁判が確定したため，後夫が，本籍地の市区町村長に戸籍訂正の申請をする場合 …………………345

事例23　父未定の子として母が出生届をした子につき，母の前夫から父を定める訴えが提起され，前夫を父と定める裁判が確定したため，前夫が，本籍地の市区町村長に戸籍訂正の申請をする場合 …………………350

## 第2　嫡出でない子の出生届

事例24　父母の戸籍に在籍する女が，嫡出でない子を出生し，その出生届を住所地の市区町村長に届出をする場合 ……………………………359

事例25　戸籍の筆頭者である女が，嫡出でない子を出生し，その出生届を本籍地の市区町村長に届出をする場合 ……………………………365

事例26　父母の戸籍に在籍する女（未成年者）が嫡出でない子を出生し，その出生届を，母の親権者が，住所地の市区町村長に届出をする場合 …369

事例27　父母の婚姻後200日以内に出生した子の出生届を，母が，嫡出でない子として母の住所地の市区町村長に届出をする場合 ……………373

事例28　婚姻中に出生した子の出生届を，母が，嫡出子否認の裁判の謄本を添付して，嫡出でない子として本籍地の市区町村長に届出をする場合…377

事例29　婚姻中に出生した子の出生届を，母が，親子関係不存在確認の裁判の謄本を添付して，嫡出でない子として住所地の市区町村長に届出をす

る場合 ……………………………………………………………381

事例30　父母の離婚後300日以内に出生した子の出生届を，母が，嫡出子否
　　　認の裁判の謄本を添付して，嫡出でない子として母の本籍地の市区町村
　　　長に届出をする場合 ……………………………………………385

事例31　父母の離婚後300日以内に出生した子の出生届を，母が，親子関係
　　　不存在確認の裁判の謄本を添付して，嫡出でない子として母の住所地の
　　　市区町村長に届出をする場合 …………………………………389

事例32　父母の離婚後300日以内に出生した子の出生届を，母が，医師の作
　　　成した懐胎時期に関する証明書を添付して，嫡出でない子として母の住
　　　所地の市区町村長に届出をする場合 …………………………393

事例33　父母の戸籍に在籍する女が，嫡出でない子を出生し，その出生届を
　　　する前に他男と夫の氏を称する婚姻をした後，母が，住所地の市区町村
　　　長に出生の届出をする場合 ……………………………………397

事例34　戸籍の筆頭者である女が，嫡出でない子を出生し，その出生届をす
　　　る前に他男と夫の氏を称する婚姻をした後，母が，本籍地の市区町村長
　　　に出生の届出をする場合 ………………………………………403

事例35　父母婚姻中に出生した子の出生届を，母が，離婚後に親子関係不存
　　　在確認の裁判の謄本及び母の離婚後の氏に変更する許可審判の謄本を添
　　　付して，嫡出でない子として母の本籍地の市区町村長に届出をする場合…409

事例36　日本人女の子が日本で出生し，子の父の本国法が事実主義を採用し
　　　ている旨を明らかにして，母が，嫡出でない子の出生届を住所地の市区
　　　町村長に届出をする場合 ………………………………………415

事例37　日本人男が胎児認知した日本人女の嫡出でない子について，母が，
　　　住所地の市区町村長に出生の届出をする場合 ………………419

事例38　日本人男が胎児認知した外国人女の嫡出でない子について，母が，
　　　住所地の市区町村長に出生の届出をする場合 ………………425

# Q&A

出生届書の記載の仕方とその根拠など268項目について、問（Q）・答（A）に〔注〕・〔参考文献〕を付け加え，さらに，後掲の事例と関連付けています。

## 第1　出生届出の方法

### 1　書面による届出

**Q1**　出生の届出は，必ず書面によらなければならないのですか。

**A**　一般的には書面で届出することになりますが，口頭によって届出することもできます。
　口頭により届出する場合については，Q8，Q9を参照願います。

**Q2**　出生届の届書の様式は，法律又は規則等に定められているのですか。

**A**　そのとおりです。
　出生届，婚姻届，離婚届及び死亡届の届書の様式は，戸籍法及び同法施行規則に定められているが（戸28条，戸規59条），これを「法定様式」といいます。したがって，出生届はその様式により届出をすることになります。しかし，通常は，同様式と同じであるが欄外の余白に「事務処理欄」及び「記入の注意」事項が付け加えられている「標準様式」の出生届の様式によって届出をすることになります。

〔参考〕法定様式による「出生届」（戸規附録第11号様式）
　　　　……別紙1参照
　　　　標準様式による「出生届」（昭和59.11.1民二5502号通達，最新改正平成16.11.1民一3009号通達）
　　　　……別紙2参照

## 別紙1　法定様式による「出生届」

附録第十一号様式　出生の届書（日本工業規格Ａ列四番）（第五十九条関係）

# 出　生　届

　　　　　年　　月　　日届出

　　　　　　　　長　殿

| | | | | | |
|---|---|---|---|---|---|
| 生まれた子 | 子の氏名 | | 父母との続き柄 | □嫡出子<br>□嫡出でない子 | □男<br>□女 |
| | 生まれたとき | 　年　　月　　日　□午前　□午後　　時　　分 | | | |
| | 生まれたところ | 　　　　　　　　　　　　　　　　　　　　　　　番地／番　号 | | | |
| | 住所 | 　　　　　　　　　　　　　　　　　　　　　　　番地／番　号 | | | |
| | | 世帯主の氏名 | | 世帯主との続き柄 | |

| | | | |
|---|---|---|---|
| 生まれた子の父と母 | 父母の氏名<br>生年月日<br>（子が生まれたときの年齢） | 父<br>　年　月　日（満　歳） | 母<br>　年　月　日（満　歳） |
| | 本　籍<br>（外国人のときは国籍だけを書いてください） | 　　　　　　　　　　　　　　　番地／番 | |
| | | 筆頭者の氏名 | |
| | 同居を始めたとき | 　　　年　　月 | |
| | 子が生まれたときの世帯のおもな仕事と | □1. 農業だけまたは農業とその他の仕事を持っている世帯<br>□2. 自由業・商工業・サービス業等を個人で経営している世帯<br>□3. 企業・個人商店等（官公庁は除く）の常用勤労者世帯で勤め先の従業者数が1人から99人までの世帯（日々または1年未満の契約の雇用者は5）<br>□4. 3にあてはまらない常用勤労者世帯及び会社団体の役員の世帯（日々または1年未満の契約の雇用者は5）<br>□5. 1から4にあてはまらないその他の仕事をしている者のいる世帯<br>□6. 仕事をしている者のいない世帯 | |
| | 父母の職業 | （国勢調査の年…　年…の4月1日から翌年3月31日までに子が生まれたときだけ書いてください）<br>父の職業　　　　　　　　　　　　　　　母の職業 | |

| | |
|---|---|
| その他 | |

| | | |
|---|---|---|
| 届出人 | □1. 父／母　□2. 法定代理人（　　　）　□3. 同居者　□4. 医師　□5. 助産師　□6. その他の立会者<br>□7. 公設所の長 | |
| | 住所　　　　　　　　　　　　　　　　　　　　　　　　　番地／番　号 | |
| | 本籍　　　　　　　　　　　番地／番　　筆頭者の氏名 | |
| | 署名　　　　　　　　　　　　印　　　　　　　年　　月　　日生 | |

## 別紙2 標準様式による「出生届」

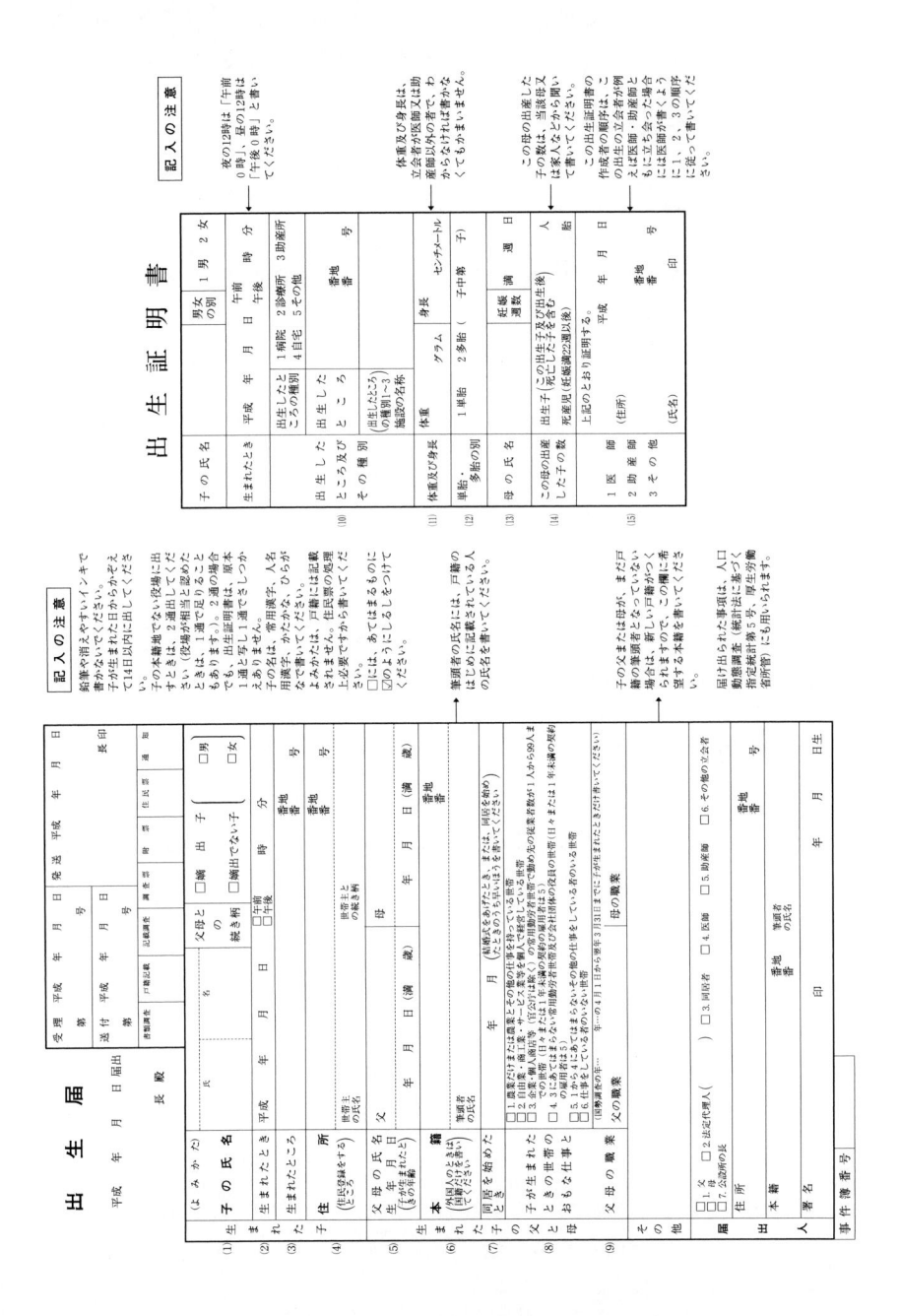

〔注〕法定様式以外の認知，養子縁組，養子離縁等の届書の様式は，届出人の便宜と事務処理の効率化等の観点から，戸籍の先例によって定められています（前掲民二5502号通達，民一3009号通達）。この先例によって定められた様式を「標準様式」といいます。

なお，標準様式を定める前記の先例には，法定様式も含まれているが，これは，法定様式にない事務処理のための「受理」，「送付」，「処理」の欄及び「記入の注意」事項を，様式の中の欄外余白に付け加え，様式の統一化を図る必要があるためです。

〔参考文献〕「改訂戸籍届書の審査と受理」61頁以下，「設題解説戸籍実務の処理Ⅱ」239頁以下

### 3 出生届の届出用紙は，どこにありますか。

**A** 市役所，区役所及び町村役場の戸籍の窓口に備えてあるので，そこでもらうことができます（以下「市役所，区役所及び町村役場」を，単に「市区町村役場」と表現します。）。

また，市区町村役場に支所や出張所等の出先機関があるときは，その窓口にも備えてあるので，そこでももらうことができます。

### 4 子どもを出産した病院からもらった出生証明書付きの出生届の届出用紙は，そのまま使えますか。

**A** 使えます。

病院は，出生の届出をする場合を考えて，市区町村役場にある出生届の届出用紙と同じものを備え，母子が退院する前に，その届出用紙

の右側に印刷されている出生証明書の様式の個所に必要事項を記載し，医師が証明してその用紙を渡しているところもあります。

その場合は，出生の届出部分（用紙の左側）の様式の個所に，届出人が必要事項を記載して，市区町村役場に提出することができます。

〔注〕出生証明書の記載事項及び様式は，「出生証明書の様式等を定める省令」（昭和27.11.17法務省令・厚生省令第1号，最新改正平成14.2.18法務省令・厚生労働省令第1号）第1条及び第2条に定められています。

**Q5** 出生の届出をする場合，届出用紙の様式にならって，自分で必要事項を手書きしたもので届出をすることができますか。

**A** できます。

法定様式と同じように作成したものであれば，それを使って届出をすることができます。しかし，届出の用紙は，市区町村役場の窓口に備えてあるので，通常は，その用紙を使うほうが便宜かと思われます。

なお，やむを得ない事由があるときは，法定様式以外の用紙で届出をすることができます。

〔注〕やむを得ない事由がある場合としては，例えば，外国に在る日本人が，その国に駐在する日本の大使，公使又は領事（以下「日本の大使，公使又は領事」を，単に「在外公館の長」と表現します。）に届出をする場合（戸40条）において，定められた届書様式によることができないときは，その様式によらなくてもよいとされています（昭和26.3.19民事甲454号通達）。しかし，現在は，在外公館の窓口に戸籍の届出に必要な用紙が備えられているので，やむを得ない事由が生じることは少ないものと考えられます。

なお，本籍人に関する戸籍の届出書類は，本籍地の市区町村役場を管轄する法務局において，届出をした翌年から起算して27年間保

存されるので（戸規49条2項），その間の保存に耐え得る用紙を使用する必要があります。

〔参考文献〕「改訂戸籍届書の審査と受理」61頁以下，「設題解説戸籍実務の処理Ⅱ」239頁以下

**Q6** 出生の届出をする場合，届出用紙をコピーした用紙を使って届出をすることができますか。

**A** できます。

コピーしたものは，届書の様式と同じですから使用できます。なお，本籍人に関する戸籍の届出書類は，届出の翌年から起算して27年間保存されるので（戸規49条2項），その間の保存に耐え得る用紙を使用する必要があります。

なお，出生届の用紙は市区町村役場の窓口に備えられているので，その用紙を使うほうが便宜かと思われます。

**Q7** 出生の届出をする場合，届書の記載を，鉛筆，ボールペン，ワープロ，パソコンなどで記載したものでも受付けられますか。

**A** 記載した事項が，簡単に消すことができる記入用具による記載は適当ではありません。したがって，鉛筆で記載した届書は受付けられないことになります。

〔注〕戸籍の届出書類は，本籍地の市区町村役場を管轄する法務局において，届出の翌年から起算して27年間保存されます（戸規49条2項）。その保存期間中に，退色等により記載した文字が消えてしまうよう

な用具を用いて記載した届出書類は，受付けられません。また，記載した文字が滲んで判読できなくなるような用具を用いた届出書類も同様です。

　鉛筆で記載した届書は，記載した事項を消しゴムにより簡単に消すことができるので，適当ではありません。ボールペン，ワープロ，パソコンで記載したものは，退色等により記載した文字が消えることや，記載した文字が滲んで判読できなくなるようなことはないと考えられるので，受付けられます（戸規67条・31条，大正8.1.17民2807号回答，大正9.5.27民事1698号回答，大正10.12.27民事2449号回答，昭和38.3.16民事甲800号回答，昭和38.5.22民事1556号回答）。

〔参考文献〕「改訂戸籍届書の審査と受理」79頁以下，「設題解説戸籍実務の処理Ⅱ」248頁以下，「新版実務戸籍法」74頁以下，「初任者のための戸籍実務の手引き」（改訂新版第四訂）8頁

## 2　口頭による届出

**Q8**　出生届を口頭によって届出するときは，どのようにするのですか。

**A**　口頭による届出の場合は，届出人が陳述した事項を，市区町村長（実際は戸籍事務担当職員が行う）が出生届の用紙に筆記した後，届出の年月日を記載し，届出人に読み聞かせることになります。

　届出事項に相違がないときは，届出人は届書に署名し押印します（戸37条1項・2項）。

　その口頭に基づく届書は，書面による届出がされた場合と同様に処理されます。

　　〔注〕口頭による届出における署名・押印については，戸籍法施行規則第62条の規定が適用されます（Q186〜Q189参照）。
　　　　なお，届書は使者に託して届出もできるので，口頭による出生届

又は代理人による口頭による出生届は（Q9），多くないものと考えられます。

〔参考文献〕「改訂戸籍届書の審査と受理」100頁以下，「設題解説戸籍実務の処理Ⅱ」307頁以下，「初任者のための戸籍実務の手引き」（改訂新版第四訂）4頁

**Q9** 出生届を口頭によって届出をする場合に，その届出人が，病気その他の事故で市区町村役場に出かけられないときは，どのような方法がありますか。

**A** 届出人の代理人が代わって口頭による届出をします（戸37条3項）。その場合は委任状が必要になります（大正5.6.7民465号回答三，標準準則26条）。

この場合も，代理人が陳述した事項を，市区町村長（実際は戸籍事務担当職員が行う）が出生届の用紙に筆記した後，届出の年月日を記載し，代理人に読み聞かせることになります。

届出事項に相違がないときは，届書に代理人が署名し押印します。また，届書には代理人の出生年月日及び本籍を記載することになります（大正3.12.28民1994号回答七）。

その代理人による口頭の届書は，書面による届出がされた場合と同様に処理されます。

〔注〕口頭で届出する場合において，届出人の代理人が代わって口頭で届出ができないときは，市区町村長が届出人の所在地に出張して，その届出を受理することができるという先例があります（昭和11.9.24民事甲1159号回答）。

届書は使者に託して届出することもできるので，届出人の口頭による届出（前問のQ8），代理人による口頭による届出（本問），あるいは届出人の所在地に出張して，その届出を受理する取扱い（前掲先例）は，現在はほとんど利用されていないものと考えられます。

〔参考文献〕「改訂戸籍届書の審査と受理」100頁以下，「設題解説戸籍実

務の処理Ⅱ」308頁以下，「初任者のための戸籍実務の手引き」（改訂新版第四訂）4頁

## 3　届書の提出方法

### （1）届出人による提出

**Q10** 出生の届出をするときは，届出人が，届書を市区町村役場の窓口に直接持参して提出しなければなりませんか。

**A**　届出人が，届書を直接持参して提出する必要はありません。

戸籍の届書は，届出人の使者が提出することもでき，また，郵送による届出もできます（戸47条）。したがって，届出人が届書を持参して直接提出しなければならないというものではありません。

〔注〕本問に関連する問題として，近年，当事者の知らない間に偽造の婚姻の届出等がされ，戸籍に不実の記載がされる事件が急増していることから，これを未然に防止する措置として，届書を持参した者に対して運転免許証，旅券等の顔写真が貼付された証明書の提示を求めて，本人確認を行う取扱いがされています。また，本人確認ができないときは（使者による届出，郵送による届出等），届出人に当該届出を受理した旨の通知を市区町村長がすることとされています（平成15.3.18民一748号通達）。

この本人確認の対象となる届出は，婚姻届・離婚届・養子縁組届・養子離縁届とされているので，出生届は対象とされていません。

なお，この届書を持参した者に対する本人確認の取扱いについては，現在は前記のとおり法務省民事局長通達によって取り扱われていますが，平成19年5月11日法律第35号をもって「戸籍法の一部を改正する法律」が公布され（施行日は，公布の日から起算して1年6月を超えない範囲内において政令で定める日），同法に第27条の2が次のように新設されています（前記取扱いの法制化）。その対象は，

届出によって効力を生ずる，認知，縁組，離縁，婚姻又は離婚の届出とされています（「戸籍時報」614号2頁以下参照）。

**戸籍法第27条の2**　市町村長は、届出によつて効力を生ずべき認知、縁組、離縁、婚姻又は離婚の届出（以下この条において「縁組等の届出」という。）が市役所又は町村役場に出頭した者によつてされる場合には、当該出頭した者に対し、法務省令で定めるところにより、当該出頭した者が届出事件の本人（認知にあつては認知する者、民法第797条第1項に規定する縁組にあつては養親となる者及び養子となる者の法定代理人、同法第811条第2項に規定する離縁にあつては養親及び養子の法定代理人となるべき者とする。次項及び第3項において同じ。）であるかどうかの確認をするため、当該出頭した者を特定するために必要な氏名その他の法務省令で定める事項を示す運転免許証その他の資料の提供又はこれらの事項についての説明を求めるものとする。

② 市町村長は、縁組等の届出があつた場合において、届出事件の本人のうちに、前項の規定による措置によつては市役所又は町村役場に出頭して届け出たことを確認することができない者があるときは、当該縁組等の届出を受理した後遅滞なく、その者に対し、法務省令で定める方法により、当該縁組等の届出を受理したことを通知しなければならない。

③ 何人も、その本籍地の市町村長に対し、あらかじめ、法務省令で定める方法により、自らを届出事件の本人とする縁組等の届出がされた場合であつても、自らが市役所又は町村役場に出頭して届け出たことを第1項の規定による措置により確認することができないときは当該縁組等の届出を受理しないよう申し出ることができる。

④ 市町村長は、前項の規定による申出に係る縁組等の届出があつた場合において、当該申出をした者が市役所又は町村役場に出頭して届け出たことを第1項の規定による措置により確認することができなかつたときは、当該縁組等の届出を受理することができない。

⑤ 市町村長は、前項の規定により縁組等の届出を受理することができなかつた場合は、遅滞なく、第3項の規定による申出をした者に対し、法務省令で定める方法により、当該縁組等の届出があつたことを通知しなければならない。

（「戸籍法の一部を改正する法律」の成立に至る経緯と概要について

の解説は,「戸籍」801号1頁以下参照のこと。)

〔参考文献〕「改訂戸籍届書の審査と受理」97頁以下,「設題解説戸籍実務の処理Ⅱ」301頁以下

## (2) 使者による提出

**Q11** 出生届書の「届出人」欄の署名,押印は父になっているが,市区町村役場の窓口に届書を提出したのは,母である場合,「届出人」欄の記載を母とするように届書を補正する必要がありますか。

**A** 　母が,届出人欄に記載されている父の使者(使いの者)として届書を持参し,提出する場合であれば,補正する必要はありません。
　母が,父に代わって自分が届出人として届出をするという場合であれば,母も父と同順位の届出義務者ですから(戸52条1項),その場合は,届出人欄の記載を母に補正して届出をすることになります。
　また,母が父と連名で届け出る場合であれば,母を届出人に追加するように届書を補正する必要があります。しかし,嫡出子の出生届を父母が連名で届出をする必要はないので,父母の一方から届出をするのが通常です。なお,Q178,Q179を参照願います。

〔注〕本問は,以上の点を考慮する必要はあるが,母がいわゆる届出人の「使いの者」(使者)と解される場合であれば,そのまま受理することになります。

〔参考文献〕「改訂戸籍届書の審査と受理」97頁以下,「設題解説戸籍実務の処理Ⅱ」301頁以下

**Q12** 出生届書の「届出人」欄の署名，押印は父になっているが，市区町村役場の窓口に届書を提出したのは，母の父（子の母方の祖父）である場合，当該届出は受付けられますか。

**A** 届書を提出した者が，届出人の使者である場合は，そのまま受付けられます。

〔注〕　本問の場合は，母の父（子の母方の祖父）は，いわゆる「使いの者」（使者）と解されます。この場合に，もし，母の父が，同居者の資格で届出をするというのであれば，同居者は父母が届出をすることができない事由があるときに，次順位の届出義務者とされているから届出ができます（戸52条3項）。その場合は，届書の「その他」欄に先順位の届出義務者である父又は母が届出をすることができない理由を記載することになります（大正4.2.19民220号回答二）。しかし，本問の場合は，父が届出人として署名，押印をしていることから，同居者が届出人になる理由はないものと考えます。

〔**参考文献**〕「改訂戸籍届書の審査と受理」197頁以下，「設題解説戸籍実務の処理Ⅲ」105頁以下

## （3）郵送による提出

**Q13** 出生届書を，届出人の父が署名，押印し，本籍地の市区町村長に郵送した場合，当該届書は受付けられますか。

**A** 受付けられます。

戸籍の届出は，事件本人（出生子）の本籍地の市区町村長にすることができます（戸25条1項）し，それを郵送によって届出をすることができます（戸47条）。

〔注〕　郵送された届出書類を市区町村長が受理したときは，戸籍受附帳

の備考欄に「年月日（封筒に施されている通信日付印中の年月日）郵送」と記載します。また，封筒には届出事件名，受付番号及び年月日を記載して，届書に添付しておく取扱いになっています（標準準則27条）。

〔**参考文献**〕「設題解説戸籍実務の処理Ⅱ」302頁以下

## Q14

出生届書を，届出人の父が署名，押印し，住所地の市区町村長に郵送した場合，当該届書は受付けられますか。

**A** 受付けられます。

戸籍の届出は，届出人の所在地（住所地）の市区町村長にすることもできます（戸25条1項）し，郵送による届出もできます（戸47条）。

〔**注**〕出生の届出は，子の出生した地（戸51条1項），届出人の所在地，子の入籍する戸籍のある本籍地（戸25条）の市区町村長のいずれにもできます。なお，出生届の届出先についてはQ24を参照願います。

〔**参考文献**〕「設題解説戸籍実務の処理Ⅱ」223頁以下・301頁以下

## Q15

郵送による出生の届出の場合は，いつ届出がされたことになりますか。

**A** 出生の届書が，市区町村役場に到達したときに届出があったものとされます（大正6.6.8民903号回答，大正9.11.10民事3663号回答，昭和32.4.4民事甲688号回答，昭和39.2.13民事甲317号回答）。

例えば，9月6日に郵送による届書を投函し，その届書が同月8日に市区町村役場に到達したときは，8日に届出がされたことになるの

で，この日が受付けの日になります。

　ただし，郵送により投函した後，届書が市区町村役場に到達する前に届出人が死亡した場合は，死亡した時に届出があったものとみなされます（戸47条2項）。

〔**参考文献**〕「改訂戸籍届書の審査と受理」23頁以下，「設題解説戸籍実務の処理Ⅱ」302頁以下

**Q16** 出生届書を，届出人の父が署名，押印し，本籍地の市区町村役場に郵送の手続をした（郵便ポストに投函）が，その後，当該届書が市区町村役場に到達前に父が事故で死亡した。
この場合において，出生届書が父の死亡した日の翌日に市区町村役場に到達したときは，出生の届出は，父以外の届出義務者から再度届出をすることになりますか。

**A**　再度の届出をする必要はありません。

　この場合は，届出人の父が死亡した時に届出がされたものとみなされます（戸47条2項）。したがって，他の者が再度届出をする必要はありません。

　〔注〕届出人が生存中に郵送した出生届は，死亡後であっても受理されますが，その場合は届出人が死亡した時に届出があったものとみなされます（戸47条2項）。このような事例としては，例えば，①出生の届出の受理当時すでに届出人の死亡が明らかになっている場合（例えば，所在地から本籍地の市区町村長あてに出生の届書を郵送した後，届出人が本籍地に帰って死亡し，郵送した出生届書が本籍地の市区町村役場に到達する前にその者の死亡届が受理されている場合），②出生の届出が受理された後に出生の届出人の死亡が明らかになった場合（例えば，所在地から本籍地の市区町村長あてに出生の届書を郵送した届出人が，所在地で死亡し，郵送による出生の届出の戸籍記載後に死亡届書の送付を受けた場合）があります。このよ

うな場合については，市区町村長は管轄法務局の長の指示を得て戸籍の処理をすることとされています（昭和28.4.15民事甲597号通達）。

〔参考文献〕「改訂戸籍届書の審査と受理」24頁，「設題解説戸籍実務の処理Ⅱ」302頁以下

**Q17** 届出人が生存中に郵送した届書が，市区町村役場に到達する前に届出人が死亡した場合，その届出が，届出人が死亡した時に届出がされたとみなされるのは，どうしてですか。

**A** 届書の郵送後，その届書が市区町村役場に到達前に届出人が死亡した場合において，その届出の効力を否定することは妥当を欠くので，民法第97条第2項が隔地者間の意思表示につき規定するのと同じ趣旨のもとに，その効力を認めることとしたとされています（青木・大森「全訂戸籍法」47頁以下）。

〔注〕本問の根拠は，戸籍法第47条に規定されているが，この規定は，報告的届出にも創設的届出にも同じく適用されます（前掲「全訂戸籍法」47頁以下）。
　戸籍の届出（受理）によって，届出の対象である身分関係の発生・変更・消滅の効果が生じる創設的届出の婚姻，離婚等の場合において，例えば，A男とB女が婚姻届書を9月3日に郵送による投函をしたが，翌日4日にA男が死亡し，その翌日の5日に市区町村役場に婚姻届書が到達した場合は，9月4日にA男とB女の婚姻が成立し，同時にA男の死亡により婚姻は解消することになります。
　一方，出生・死亡等の既成の事実又は法律関係についての届出である報告的届出についても，前記の創設的届出と同様の取扱いがされます。

〔参考文献〕「全訂戸籍法」47頁以下，「改訂戸籍届書の審査と受理」24頁，「設題解説戸籍実務の処理Ⅱ」302頁以下

**Q18** 前問において，届出人が死亡した時に届出がされたものとみなすという場合，それはどのような方法で確認することになりますか。

**A** 　届書が封入されて配達された封筒に施された通信日付印（スタンプ）の年月日を手がかりに判断することになります。

　また，死亡の日時は，死亡届の届書の記載によって判明するので，この日時と前記の通信日付印とを対比して届出時を確認することになります。

〔注〕届書が郵送された場合は，郵送に使用された封筒に届出事件名，受付番号及び年月日を記載し，届書に添付することになっています（標準準則27条）。
　　　また，郵送による届書を受理したときは，戸籍受附帳の当該届出事件の備考欄に「年月日郵送」と付記することになります（この年月日は封筒に施されている通信日付印中の年月日です。）。

〔**参考文献**〕「設題解説戸籍実務の処理Ⅱ」302頁以下

**Q19** 郵送による出生の届出が受理され，戸籍の記載をした後に出生届の届出人の死亡届がされ，出生届が市区町村役場に到達した前日に届出人が死亡していることが判明した場合，先に受理した出生届及び出生の戸籍の記載事項はどのようになりますか。

**A** 　出生の届書は，市区町村長に到達した日に受付けされますが，その届出は，届出人の死亡の時に届出があったものとみなされます（戸47条2項）。しかし，出生の届出が届出人の死亡の時にあったものとみなされても，先に受理した出生届書の内容に変更はないので，追完届等の必要はありません。

　ただし，戸籍の記載については，届出人の死亡後の受理である旨の

記載をするため、市区町村長は職権訂正書を作成し、出生事項の後に「父死亡後受理平成〇年〇月〇日記載㊞」と追記します（昭和28.4.15民事甲597号通達、昭和39.2.13民事甲317号回答）。

〔参考文献〕「改訂戸籍届書の審査と受理」23頁以下、「設題解説戸籍実務の処理Ⅱ」302頁以下

**Q20** 日本人夫婦間の嫡出子が外国で出生した場合、出生届は夫婦の本籍地の市区町村長に郵送で届出をすることができますか。

**A** 本籍地の市区町村長に郵送で届出をすることもできます（戸47条）が、滞在する地の在外公館の長に届出をすることもできます（戸40条）。また、届出人が日本に帰国したときに、所在地又は本籍地の市区町村長に直接届出をすることもできます（戸25条）。

なお、出生届とともに国籍留保の届出をする必要がある場合もあります（国12条、戸104条）が、その場合は、出生の日から3か月以内に届け出なければなりません。詳しくは、Q195〜Q199を参照願います。

〔注〕外国に居住する日本人と外国人夫婦間の嫡出子の出生届についても、郵送による届出をすることができます（戸47条）。

その場合も、Q18と同様に、郵送に使用された封筒に届出事件名、受付番号及び年月日を記載し、届書に添付することになります（標準準則27条）。

また、郵送による届書を受理したときは、戸籍受附帳の当該届出事件の備考欄に「年月日郵送」と付記することになります（この年月日は封筒に施されている通信日付印中の年月日です。）。

# 第2　出生届書の記載方法

## 1　届出の日

**Q21** 前日に出生届書を記載して，届出の年月日もその日を記載したが，そのままの日付で翌日に市区町村役場の窓口に提出できますか。

**A** 届出日を届出する日に訂正してから，提出をすることになります。

〔注〕届書には届出の年月日を記載することになるので（戸29条2号），市区町村役場の窓口に届書を提出するときは，提出する日を記載します。また，郵送で届出をする場合は，発送（投函）する日を記載します。したがって，記載した年月日と異なる日に届書を提出又は郵送する場合は，記載した日付を訂正して提出又は郵送することになります。

　もし，日付を訂正せずに提出した後，届出人がその日付を補正しないままの場合は，市区町村役場ではその旨（例えば「届出の日は6月8日である。○○市長○○○○ 職印 」）を簡記した「符せん」を届書に貼付した上で受理する取扱いをします（昭和36.1.11民事甲63号回答，標準準則33条）。

〔参考文献〕「設題解説戸籍実務の処理Ⅱ」242頁以下，「初任者のための戸籍実務の手引き」（改訂新版第四訂）6頁

## Q22 出生届書に記載した届出の日が，届出をする前日の日付のまま提出した場合，どのようになりますか。

**A** 　届書が市区町村役場の窓口に提出された場合は，届出人に届出の日を訂正してから提出してもらうことになります。

　郵送による届出の場合は，本問の事例では，発送した日が前日と解されるので，訂正の必要はありません。

　なお，郵送した場合の受付けの日（受領の日）は，届書が市区町村役場に到達した日（受信主義）になります（戸47条１項，標準準則27条）。

〔注〕届書には届出の年月日を記載することになる（戸29条２号）が，その日付は，窓口に提出するときは，提出する日です。本問の場合において市区町村役場の窓口に提出され，届出人が届出日を訂正する必要がある場合に，届出人が訂正しないまま提出したときは，市区町村役場ではその旨を簡記した「符せん」を届書に貼付した上で受理する取扱いをします（昭和36.1.11民事甲63号回答，標準準則33条・Q21の〔注〕参照）。

〔参考文献〕「設題解説戸籍実務の処理Ⅱ」242頁以下，「初任者のための戸籍実務の手引き」（改訂新版第四訂）６頁

## Q23 出生届を，子の出生から６年以上経過してから届出をした場合，その届出は受付けられますか。

**A** 　受付けられますが，その届出については，出生子が就学年齢に達した後の届出であるため，市区町村長は，管轄法務局の長に指示を求めた上で，受理するか否かを決定することになります（昭和34.8.27民事甲1545号通達）。

　なお，届出期間を経過した後の出生の届出であっても，市区町村長

は，当該届出が適正な場合は受理しなければならないとされています（戸46条）。

　〔注〕出生子が就学年齢に達した後に出生の届出がされた場合は，管轄法務局の長に指示を求めた上で，その届出を受理するか否を決める取扱いがされています（昭和34.8.27民事甲1545号通達）。この就学年齢とは，学校教育法第22条の規定により満6歳となった日の翌日と解されています（昭和36.5.12～13佐賀県戸籍協議会決議）。
　　学齢に達した子の出生届については，従前，日本国籍を有しない者について，虚偽の出生届によって日本人の子として戸籍に記載される例，また，嫡出でない子を他人夫婦の嫡出子として虚偽の出生届をし，その後に実父母が婚姻し，同一の子につき嫡出子出生届をして，届出が重複する例などがあったとされています（前掲民事甲1545号通達参照）。
　　このような状況を考慮して，学齢に達した子の出生届については，子の出生当時の状況その他の点につき管轄法務局において調査するものとし，これによって虚偽の出生届を未然に防止して，戸籍記載の適正を期するため，市区町村長は事前に管轄法務局の長に指示を求めた上で，受理するか否を決定することとしています（前掲民事甲1545号通達参照）。
　〔**参考文献**〕「改訂戸籍届書の審査と受理」200頁・205頁・212頁，「設題解説戸籍実務の処理Ⅲ」7頁以下，「初任者のための戸籍実務の手引き」（改訂新版第四訂）13頁・20頁

## 2 届出先

**Q24** 出生の届出は，どこの市区町村役場にすることになりますか。

**A** 次に掲げる市区町村役場のいずれに届出してもよいことになります〔注1〕。
1　子が出生した地の市区町村役場
2　届出人の所在地の市区町村役場〔注2〕
3　出生の届出により，子が入籍する戸籍のある本籍地の市区町村役場

〔注1〕例えば，A市で出生した子（事件本人）の入籍する父母の戸籍がB町にあり，父母の住所地がC市にあり，父はD市にある会社に勤務している場合において，A市は子の出生地（戸51条），B町は子が入籍する戸籍のある本籍地（戸25条），C市は届出人（父母）の所在地（戸25条），D市も父の所在地（明治32.11.15民刑1986号回答・注2参照）になるから，いずれの市区町村役場にも届出をすることができます。

〔注2〕届出人の所在地とは，一時的な滞在地を含むもので，例えば，仕事や旅行等のため一時的に滞在する者等の居所をもって所在地とされています（前掲民刑1986号回答）。もちろん，所在地に住所地，居住地が含まれるのはいうまでもありません。

なお，Q214～Q217を参照願います。

〔**参考文献**〕「改訂戸籍届書の審査と受理」196頁以下，「設題解説戸籍実務の処理Ⅱ」223頁以下，「設題解説戸籍実務の処理Ⅲ」103頁以下

## Q25 出生届書に届出先の市区町村長名を記載するとき，本籍地の市区町村長あてになりますか。

**A** 届書を提出する市区町村長があて先になります。この場合，市区町村長の氏名を記載する必要はありません。例えば，「東京都千代田区長 殿」と記載します。

出生届は，Q24に掲げた市区町村役場に届出をすることができる（戸25条・51条）から，届書に記載するあて先は，届出をする地の市区町村長になります。

〔**参考文献**〕「改訂戸籍届書の審査と受理」196頁以下，「設題解説戸籍実務の処理Ⅱ」223頁以下

## Q26 出生届書を届出人が住所地の市区町村長に提出したが，届出先を本籍地の市区町村長あてにした場合，本籍地の市区町村長に回送してくれるのですか。

**A** 本籍地の市区町村長に回送することはしませんが，出生の届出は，住所地の市区町村長にもできますから（戸25条1項），この場合は，住所地の市区町村長が，その届出を受理した後，本籍地の市区町村長に届書を送付することになります（戸規26条）。

なお，届書に記載する届出先は，届書を提出をする地の市区町村長あてになるので，本問の場合は，届出人にその個所を住所地の市区町村長あてに補正してもらうことになります。

〔注〕出生の届出は，子の出生地（戸51条），届出人の所在地及び子の入籍する戸籍のある本籍地（戸25条1項）のいずれの市区町村長にもできますが，届書には，その提出先を，例えば，「東京都千代田区長 殿」と記載すればよいことになります。

届書の様式には「　　長　殿」とあて先が記載できるように設けられているので，その箇所に届書の提出先の市区町村長と記載します。

〔参考文献〕「初任者のための戸籍実務の手引き」（改訂新版第四訂）5頁，22頁，24頁，26頁

## 3 「子の氏名」欄

**Q27** 子を出産した病院からもらった出生証明書は，「子の氏名」欄は空欄になっているが，それ以外の各欄は適正に記載されています。このままの証明書で出生の届出ができますか。

**A** できます。

この場合は，出生届書の「その他」欄に，「出生証明書の子の氏名欄は，命名前に証明書が発行されたので空白です。」と届出人が記載すればよいことになります（昭和50.5.23民二2696号通達）。

したがって，病院の医師に，名前が決まってからあらためて出生証明書の「子の氏名」欄に，子の氏名を追記してもらう必要はありません。

〔注〕病院の医師が出生証明書を発行するとき（戸49条3項）には，出生した子の名前が，まだ決まっていないことも考えられます。その場合は，出生証明書の「子の氏名」欄は空欄で発行されることになります。

出生の届出は，出生した日から数えて，14日以内に市区町村役場に届出をすることになっている（戸49条1項）から，その期間内に子の名前が決まるのが一般的かと思われます。したがって，病院から証明書が発行される時点では，子の名前が決まっていないことも考えられるので，前掲の民二第2696号通達のような取扱いがされています。

出生証明書は，その証明書を作成する者（医師等）が記載するも

のですから，届出人が，同欄に子の名を勝手に書き入れることができないのはいうまでもないことです。

〔**参考文献**〕「設題解説戸籍実務の処理Ⅲ」131頁以下

**Q28** 子を出産した病院からもらった出生証明書の「子の氏名」欄に記載された名を，出生の届出をするときに別の名前に変更し，出生届書の「子の氏名」欄に変更後の名前を記載して届出をすることができますか。
その場合，出生証明書の「子の氏名」欄に記載した名前を，病院の医師に訂正してもらう必要がありますか。

**A** 変更後の名前で届出をすることができます。

また，出生証明書の名前を，証明書を発行した病院の医師に訂正してもらう必要はありません。この場合は，出生届書の「その他」欄に，例えば「出生証明書の子の氏名欄の名前を，命名後に変更したので，届出の名前と証明書の名前は相違する。」と，届出人が記載すればよいものと考えます。これは，Q27と同様に考えられるからです。

〔**注**〕病院の医師が出生証明書を発行するときに，出生した子の名前が決まっているときは，その名前が出生証明書の「子の氏名」欄に記載されます。しかし，その後，出生の届出をするまでの間に，父母等の協議で子の名前を変更することも考えられます。その場合は，その変更後の氏名で届出ができることはいうまでもありません。

その場合には，出生証明書の「子の氏名」欄と出生届書の「子の氏名」欄の名前が相違することになるので，出生証明書の効力が問題になります。しかし，子の氏名の相違を除けば，出生証明書の他の記載内容から，母が分娩した事実が明らかであり，かつ，名前の変更の経緯が出生届書の「その他」欄に記載されていて，信憑性に欠けるところがないときは，出生証明書の名前を訂正させるまでもなく，その証明書は出生の証明資料の役割を果たしているものと考えられます。

これは，出生証明書の「子の氏名」欄が空白である場合の取扱い（昭和50.5.23民二2696号通達）と同様に考えられるからです。

〔**参考文献**〕「設題解説戸籍実務の処理Ⅲ」132頁，「補訂注解戸籍届書「その他」欄の記載」45頁以下，「戸籍実務相談」89頁

### Q29 出生届書の「子の氏名」欄の氏を，内縁中の夫の氏で届出ができますか。

**A** 内縁中の夫の氏をつけた氏名で届出をすることはできません。

父母が婚姻の届出をしないまま，その内縁中に出生した子は，法律上は父がいないことになるので，嫡出でない子になります。

嫡出でない子は，母の氏を称し（民790条2項），母の戸籍に入籍することになる（戸18条2項）ので，出生届書の「子の氏名」欄には，母の氏によって子の氏名を記載します。

〔**参考文献**〕「改訂戸籍届書の審査と受理」185頁以下，「新版実務戸籍法」88頁

### Q30 出生届書の「子の氏名」欄の氏・名の「よみかた」のふり仮名は，戸籍に記載されますか。

**A** 記載されません。

〔注〕1 出生届書の「子の氏名」欄に「よみかた」欄が設けられているのは，市区町村役場において住民基本台帳事務等を処理する上で必要があるため，「よみかた」欄を設けてほしいとする要望を受けて，

戸籍の先例（昭和47.2.14民事甲905号通達）により認められたものです。

出生届書中の余白に印刷されている「記入の注意」には，「よみかたは，戸籍には記載されません。住民票の処理上必要ですから書いてください。」とありますが，これは前記のことを表しています。

なお，この「よみかた」の記載は，前記のように戸籍の届出として法令上要求されているものではなく，住民基本台帳事務等の処理の便宜のためのものですから，これは，届出人の協力を得て記載されるものです。したがって，仮に，その「よみかた」欄の記載の協力が得られないとしても，そのことを理由に出生の届出が受理されないということはありません。

2　戸籍法施行規則第59条に規定する附録第11号様式の出生の届書（法定様式）には，「子の氏名」欄には「よみかた」欄は設けられていませんが，昭和59年11月1日民二第5502号通達による「戸籍関係届書類標準様式」で示されている出生届書には，子の「子の氏名」欄に「よみかた」欄が設けられています。なお，Ｑ2の別紙1の法定様式及び別紙2の標準様式を参照願います。

この標準様式が戸籍実務において用いられているから，出生の届出をするときは，届書に「よみかた」を記載することになります。しかし，この「よみかた」は，前記の1で述べたように戸籍には記載されません。

〔**参考文献**〕「改訂戸籍届書の審査と受理」82頁，「設題解説戸籍実務の処理Ⅲ」86頁以下，「新版実務戸籍法」91頁

**Q31** 出生届書の「子の氏名」欄の氏・名の「よみかた」のふり仮名が，通常の漢字の読み方と違う記載をした場合，その届出は受付けられますか。

**A** 受付けられます。

〔注〕「子の氏名」欄の「よみかた」の記載は，住民基本台帳事務等を処理する上で必要とされることから，届出人の協力によってされてい

るもので，戸籍の届出として法令上要求されているものではありません。したがって，本問のように名の漢字と「よみかた」が通常の読み方と違う場合でも，そのことを理由に出生の届出が不受理になることはないので，そのまま受付けられることになります。

**Q32** 戸籍の「名」欄にふり仮名が付されているものを見かけますが，それは，出生届書の「よみかた」のふり仮名を誤って記載したものですか。

**A** 誤って記載したものではありません。

戸籍の「名」欄に記載されているふり仮名は，名の傍訓（ぼうくん）といわれるものです。

名の傍訓の記載は，明治31年の戸籍法施行以来の取扱いによるもので，戸籍の先例（明治33.10.24民刑1484号回答）により認められていました。この記載は，戸籍法上の規定によるものではなく，届出人の申出に基づき，名の読み方を明らかにし，誤った読み方を避ける趣旨で認められた便宜的取扱いでした。したがって，傍訓は，戸籍法上の名と同一視されるべきものではないとされていました（大正11.4.5民事995号回答）。

なお，この傍訓の取扱いは，平成6年11月16日民二第7005号通達により廃止されています。

〔注〕名の傍訓についての従来の取扱いは，出生，帰化，就籍，名の変更の各届出によって，戸籍に名をはじめて記載する場合において，届出人から当該届書の「その他」欄に，戸籍にも名の傍訓を付されたい旨を記載する等，特にその趣旨の申出があった場合に限り，傍訓を付すこととされていました。名に傍訓が付されている者が，婚姻，養子縁組等により新戸籍が編製されるとき，又は他の戸籍に入籍するときには，新たに記載する戸籍の名欄には傍訓を付する（移記する）こととされていました（昭和50.7.17民二3742号通達，昭和56.9.14民二5537号通達）。

また，名に傍訓が付されている者から，傍訓を消除してほしい旨

の申出がされたときは，市区町村長限りの職権で消除して差し支えないとされていました（前掲民二5537号通達，平成2.10.20民二5200号通達）。

　しかし，以上のような名の傍訓の記載は，平成6年10月21日法務省令第51号による「戸籍法施行規則の一部を改正する省令」の施行（平成6.12.1施行）に伴って廃止されました。これによって名の傍訓は，戸籍に記載しないこととされ，婚姻，養子縁組，転籍等による新戸籍編製，他の戸籍への入籍又は戸籍の再製若しくは改製により，従前戸籍に記載されている名を移記する場合は，名に傍訓が付されていても，移記しない取扱いになりました（平成6.11.16民二7005号通達）。

　名の傍訓は，現行の戸籍法施行前は（昭和22.12.31以前），子の名に用いる漢字は特に制限されていなかったため，難読な漢字が使用される場合もあり，傍訓を付して名の読み方を明らかにする意味があったと思われます。しかし，現行の戸籍法施行後は，子の名に用いる漢字は制限され（戸50条，戸規60条），難読な漢字が使用されることがなくなり，さらに名の傍訓の記載申出はほとんどなく，一般に利用されることがない状況等が考慮されたとされています（「戸籍」628号132頁以下参照）。

　〔**参考文献**〕「改訂戸籍届書の審査と受理」82頁，「設題解説戸籍実務の処理Ⅲ」86頁以下，「新版実務戸籍法」91頁，「戸籍」第309号72頁

**Q33** 嫡出でない子の出生の届出を母が届出し，同時に父が認知の届出をする場合，出生届書及び認知届書の「子の氏名」欄の氏を，認知する父の氏で記載することができますか。

**A**　父の氏で記載することはできません。

　父が認知の届出をしたときは，子と父との法律上の親子関係は生じます（民784条）が，子が，嫡出でない子であることに変わりがありません。

　嫡出でない子は，母の氏を称し（民790条2項），母の戸籍に入籍することとされています（戸18条2項）ので，出生届書の「子の氏名」欄には，母の氏によって子の氏名を記載します。

〔参考文献〕「設題解説戸籍実務の処理Ⅰ」335頁以下，「新版実務戸籍法」88頁以下

### Q34 出生届書の「子の氏名」欄に記載する名が，届出期間内に決まらない場合，出生の届出はできませんか。

**A** 「名未定」として出生の届出ができます。

この場合は，出生届書の「子の氏名」欄に「名未定」と記載して，届出期間内に届出をすることになります（戸49条，大正3.12.9民1684号回答）。

また，届書の「その他」欄に，名が未定である理由を記載します。例えば，「届出期間内に名を決めることができないので，名未定として届出する。」，あるいは，「子の父は外国に出張中であり，母も出産後病気のため，子の名は未定であり，父母から届出できないので，出産に立ち会った医師が届出する。」等と記載することになります。なお，事例6を参照願います。

〔注〕名未定の出生の届出がされる場合としては，届出期間内に命名権者である父又は母が，名を決めかねている場合が考えられます。この場合も父母から名未定の出生届ができます（昭和26.6.4～5山形地方法務局管内山形県戸籍事務協議会決議，昭和46.9.7～8第23回福岡連合戸籍事務協議会決議）。また，父が外国出張中で，母も産後の経過不良のため届出することができないため，出産に立会った医師又は助産師等が届出することになる場合は（戸52条3項），その者が子の名を勝手に決めて届出をすることはできないと思われます。そのような場合には，名未定として届出をするほかありません。

名未定の出生の届出がされた場合でも，嫡出子は父母の戸籍に入籍し，嫡出でない子は母の戸籍に入籍します（戸18条）が，戸籍の名欄に名を記載することができないので，空白にしておきます。

後日，名が決まったときは，出生の届出義務者が名の追完届をすることになるので（戸45条），その追完届に基づいて空白になってい

る名欄に子の名を記載します（大正6.8.25民924号回答）。

なお，「名未定」の届出については，事例6を，また，追完の届出をする場合については，Q35及び事例7を参照願います。

〔参考文献〕「設題解説戸籍実務の処理Ⅲ」76頁以下

## Q35

出生届書の「子の氏名」欄に「名未定」と記載して出生の届出をした後，子の名が決まったときは，どのような手続をすることになりますか。

**A**　先に届出をした「出生届」に対する「追完届」をします（戸45条）。

先に届出をした名未定の出生届は，それが受理されたとしても，その届出は，名が未定であるという不備な届出であることに変わりがありません。そこで，後日，名が決まったときは，名が決まった旨の届出をするのが出生届に対する名の追完届です。

〔注〕名未定の出生の届出が受理された場合，嫡出子は父母の戸籍に入籍し，嫡出でない子は母の戸籍に入籍する（戸18条）が，戸籍の名欄に名を記載することができないので，空白になっています。

後日，出生の届出義務者から名の追完届出がされたときは，その追完届に基づいて空白の名欄に名を記載します（大正6．8．25民924号回答）。この場合，子の身分事項欄には次のように記載します。

紙戸籍の場合

「平成弐拾年壱月拾弐日東京都千代田区で出生名未定同月弐拾四日助産師乙川花子届出入籍㊞」

と記載されている出生事項の次行に，追完事項を次のとおり記載します（参考記載例4）。

「平成弐拾年弐月六日名追完父届出㊞」

コンピュータシステムによる証明書の場合

出　　生　　【出生日】平成２０年１月１２日
　　　　　　【出生地】東京都千代田区
　　　　　　【届出日】平成２０年１月２４日

　　　　　　　　【届出人】助産師　乙川花子
　　　　　　　　【特記事項】名未定
　　と記載されている出生事項の下欄に，追完事項を次のとおり記載
　　します（参考記載例4）。
　　　　追　　完　【追完日】平成20年2月6日
　　　　　　　　【追完の内容】名
　　　　　　　　【届出人】父
　　　　　　　　【従前の記録】
　　　　　　　　　　【特記事項】名未定
　　　　追　　完　【追完日】平成20年2月6日
　　　　　　　　【追完の内容】名
　　　　　　　　【届出人】父
　　　　　　　　【記録の内容】
　　　　　　　　　　【名】啓太郎
　　　なお，名未定の届出に対する追完届については，事例7を参照
　　願います。
　　〔**参考文献**〕「設題解説戸籍実務の処理Ⅲ」76頁以下，「設題解説戸籍実務
　　　の処理ⅩⅦ」29頁以下，「改訂第1版注解コンピュータ記載例対照戸
　　　籍記載例集」16頁・17頁

## Q36

出生届書の「子の氏名」欄の名の文字が，子の名に使用できない文字で届出をした場合は，どのようになりますか。

**A**　　使用できない文字による出生の届出は，受付けられないことになりますので，使用できる文字（戸50条，戸規60条）で届出をすることになります。

　　〔注〕子の名に用いる文字は，戸籍法及び同法施行規則によって次のように定められています（戸50条，戸規60条）。それ以外の文字は使用できないことになっています。

① 常用漢字表（昭和56年内閣告示第1号）に掲げる漢字（括弧書きが添えられているものについては、括弧の外のものに限る。）
② 別表第二に掲げる漢字
③ 片仮名又は平仮名（変体仮名を除く。）

　ただし、次のような場合は、前記に定められた文字以外の文字であっても、例外的にその文字を用いることができるとされています（昭和56.9.14民二5537号通達）。
　1　親子関係存否確認の裁判に基づく戸籍訂正により戸籍から消除された子について、従前の名と同一の名を記載してする出生の届出
　2　出生後長年経過し相当の年齢に達した者について、社会的に広く通用していることを証明できる名を記載してする出生の届出
　3　就籍の許可の裁判で認められた文字を使用した就籍の届出
　4　名の変更の裁判で認められた文字を使用した名の変更の届出

〔参考〕①　「人名用漢字の変遷　子の名に使える漢字の全履歴」
　　　　②　「最新子の名に使える漢字字典」日本加除出版編集部編
〔参考文献〕「改訂戸籍届書の審査と受理」207頁以下、「設題解説戸籍実務の処理Ⅲ」73頁以下、「初任者のための戸籍実務の手引き」（改訂新版第四訂）19頁

## 4　「父母との続き柄」欄

### (1) 嫡出子の父母との続き柄

**Q37**　出生の届出をする場合に、出生届書の「父母との続き柄」欄に記載する「嫡出子」とは、どのような子をいうのですか。

**A**　一般的には、婚姻関係にある父母の間に出生した子をいいます。民法第772条の規定は、妻が婚姻中に懐胎した子は、夫の子と推定するとし（同条1項）、父母が婚姻してから200日後に出生した子、又は婚姻解消若しくは取消しの日から300日以内に出生した子は、父母の婚姻中に懐胎したものと推定するとしています（同条2項）。この二重の推定規定

によって嫡出子と推定される子を「推定される嫡出子」といいます。

これに対し，父母が婚姻してから200日以内に出生した子の場合は，民法第772条の規定に該当しないが，その子が母の夫によって懐胎された子であれば，生来の嫡出子であるとされています（昭和15.1.23大審院民事連合部判決・民集19巻1号54頁）。これを「推定されない嫡出子」といいます。

なお，嫡出でない子として出生した後，父母が婚姻し，父が認知した場合も，子は嫡出子の身分を取得します（民789条2項・これを「認知準正」という。）。また，父が認知し，その後に父母が婚姻した場合も，子は嫡出子の身分を取得します（民789条1項・これを「婚姻準正」という。）。これを準正嫡出子といいますが，いずれも嫡出子であることに変わりがありません。なお，詳しくは，Q38を参照願います。

〔**参考文献**〕「初任者のための戸籍実務の手引き」（改訂新版第四訂）15頁・16頁

### Q38 出生届書に記載する「嫡出子」について，もう少し詳しく説明してください。

**A** 嫡出子には，Q37で説明したとおり，①父母が婚姻してから200日後に出生した子，②父母の婚姻解消若しくは取消しの日から300日以内に出生した子（民772条），③父母が婚姻してから200日以内に出生した子であるが母の夫によって懐胎された子（昭和15.1.23大審院民事連合部判決・民集19巻1号54頁），④父母の婚姻前に出生した子で，婚姻後に認知した子又は認知後に父母が婚姻した子（民789条）があります。

嫡出子とされる子は，前記のとおりですが，これをもう少し詳しく説明すると次のようになります。

1 推定される嫡出子

民法第772条の規定は，第1項で「妻が婚姻中に懐胎した子は，

夫の子と推定する。」とし，第2項で「婚姻成立の日から200日を経過した後又は婚姻解消若しくは取消しの日から300日以内に生まれた子は，婚姻中に懐胎したものと推定する。」としています。この要件に該当する子を「嫡出の推定を受ける子」といいますので，出生の届出をするときは，これらの子は嫡出子として届け出ることになります。

　この要件のうち，妻が婚姻後に子を出産したことについては，婚姻の届出の有無と分娩の事実によって容易に認定できますが，妻が婚姻中にその夫によって懐胎したことの認定は，容易ではないとされています。

　そこで，同条第2項において「婚姻の成立の日から200日を経過した後又は婚姻の解消若しくは取消しの日から300日以内に生まれた子は，婚姻中に懐胎したものと推定する。」とし，さらに，「妻が婚姻中に懐胎した子は，夫の子と推定する。」(同条1項) 旨を規定しています。つまり，この二重の推定によって子の嫡出性が決定されることになります。

2　推定されない嫡出子

　婚姻成立の日から200日以内に出生した子は，民法第772条の規定に該当しないため，法律上の推定を受けないことになります。しかし，その子が母の夫によって懐胎された子であれば，生来の嫡出子であるとされています (昭和15.1.23大審院民事連合部判決・民集19巻1号54頁)。

　戸籍の実務においても，前記の判決を受けて，婚姻成立の日から200日以内の出生子については，父の認知を得るまでもなく，嫡出子として出生の届出がされた場合は，受理することとしています (昭和15.4.8民事甲432号通牒)。

　しかし，その子が母の夫によって懐胎された子でないときは，嫡出子ではないことになるから，母が，嫡出でない子として出生届をした場合は，その届出は受理されることになります (昭和26.6.27民事甲1332号回答)。

　つまり，婚姻成立の日から200日以内の出生子については，嫡出子として出生の届出をする場合と，嫡出でない子として出生の届

出をする場合があり得るということになります。
3 準正嫡出子
　嫡出でない子が嫡出子の身分を取得した場合，その子を準正嫡出子又は準正子といいます。嫡出でない子が準正嫡出子になる場合としては，血縁上の父母との間に法律上の親子関係を確定すること（父の認知），及び父母が婚姻していることの二つの要件が備わっていることが必要です。
(1) 婚姻準正
　　父が認知した子は，その後に父母が婚姻したときに，嫡出子の身分を取得します（民789条1項）。このように，認知後に父母が婚姻したことによって準正嫡出子となった場合は，父母の婚姻が嫡出子の身分を取得する事由になったことから，これを婚姻準正といいます。
(2) 認知準正
　　父母が婚姻した後，父が母の嫡出でない子を認知したときは，その子は嫡出子の身分を取得します（民789条2項）。このように，父母の婚姻後に父が認知したことによって準正嫡出子となった場合は，父の認知が嫡出子の身分を取得する事由になったことから，これを認知準正といいます。
(3) 認知の届出の効力を有する出生届による嫡出子
　　父母の婚姻前に出生した子について，その出生の届出をしないうちに父母が婚姻し，その後に父が嫡出子出生の届出をした場合は，その届出は，認知の届出の効力を有するとされています（民789条2項，戸62条）。これは，出生の届出により既に母の嫡出でない子として戸籍に記載されている子を，父母の婚姻後に父が認知した場合と同様となりますが，本項の場合は，子の出生届が未了であるという点で違いがあります。この場合の嫡出子出生の届出は，前記のとおり，認知の届出の効力を有するとされていることから，出生の届出後に父からあらためて認知の届出を要しないことはいうまでもありません。
　　この出生の届出の場合も，届書の「父母との続き柄」欄には「嫡出子」と記載します。

〔参考文献〕「改訂戸籍届書の審査と受理」172頁以下，「設題解説戸籍実務の処理Ⅲ」11頁以下・21頁以下・31頁以下，「設題解説戸籍実務の処理Ⅹ」208頁以下，「新版実務戸籍法」83頁以下，「初任者のための戸籍実務の手引き」(改訂新版第四訂) 15頁・16頁

## Q39 嫡出子とされる者が，真実は，嫡出でない子の場合は，どのようにすることになりますか。

**A** 　出生の届出により，子が既に戸籍に記載されている場合は，嫡出否認の訴え（民774条）による裁判又は親子関係不存在確認の訴え（人訴2条2号）による裁判を確定させ，それに基づく戸籍訂正申請により（戸116条），戸籍の記載を嫡出でない子と訂正することになります。そのほかには，下記の2で述べるように，戸籍訂正許可の審判（戸113条）によって訂正する場合もあります。

　出生の届出が未了の場合は，前記の裁判（戸籍訂正許可審判を除く）が出生届前に確定しているときは，その裁判の謄本を添付して嫡出でない子として出生の届出をすることができます。

　また，離婚後300日以内に出生した子について，医師が作成した「懐胎時期に関する証明書」によって，子の懐胎時期が離婚後であることが証明される場合は，嫡出でない子として届出をすることができます（平成19.5.7民一1007号通達，同日付民一1008号依命通知）。

　これらについての詳細は，次のとおりです。
1　嫡出推定を排除する裁判の確定
　(1)　民法第772条に規定する嫡出推定は，一応の法律上の推定ですから，もし，その推定が事実に反するときは，父と推定される夫は，子の出生を知ったときから1年以内に嫡出否認の訴えによって，この推定を覆すことができるとされています（民774条・775条・777条）。
　　　この裁判が確定したときは，既に戸籍に記載されている子の場合は，戸籍訂正申請により嫡出でない子と戸籍を訂正することに

なります（戸116条）。もし，出生の届出がされていない場合は，裁判の謄本を添付して嫡出でない子として出生の届出をします。

　　また，母が再婚しているときは，その子が後婚の夫によって懐胎された子であれば，前記の裁判の謄本を添付して，後婚の嫡出子として出生の届出をすることができます。
(2) 民法第772条の規定は，夫婦が正常な婚姻関係にあることを前提として設けられた規定であることから，夫の長期不在や夫婦が事実上離婚している場合などにおいて出生した子については，同条の規定は実質的に適用されないとされています。したがって，その場合は，嫡出否認の訴えによることなく，親子関係不存在確認の裁判を求めることとされています（昭和15.9.20大審院判決・民集19巻18号1596頁，昭和44.5.29最高裁判所判決・民集23巻6号1064頁，昭和44.9.4最高裁判所判決・判例時報572号27頁）。

　　この裁判が確定したときは，前記(1)と同様の取扱いをします。
2　戸籍訂正許可審判の確定

　　戸籍に嫡出子と記載されている者が，真実の親子関係に合致していない場合は（虚偽の出生届がされている場合など），前記1の(2)のとおり親子関係不存在確認の裁判を確定させ，戸籍訂正申請により訂正することもできる（戸116条）が，家庭裁判所の許可を得て（戸113条），戸籍訂正申請により訂正することもできるとされています（昭和34.3.7民事甲463号回答，昭和34.11.27事甲2675号回答，昭和37.2.20民事甲334号回答，昭和38.7.1民事甲1838号回答）。
3　戸籍先例において認められている取扱い
(1) 戸籍の実務においては，妻が夫の子を懐胎し得ないことが客観的に明らかにされている場合，例えば，夫の生死が3年以上不明の理由で離婚の裁判が確定し，その裁判確定後300日以内に子が出生した場合には，その裁判の謄本を出生の届書に添付し，嫡出でない子又は後婚の嫡出子として届出されたときは，その届出を受理することとしています〔注〕。
(2) また，婚姻の解消若しくは取消しの日から300日以内に出生した子については，医師が作成した「懐胎時期に関する証明書」によって，子の懐胎時期が婚姻の解消若しくは取消し後であること

が証明される場合は，嫡出の推定は及ばないとして取り扱われます（平成19.5.7民一1007号通達，同日付民一1008号依命通知）。したがって，同証明書を添付したときは，嫡出でない子又は後婚の嫡出子として出生の届出ができることになるが，その届出については，当分の間，市区町村長は管轄法務局の長の指示を得て処理することとされています（前掲通達及び依命通知参照）。

〔注〕 1 民法第772条の規定により嫡出推定を受ける子について，その嫡出性を否認する場合は，母の夫は子の出生を知った時から1年以内に嫡出否認の訴えを提起することとされています（民774条・777条）。しかし，同法の嫡出推定の規定は，夫婦が正常な婚姻関係にある場合を前提として設けられたものであることから，妻の出産した子が夫の子であり得ないことが外観上明らかな場合は，同条の規定の適用を排除し得ることになるので，その父子関係については，親子関係不存在確認の訴えによって否定できるとされています（昭和44.5.29最高裁判所判決・民集23巻6巻1064頁，昭和44.9.4最高裁判所判決・判例時報572号27頁）。
　　 2 民法第772条の規定により嫡出推定を受ける子について，子の母が，夫の子を懐胎し得ないことが客観的に明らかなことが，裁判上明確にされている場合は，その裁判の謄本及び確定証明書を添付して，嫡出でない子又は後婚の嫡出子として出生の届出ができるとした戸籍の先例は，次のとおりです。
　　　① 失踪宣告を受け死亡とみなされた妻が，失踪中に出生した子を，失踪宣告取消し後に嫡出でない子として出生の届出をすることができる（昭和28.12.11民事甲2335号回答）。
　　　② 母の夫が失踪宣告により死亡とみなされた日から3年前に出生した子を，嫡出でない子として出生の届出をすることができる（昭和39.2.6民事甲276号回答）。
　　　③ 夫の生死が3年以上不明の理由（民770条1項3号）で裁判離婚が確定し，その日から300日以内に出生した子を，嫡出でない子又は後夫から嫡出子として出生の届出をすることができる（昭和2.10.11民事7271号回答，昭和28.7.20民事甲1238号回答）。
　　　④ 夫の生死が3年以上不明の理由（旧民813条9号）で裁判離婚が確定し，その日から2年前，夫の生死不明より1年後に出生

した子を，嫡出でない子又は後夫から嫡出子として出生の届出をすることができる（昭和9.3.5民事甲300号回答）。

⑤　夫の生死が3年以上不明の理由（民770条1項3号）で裁判離婚が確定し，夫の生死不明より1年後に出生した子を，嫡出でない子として出生の届出をし，同時に実父から認知の届出をすることができる（昭和37.10.22〜23福岡県連合戸住協議会決議・昭和38.3.7民二発73号民事局承認）。

⑥　夫の悪意の遺棄を理由（民770条1項2号）として裁判離婚が確定し，夫婦が日本とアメリカとに別れて生活し，子の出生前2年以上の間音信がない事案で，妻が離婚後300日以内に出生した子を，後夫との嫡出子として出生の届出をすることができる（昭和38.7.1民事甲1837号回答）。

⑦　夫の悪意の遺棄を理由（民770条1項2号）として裁判離婚が確定し，夫婦が子の出生前10年以上日本とアメリカとに別れて生活し，その間何らの音信がない事案で，妻が離婚確定の1年前に出生した子を，嫡出でない子として出生の届出ができる（昭和39.6.15民事甲2086号回答）。

⑧　夫甲が行方不明中に他男丙と事実婚し，その間に子丁が出生したが，丁の出生届未済のまま甲と離婚し，丙と婚姻した事案において，甲と丁間において親子関係不存在確認の裁判が確定した場合は，後夫丙から嫡出子出生の届出ができる（昭和40.9.22民事甲2834号回答）。

⑨　婚姻中に出生した子につき，出生届未済のまま妻は離婚により復籍した後，子と母の前夫との間に親子関係不存在確認の裁判が確定し，さらに子の氏を母の離婚後の氏に変更する旨の審判がされた場合は，嫡出でない子の出生の届出により，子は直ちに母の戸籍に入籍させることができる（昭和46.2.17民事甲567号回答）。

⑩　夫甲と婚姻中の妻乙が，丙男との間に子丁を出産したが，丁の出生届未済のまま甲と離婚し，丙男と婚姻した事案において，丙男は丁を認知する旨の裁判が確定した場合，後夫丙から嫡出子出生の届出ができる。この場合，認知の届出も要する（昭和41.3.14民事甲655号回答）。

⑪　離婚後300日以内の出生子につき，出生の届出未済のうちに嫡出子否認の裁判が確定した場合，母の再婚後の夫から嫡出子出

生の届出ができる（昭和48.10.17民二7884号回答）。

〔参考文献〕「改訂戸籍届書の審査と受理」176頁以下，「設題解説戸籍実務の処理Ⅲ」16頁・31頁・48頁，「設題解説戸籍実務の処理Ⅹ」208頁以下，「新版実務戸籍法」86頁以下，「初任者のための戸籍実務の手引き」（改訂新版第四訂）15頁・16頁

**Q40** 婚姻中に長女（又は長男）が出生したが，出生届書の「父母との続き柄」欄は，どのように記載するのですか。

**A** ☑嫡出子〔長☑女〕（又は〔長☑男〕）と記載します。

夫婦が婚姻してから200日後に出生した子は，夫の子と推定される（民772条）から，嫡出子として届出をします。

また，婚姻後200日以内に出生した場合は，前条の規定に該当しないため，法律上は夫の子と推定されないが，その子が母の夫によって懐胎された子であれば，生来の嫡出子であるとされています（昭和15.1.23大審院民事連合部判決・民集19巻1号54頁）。したがって，その場合も嫡出子として届出をします。

父母との続き柄は，同一父母間における出生の順序によって，長女（2女），長男（2男）等と記載します。なお，事例1を参照願います。

〔注〕民法第772条第2項に規定する「婚姻の成立の日から200日を経過した後」の，200日を経過した日の計算は，婚姻の届出の日（婚姻成立の日）の翌日から起算して200日を過ぎた日，すなわち，201日以後の日と解されています（中川善之助編集「注釈民法(22)のⅠ親族(3)」92頁，中川淳「改訂親族法逐条解説」191頁）。したがって，200日目は200日を経過した日に入らないことになります。この場合の期間計算は，民法第140条・第141条によることになります。

なお，戸籍法上の報告的届出には，届出期間が定められているが，この期間の計算については，同法第43条第1項に特別の規定があり，初日を算入することになっています。これは戸籍法上特に規定があ

る場合に適用されるもので，期間の初日を算入しない民法第140条の期間の計算方法に関する原則の例外規定とされています（青木・大森「全訂戸籍法」243頁）。

〔**参考文献**〕「注釈民法（22）のⅠ親族（3）」92頁，「改訂親族法逐条解説」191頁，「全訂戸籍法」243頁，「改訂戸籍届書の審査と受理」54頁・176頁，「設題解説戸籍実務の処理Ⅱ」348頁

**Q41** 婚姻中に出生した子の出生届書の「父母との続き柄」欄は，すべて嫡出子と記載するのですか。

**A** 「嫡出子」と記載する場合と，「嫡出でない子」と記載する場合があります。

夫婦が婚姻してから200日後に出生した子は，夫の子と推定される（民772条）から，嫡出子と記載して届出をします。

これに対し，夫婦の婚姻後200日以内に出生した子は，民法第772条の規定に該当しないため，法律上は夫の子と推定されないが，その子が母の夫によって懐胎された子であれば，生来の嫡出子であるとされています（昭和15.1.23大審院民事連合部判決・民集19巻1号54頁）。したがって，その場合は，嫡出子と記載して届出をします（昭和15.4.8民事甲432号通牒）。

しかし，その子が母の夫によって懐胎された子でないときは，嫡出子ではないから，母が，嫡出でない子と記載して届出をした場合は，受理されることになります（昭和26.6.27民事甲1332号回答）。なお，事例2及び事例27を参照願います。

〔注〕父母婚姻後200日以内の出生子については，前掲の昭和15年1月23日大審院民事連合部判決を受けて，戸籍の実務も，当該出生子については，父の認知を待つまでもなく出生と同時に父母の嫡出子の身分を有するものとして，嫡出子出生の届出を受理することとしています（前掲民事甲432号通牒）。そして，この届出は，父，母いずれ

からでもすることができるとしています（昭和27.1.29民事甲82号回答，昭和30.7.15民事甲1487号回答）。

〔参考文献〕「改訂戸籍届書の審査と受理」181頁以下，「設題解説戸籍実務の処理Ⅲ」11頁以下

**Q42** 父母の婚姻後200日以内に出生した子を，母が嫡出でない子として出生の届出をしたが，その後に夫が認知の届出をした場合，その子は認知により嫡出子になるのですか。

**A** 　父母の婚姻後200日以内に出生した子は，その子が母の夫によって懐胎された子であれば，生来の嫡出子であるから（昭和15.1.23大審院民事連合部判決・民集19巻1号54頁），認知により嫡出子になるものではありません。

　本問の認知の届出は，母が嫡出でない子として出生の届出をしたことによって，戸籍に嫡出でない子と記載されているのを，生来の嫡出子と訂正する旨の申出書として取り扱うことになります。

　具体的には，本籍地の市区町村長は，管轄法務局の長の許可を得て，職権で父欄に父の氏名を記載し，父母との続柄を訂正することになります（昭和34.8.28民事甲1827号通達）。

　戸籍の記載は次のようになります。

　　　**紙戸籍の場合**
　　　　「平成拾九年拾壱月弐拾五日東京都千代田区で出生同月参拾日母届出入籍㊞」
　　　と記載されている出生事項の次行に，
　　　　「父の申出により平成弐拾年壱月拾八日許可同月弐拾日父欄記載父母との続柄訂正㊞」
　　　と申出事項を記載します。
　　　**コンピュータシステムによる証明書の場合**
　　　　出　　生　　　【出生日】平成１９年１１月２５日
　　　　　　　　　　　【出生地】東京都千代田区

　　　　　　　　　【届出日】平成19年11月30日
　　　　　　　　　【届出人】母
　　　と記載されている出生事項の下欄に，
　　　　記　　録　　【記録日】平成20年1月20日
　　　　　　　　　【記録事項】父の氏名
　　　　　　　　　【記録事由】父の申出
　　　　　　　　　【許可日】平成20年1月18日
　　　　　　　　　【関連訂正事項】父母との続柄
　　　　　　　　　【従前の記録】
　　　　　　　　　　　【父母との続柄】長男
　　　　　　　　　　　【記録の内容】
　　　　　　　　　　　　【父】甲野義太郎
　　　と申出事項を記載します。

〔注〕婚姻成立の日から200日以内の出生子については，民法第772条の規定に該当しないため，法律上は夫の子と推定されないが，その子が母の夫によって懐胎された子であれば，生来の嫡出子であるとされています（昭和15.1.23大審院民事連合部判決・民集19巻1号54頁）。したがって，その場合は，嫡出子として出生の届出をすることになります。
　　　しかし，その子が母の夫によって懐胎された子でないときは，嫡出子ではないから，母が，嫡出でない子として出生の届出をした場合は，受理されます（昭和26.6.27民事甲1332号回答）。この場合において，その後に母の夫から認知の届出がされたときは，その子は，もともと生来の嫡出子であったわけですから，先の出生の届出により戸籍に嫡出でない子と記載したのは誤りということになります。したがって，この場合は，認知の届書を子の戸籍の記載を嫡出子と訂正する旨の申出書として取り扱うことになります（前掲民事甲1827号通達）。

　　〔**参考文献**〕「改訂戸籍届書の審査と受理」181頁以下，「設題解説戸籍実務の処理Ⅲ」270頁以下，「改訂第1版注解コンピュータ記載例対照戸籍記載例集」9頁・47頁

## Q43

父母が離婚してから9か月後に男の子が生まれたが，出生届書の「父母との続き柄」欄は，どのように記載するのですか。

**A**　☑嫡出子　〔長　☑男〕（又は〔2　☑男〕）と記載します。

夫婦が離婚してから300日以内に出生した子は，夫の子と推定されます（民772条）から，嫡出子として届出をすることになります。また，父母との続き柄は，同一父母間における出生の順序によって長男（2男）と記載します。

なお，出生子が離婚した夫の子でない場合については，Q44を参照願います。

〔**参考文献**〕「改訂戸籍届書の審査と受理」172頁以下，「設題解説戸籍実務の処理Ⅲ」11頁以下，「新版実務戸籍法」83頁以下，「初任者のための戸籍実務の手引き」（改訂新版第四訂）15頁以下

## Q44

父母が離婚してから9か月後に男の子が生まれたが，その子が離婚した夫の子でない場合，出生届はどのように届出しますか。

**A**　出生の届出がされていない場合に，①嫡出否認の訴えによる裁判が確定しているとき（民774条），又は②親子関係不存在確認の裁判が確定しているとき（人訴2条2号），あるいは，③医師が作成した「懐胎時期に関する証明書」によって，子の懐胎時期が離婚後であることが証明されるとき（平成19.5.7民一1007号通達，同日付民一1008号依命通知）は，離婚した夫の嫡出の推定が排除されるので，それらの裁判の謄本又は医師の証明書を出生届書に添付して，嫡出でない子又は後婚の夫の嫡出子として出生の届出ができるとされています。

なお，Q39を参照願います。

〔注〕 1　民法第772条第2項の規定によれば，婚姻の解消若しくは取消しの日から300日以内に出生した子は，婚姻中に懐胎したものと推定されますから，本問の出生子は離婚した夫の子と推定されます。
　　　　同条に規定する嫡出推定は，一応の法律上の推定ですから，もし，その推定が事実に反するときは，その推定を排除することができます。排除するには嫡出否認の訴えによることになるが（民774条・775条・777条），夫の長期不在や夫婦が事実上離婚している場合などにおいて出生した子は，民法772条の規定は適用すべきでないから，その場合は，嫡出否認の訴えによることなく，親子関係存否確認の裁判を求めることとされています（昭和15.9.20大審院判決・民集19巻18号1596頁，昭和44.5.29最高裁判所判決・民集23巻6号1064頁，昭和44.9.4最高裁判所判決・判例時報572号27頁）。
　　　　また，婚姻の解消若しくは取消しの日から300日以内に出生した子については，医師が作成した「懐胎時期に関する証明書」によって，子の懐胎時期が婚姻の解消若しくは取消し後であることが証明される場合は，嫡出の推定は及ばないとして取り扱われます（平成19.5.7民一1007号通達，同日付民一1008号依命通知）。
　　　2　既に離婚した夫の嫡出子として出生の届出がされ，戸籍に記載されている場合は，嫡出子否認の裁判の確定又は親子関係不存在確認の裁判の確定に基づく戸籍訂正申請により戸籍訂正がされます（戸116条）。また，戸籍訂正許可の審判によって訂正することもできます（戸113条）。

---

**Q45** 父母が離婚してから10日後に女の子が生まれたが，出生届書の「父母との続き柄」欄は，どのように記載するのですか。

**A**　☑嫡出子　〔長　☑女〕（又は〔2　☑女〕）と記載します。
　　夫婦が離婚してから300日以内に出生した子は，夫の子と推定されます（民772条2項）。したがって，離婚した日の翌日に子を出生した場合でも，あるいは300日目に出生した場合でも，いずれも300日以内に出生

した子ですから、離婚した夫の子と推定されるので、出生届をする場合は、嫡出子として届出をすることになります。

父母との続き柄は、同一父母間における出生の順序によって、長女（2女）等と記載します。

なお、その子が離婚した夫の子でないことが裁判等で確定している場合の出生の届出については、Q46を参照願います。

**Q46** 父母が離婚してから10日後に女の子が生まれたが、その子が離婚した夫の子でない場合、出生届はどのように届出しますか。

**A** 出生の届出がされていない場合に、①嫡出否認の訴えによる裁判が確定しているとき（民774条）、②又は親子関係不存在確認の裁判が確定しているとき（人訴2条2号）は、離婚した夫の嫡出子でないことになるので、嫡出でない子として出生の届出ができることになります。

なお、Q39を参照願います。

〔注〕夫婦が離婚してから300日以内に出生した子は、夫の子と推定されます（民772条2項）。したがって、本問のように離婚してから10日後に出生した場合でも、あるいは300日目に出生した場合でも、いずれも300日以内に出生した子ですから、離婚した夫の子と推定されるので、出生届をする場合は、嫡出子として届出をすることになります。

しかし、その子が離婚した夫の子でない場合は、前記の推定を排除する必要があります。この推定を排除するには、①嫡出否認の訴えの裁判によってする場合（民774条）、又は②親子関係不存在確認の裁判によってする場合があります（人訴2条2号）。

また、嫡出の推定の排除は、Q44で述べたように、医師が作成した「懐胎時期に関する証明書」によって、子の懐胎時期が婚姻の解消若しくは取消し後であることが証明される場合は、嫡出の推定は及ばないとして取り扱われるので（平成19.5.7民一1007号通達、同

日付民一1008号依命通知），この証明書によってできる場合もあります。しかし，本問の場合は，離婚してから10日後に子が出生しているため，懐胎時期と出生日の関係で，離婚後に子を懐胎したとする医師の証明書は得られないものと考えられます。

　なお，既に離婚した夫の嫡出子として出生届がされ，戸籍に記載されている場合は，前記の裁判の確定に基づく戸籍訂正申請によって訂正することになります（戸116条）。また，戸籍訂正許可の審判によって訂正することもできます（戸113条）。

**Q47** 父母が婚姻する前に生まれた子で，出生の届出未了の子を，婚姻後に父が出生の届出をする場合，出生届書の「父母との続き柄」欄は，どのように記載するのですか。

**A** ☑嫡出子〔長☑男〕（又は〔長☑女〕）と記載します。

　この出生届は，認知の届出の効力をも有するので，父が届出をしなければなりません（戸62条）。

　この届出により子は父母の戸籍に直ちに入籍します。

　なお，父母の婚姻後に出生した子が，既に戸籍に入籍している場合は，本問の子の出生届によって父母との続き柄を訂正する必要があります。その場合は，出生届書の「その他」欄に，例えば「兄の出生届により同籍の甲野春雄は2男となる。」のように記載します。この場合の戸籍の記載は，次のようになります（参考記載例11）。

　　　　紙戸籍の場合
　　　　　「兄の出生届により平成弐拾年五月拾参日父母との続柄訂正㊞」
　　　　コンピュータシステムによる証明書の場合
　　　　　訂　　正　　【訂正日】平成２０年５月１３日
　　　　　　　　　　　【訂正事項】父母との続柄
　　　　　　　　　　　【訂正事由】兄の出生届出
　　　　　　　　　　　【従前の記録】
　　　　　　　　　　　　【父母との続柄】長男

　なお，事例4及び事例10を参照願います。

〔注〕認知の届出の効力を有する出生届

　父母の婚姻前に出生した子を，婚姻後に父が嫡出子として出生の届出をしたときは，その出生の届出は認知の届出の効力も有するとされています（民789条2項，戸62条）。本問は，この場合の例です。

　本来，父母が婚姻する前に出生した子は，嫡出でない子として母の氏を称し（民790条2項），出生の届出によって母の戸籍に入籍します（戸18条2項）。

　ところが，子の出生の届出をする前に父母が婚姻の届出をし，その後に父がその子について嫡出子出生届をする場合があります。この場合は，前記のとおり，その出生の届出は認知の届出の効力も有するとされています。

　なお，この出生の届出は認知の届出の効力をも有することから，必ず届出人は父でなければならないが，さらに母が出生届の届出義務者としてともに届出人になることを要するのではないかと考えられるが，これについては，戸籍実務の取扱いは，母からの届出は要しないとされています（昭和23.1.29民事甲136号通達）。この届出によって子は直ちに父母の戸籍に嫡出子として入籍します（前掲民事甲136号通達）。

　また，子が成年に達しているときは，子の承諾を要します（民782条，昭和43.4.5民事甲689号回答）ので，承諾を証する書面を添付するか（戸38条1項），又は出生届書の「その他」欄に，子が認知を承諾する旨の記載をし，署名，押印をします。実務上は，届書の「その他」欄に次のように記載する例が多いようです。

　「この認知の届出を承諾します。甲野一郎㊞」

　〔**参考文献**〕「改訂戸籍届書の審査と受理」183頁以下，「設題解説戸籍実務の処理Ⅲ」27頁・285頁，「補訂注解戸籍届書「その他」欄の記載」85頁・134頁

## 48

父母が離婚をし母が復氏した後，母は他男と婚姻をし，前婚の離婚後300日以内，後婚の成立から200日後に出生した子の出生届を母が届出する場合，出生届書の「父母との続き柄」欄は，どのように記載するのですか。

**A**　本問の子は，母の前夫及び後夫双方の嫡出推定を受けることになるので，「父未定の子」として出生の届出をします（民773条，戸54条）。この場合の届書の父母との続き柄は，次のように記載します。

　☑嫡出子　〔長　☑男〕又は〔長　☑女〕と記載することになります。

　この場合は，子は，一応出生当時の母の戸籍に入り，父欄は空欄となります。その後，父を定める裁判が確定し，これに基づく戸籍訂正申請によってはじめて父の記載及び父母との続き柄の訂正（父と定められた前夫又は後夫の嫡出子としての続き柄に訂正）されることになります。

　出生届書に記載すべき父母との続き柄については，父未定の子である（したがって，前夫又は後夫いずれかの嫡出子とする続き柄を記載することはできない。）ため，一応母との関係のみにより嫡出でない子の父母との続き柄の記載に準じて「長男」又は「長女」と記載することになるものと考えます（平成16.11.1民一3008号通達）。

　また，出生届書の「その他」欄には，父未定の出生届である旨を記載します。例えば「出生子の花子は，母梅子が離婚後6か月を経過しないうちに再婚し，離婚後300日以内で，かつ，再婚200日後に出生したため，前婚，後婚双方の夫の子として推定を受けるので，父は未定である。」と記載します。なお，事例21を参照願います。

〔注〕父未定の子の出生届は，母が届出をすることになるが（戸54条），届書の父欄は記載せずに届出し，この届出に基づき出生子は，一応出生当時の母の戸籍に入籍させることになります（民790条，戸18条）。

〔参考文献〕「改訂戸籍届書の審査と受理」188頁以下，「届書式対照戸籍記載の実務（上）」60頁以下，「設題解説戸籍実務の処理Ⅲ」14頁以下，「設題解説戸籍実務の処理ⅩⅠ」129頁以下，「初任者のための戸籍実務の手引き」（改訂新版第四訂）18頁，「新版実務戸籍法」86頁

**Q49** 父母が離婚をし母が復氏した後，母は他男と婚姻をし，前婚の離婚後300日以内，後婚の成立から200日後に出生した子の出生届を，後婚の夫が，医師の作成した「懐胎時期に関する証明書」を添付して嫡出子出生の届出をする場合，出生届書の「父母との続き柄」欄は，どのように記載するのですか。

**A** 本問の子は，母の前夫及び後夫双方の嫡出推定を受けるので，「父未定の子」として出生の届出をすることになる（民773条，戸54条）が，届書に添付された医師の作成した「懐胎時期に関する証明書」によって，懐胎時期が離婚後である場合は，後婚の夫の子として嫡出子出生の届出をすることができます（平成19.5.7民一1007号通達，同日民一1008号依命通知，「戸籍」801号87頁以下参照）。

この場合の父母との続き柄は，次のように記載します。

☑嫡出子〔 長 ☑男（又は，〔2 ☑男〕）〕又は〔 長 ☑女（又は，〔2 ☑女〕）〕」等と記載することになります。

なお，父未定の子については，Q48・Q88及びQ121を参照願います。

〔注〕医師の作成した「懐胎時期に関する証明書」が添付された出生の届出がされたときは，当分の間，市区町村長は管轄法務局の長の指示を得て処理することとされています（前掲民一1007号通達，民一1008号依命通知）。

　このように取り扱う理由は，同証明書が添付され，離婚後に懐胎したことが証明される場合は，前婚の嫡出子の推定が及ばないものとされるが，このような取扱いは，従前の戸籍実務の取扱いと異なる新しい運用であることから，より慎重な審査を行うとともに，その円滑な実施を図るためとされています（「戸籍」801号36頁参照）。

〔参考文献〕「戸籍」801号31頁以下・87頁以下

## 4 「父母との続き柄」欄

**Q50** 夫婦間に3人目の男子が出生したが、2男は外国で出生し日本国籍留保の届出をしなかったため、戸籍には記載されていない場合、3人目の子の「父母との続き柄」欄は、「☑嫡出子　2☑男」と記載して届出をすることになりますか。

**A** ☑嫡出子〔3☑男〕と記載して届出をします。

国籍の留保の届出をしなかった者は、出生の時にさかのぼって日本国籍を喪失します（国12条）。しかし、その者は父母の嫡出子であり、父母との続き柄が「2男」であることに変わりはないので、本問の子は3男として届出をします。

〔注〕嫡出子は、同一戸籍内にあると否とに関係なく、父母である夫婦ごとに、その間の子について出生の順序により、長男、長女、2男、2女とし、父又は母の一方のみを同じくする子については、別に長男、長女、2男、2女とします（昭和22.10.14民事甲1263号通達）。
　　また、嫡出でない子については、母との関係のみにより、母の分娩した嫡出でない子の出生の順序により長男、長女、2男、2女とします（平成16.11.1民二3008号通達）。

〔**参考文献**〕「全訂戸籍法」100頁以下、「初任者のための戸籍実務の手引き」（改訂新版第四訂）19頁以下

**Q51** 再婚した妻との間に1人目の女子が出生したが、戸籍には前妻との間の長女と2女が在籍しています。この場合、再婚した妻との間の子の「父母との続き柄」欄は、「☑嫡出子　3☑女」と記載して届出をすることになりますか。

**A** ☑嫡出子〔長☑女〕と記載して届出をします。

嫡出子は、父母である夫婦ごとに、その間の子について出生の順序により、長男、2男、長女、2女とし、父又は母の一方のみを同じくする子については、別に、長男、2男、長女、2女とします（昭和

22.10.14民事甲1263号通達)。

〔注〕日本国憲法の施行に伴う民法の応急的措置に関する法律（昭和22年法律74号，昭和23.1.1失効）の施行前（昭和22.5.2以前）の旧民法（明治31年法律9号）においては，嫡出子は，同じ家（戸籍）の枠によって，父又は母が戸主であるときは戸主を基準に，また，父母が家族であるときは父を基準に，出生の順序によって長男，2男，長女，2女とされていました。したがって，他家で生まれた子は，この続き柄に算入されず，また，父の後妻の子は，先妻の子の次の順序とされていたので，本問の子は旧法では3女となりました。

〔参考文献〕「全訂相続における戸籍の見方と登記手続」707頁以下，「旧法親族相続戸籍の基礎知識」233頁以下

**Q52** 父母の婚姻後200日以内に出生した子の「父母との続き柄」欄を，「☑嫡出子　長☑女」と記載した出生届を，母が届出した場合，この届出は受付けられますか。

**A**　受付けられます。
　父母の婚姻成立後200日以内に出生した子は，嫡出の推定は受けない（民772条）が，母の夫によって懐胎された子であれば，父の認知を得るまでもなく生来の嫡出子とされています（昭和15.1.23大審院民事連合部判決・民集19巻1号54頁）。
　戸籍の実務においても，その子について嫡出子出生の届出がされた場合は，受理することとしています（昭和15.4.8民事甲432号通牒）。なお，事例2を参照願います。

〔注〕本問の子については，母が嫡出子の出生届出義務者とされていなかった当時において，母から届出がされたときは受理することとしていました（昭和15.8.24民事甲1087号回答，昭和27.1.29民事甲82号回答，昭和30.7.15民事甲1487号回答）。なお，昭和51年法律第66号をもって戸籍法の一部が改正された際に，母も父と同順位で嫡出

子出生の届出義務者とされています（戸52条1項）。

〔**参考文献**〕「設題解説戸籍実務の処理Ⅲ」12頁以下，「初任者のための戸籍実務の手引き」（改訂新版第四訂）16頁

**Q53** 父母の婚姻前に出生した子の「父母との続き柄」欄を，「☑嫡出子　長☑男」と記載した出生届を，父が届出した場合，この届出は受付けられますか。

**A**　受付けられます。

　父母の婚姻前に出生した子の出生届を，婚姻後に父から届出した場合は，その届出には，認知の届出の効力を有するものとされています（民789条2項，戸62条）。つまり，その届出には，出生届と認知届の二つの届出が含まれているということです。

　認知の届出は，父がすることになっているので，この出生届は必ず父が届出をする必要があります。

　この届出を，「戸籍法62条の出生届」と呼ぶ場合があります。なお，事例4及び事例10を参照願います。

〔**参考文献**〕「設題解説戸籍実務の処理Ⅲ」27頁以下，「初任者のための戸籍実務の手引き」（改訂新版第四訂）16頁

**Q54** 父母の離婚後300日以内に出生した子の「父母との続き柄」欄を，「☑嫡出子　3☑男」と記載した出生届を，母が届出した場合，この届出は受付けられますか。

**A**　受付けられます。

　民法第772条の規定は，妻が婚姻中に懐胎した子は，夫の子と推定するとし，さらに，婚姻の成立から200日後又は婚姻の解消若しくは取消

しの日から300日以内に生まれた子は，婚姻中に懐胎したものと推定するとしています。

本問の子は，離婚後300日以内に生まれていることから，嫡出子としての出生の届出をするものです。この場合の出生届の届出義務者は母とされている（戸52条1項後段）ので，その届出は受付けられることになります。なお，事例3を参照願います。

〔参考文献〕「設題解説戸籍実務の処理Ⅲ」11頁以下，「初任者のための戸籍実務の手引き」（改訂新版第四訂）15頁

## 55

父母の離婚後300日以内に出生した子の「父母との続き柄」欄を，「☑嫡出子　3☑男」と記載した出生届を，父が届出した場合，この届出は受付けられますか。

**A** 受付けられます。

父母の離婚後300日以内に出生した子の出生届出義務者は，母です（戸52条1項後段）。父は届出義務者とされていないが，出生した子は嫡出子と推定されることから，父も届出資格があるものと解されます。

〔注〕1　父母離婚後300日以内に出生した嫡出子の出生届出義務者が父とされていないのは，離婚後の父は，子の出生の事実を必ずしも把握できないこともあることから，届出義務を課すのは適当でないとされたためと解されています。

2　届出義務者の届出に基づいて，戸籍に子の出生に関する記載がなされるが，届出義務者は他面，届出をする資格がある者ということができます（青木・大森「全訂戸籍法」278頁）。また，届出義務者である父又は母が届出をすることができない場合は，それ以外の法定代理人が届出をすることができるとされています（戸52条4項）が，本問の場合は，これに該当するものと考えます。

〔参考文献〕「改訂戸籍届書の審査と受理」210頁，「設題解説戸籍実務の処理Ⅲ」108頁

## Q56

母の離婚後300日以内で、後婚の成立から200日以内に生まれた子の「父母との続き柄」欄を、「☑嫡出子　長☑男」と記載した出生届を、後婚の夫が届出した場合、この届出は受付けられますか。

**A**　受付けられません。

　出生子は、母が前婚の夫との離婚後300日以内に生まれているから、前婚の夫の嫡出推定を受けることになる（民772条）ので、後婚の夫を父とする嫡出子出生の届出はできないことになります。

　　〔注〕本問において、子の出生の届出前に、
　　　1　嫡出子否認の裁判が確定している場合については、Q57を参照願います。
　　　2　親子関係不存在確認の裁判が確定している場合については、Q58を参照願います。
　　　3　医師の作成した「懐胎時期に関する証明書」が添付さている場合については、Q59を参照願います。
　　〔参考文献〕「設題解説戸籍実務の処理Ⅲ」18頁以下

## Q57

母の離婚後300日以内で、後婚の成立から200日以内に生まれた子の「父母との続き柄」欄を、「☑嫡出子　長☑女」と記載した出生届を、嫡出子否認の裁判の謄本及び確定証明書を添付して、後婚の夫が届出した場合、この届出は受付けられますか。

**A**　受付けられます。

　出生子は、母の前夫の嫡出推定を受けますが、その前夫が嫡出否認の訴えを提起し（民774条）、その裁判が確定していることから、母の前夫の嫡出推定は排除されています。

　その結果、当該出生子は後婚の成立後200日以内に出生しているので、その子が母の夫によって懐胎された子である場合は嫡出子とされます

（昭和15.1.23大審院民事連合部判決・民集19巻1号54頁）。したがって，母の後夫が，父として嫡出子出生の届出をすることができます（昭和48.10.17民二7884号回答）。なお，事例18を参照願います。

〔注〕この場合，嫡出子否認の裁判の確定により，母の前夫の嫡出推定が排除され，戸籍には後婚の夫の嫡出子と記載されますが，その裁判が確定したことを子の出生事項中に記載し，嫡出推定の排除がされたことを明らかにしておくことになります（前掲民事甲7884号回答）。

**紙戸籍の場合**

「平成弐拾年八月拾壱日東京都千代田区で出生同年拾弐月拾九日父届出（平成弐拾年拾弐月拾五日甲野義太郎の嫡出子否認の裁判確定）入籍㊞」

**コンピュータシステムによる証明書の場合**

出　　生　　【出生日】平成２０年８月１１日
　　　　　　【出生地】東京都千代田区
　　　　　　【届出日】平成２０年１２月１９日
　　　　　　【届出人】父
　　　　　　【特記事項】平成２０年１２月１５日甲野義太郎
　　　　　　　　　　　の嫡出子否認の裁判確定

〔参考文献〕「改訂戸籍届書の審査と受理」178頁

---

**58** 母の離婚後300日以内で，後婚の成立から200日以内に生まれた子の「父母との続き柄」欄を，「☑嫡出子　長☑男」と記載した出生届を，子と母の前夫との親子関係不存在確認の裁判の謄本及び確定証明書を添付して，後婚の夫が届出した場合，この届出は受付けられますか。

**A**　受付けられます。
　出生子は，母の前夫の嫡出推定を受けますが，その前夫との間に親子関係不存在確認の裁判が確定していることから，母の前夫の嫡出推定は排除されています。

その結果，当該出生子は後婚の成立後200日以内に出生しているが，その子が母の夫により懐胎された子である場合は嫡出子とされます（昭和15.1.23大審院民事連合部判決・民集19巻1号54頁）。したがって，母の後夫が，父として嫡出子出生の届出をすることができます（昭和40.9.22民事甲2834号回答）。なお，事例19を参照願います。

　　〔注〕この場合，親子関係不存在確認の裁判の確定により，母の前夫の嫡出推定が排除され，戸籍には後婚の夫の嫡出子と記載されますが，その裁判が確定したことを子の出生事項中に記載し，嫡出推定の排除がされたことを明らかにしておくことになります（前掲民事甲2834号回答，参考記載例12）。
　　　　**紙戸籍の場合**
　　　　　「平成弐拾年八月拾壱日東京都千代田区で出生同年拾弐月拾九日父届出（平成弐拾年拾弐月拾五日甲野義太郎との親子関係不存在確認の裁判確定）入籍㊞」
　　　　**コンピュータシステムによる証明書の場合**
　　　　　出　　生　　【出生日】平成２０年８月１１日
　　　　　　　　　　　【出生地】東京都千代田区
　　　　　　　　　　　【届出日】平成２０年１２月１９日
　　　　　　　　　　　【届出人】父
　　　　　　　　　　　【特記事項】平成２０年１２月１５日甲野義太郎
　　　　　　　　　　　　との親子関係不存在確認の裁判確定
〔**参考文献**〕「改訂戸籍届書の審査と受理」178頁

## 59

母の離婚後300日以内で、後婚の成立から200日以内に生まれた子の「父母との続き柄」欄を、「☑嫡出子　長☑女」と記載した出生届に、医師の作成した懐胎時期に関する証明書を添付して、後婚の夫が届出した場合、この届出は受付けられますか。

**A**　受付けられます。

医師の作成した「懐胎時期に関する証明書」が添付され、同証明書によってその子が離婚後に懐胎したことが認められる場合は、嫡出の推定が及ばないものとされています（平成19.5.7民一1007号通達、同日民一1008号依命通知）。

その結果、当該出生子は後婚の成立後200日以内に出生しているが、その子が母の夫により懐胎された子であれば嫡出子とされます（昭和15.1.23大審院民事連合部判決・民集19巻1号54頁）。したがって、母の後夫が嫡出子として出生の届出ができます。

ただし、同証明書を添付した出生の届出については、当分の間、市区町村長は管轄法務局の長の指示を得て処理することとされています（前掲民一1007号通達、同日民一1008号依命通知参照）。なお、事例20を参照願います。

〔注〕この場合、医師が作成した「懐胎時期に関する証明書」によって、母の前夫の嫡出推定が排除され、戸籍には後婚の夫の嫡出子と記載されますが、そのことを子の出生事項中に記載し、嫡出推定の排除がされたことを明らかにしておくことになります（前掲民一1007号通達、同日付民一1008号依命通知参照）。なお、管轄法務局の長の指示を得て処理する場合は、参考記載例9に準じて、入籍日を記載します（「法務通信」NO.673号18頁参照）。

**紙戸籍の場合**

「平成弐拾年八月壱日東京都千代田区で出生同月弐拾参日父届出（民法第七百七十二条の推定が及ばない）同月弐拾八日入籍㊞」

**コンピュータシステムによる証明書の場合**

出　　生　　【出生日】平成２０年８月１１日

【出生地】東京都千代田区
【届出日】平成20年8月23日
【届出人】父
【入籍日】平成20年8月28日
【特記事項】民法第772条の推定が及ばない

〔**参考文献**〕「戸籍」801号31頁以下

## （2）嫡出でない子の父母との続き柄

**Q60** 出生の届出をする場合に，出生届書の「父母との続き柄」欄に記載する「嫡出でない子」とは，どのような子をいうのですか。

**A** 婚姻関係にない男女間に出生した子をいいます。

嫡出でない子には，父に認知されていない子と認知された子があります。

認知された子でも父母が婚姻しない限り，嫡出子の身分を取得しないので，嫡出でない子に変わりはありません。

嫡出でない子は，母の氏を称し（民790条2項），母の戸籍に入籍します（戸18条2項）。なお，事例24及び事例26を参照願います。

〔注〕1　嫡出でない子と母との親子関係は，原則として母の認知は要しないとされ，母子関係は分娩の事実により当然に発生するとされています（昭和37.4.27最高裁判決・民集16巻7号1247頁）。

　　2　父母婚姻後200日以内の出生子の場合，嫡出の推定は受けないが（民772条），母の夫によって懐胎された子であれば，父の認知を得るまでもなく生来の嫡出子とされています（昭和15.1.23大審院民事連合部判決・民集19巻1号54頁）。

　　　しかし，その子が母の夫によって懐胎されたものでない場合は，嫡出でない子ですから，母が，嫡出でない子として出生の届出をした場合は，受理されることになります（昭和26.6.27民事甲1332号回答）。

3　また，嫡出の推定を受ける子の場合でも，嫡出子否認の裁判が確定した場合又は親子関係不存在確認の裁判が確定した場合は，嫡出でない子になる場合があります。詳しくは，Q38及びQ39を参照願います。

〔参考文献〕「改訂戸籍届書の審査と受理」185頁以下，「設題解説戸籍実務の処理Ⅲ」31頁以下，「初任者のための戸籍実務の手引き」（改訂新版第四訂）16頁，「新版実務戸籍法」87頁以下

## Q61

父母が婚姻をする前に生まれた子を，母が嫡出でない子として出生の届出をし，婚姻後に父が認知の届出をした場合と，婚姻後に父が嫡出子出生の届出をした場合では，どのような相違がありますか。

**A**　婚姻後に夫（父）が嫡出子出生の届出（戸62条）をした場合は，子は出生の届出により直ちに父母の戸籍に嫡出子として入籍します（昭和23.1.29民事甲136号通達）。

　これに対し，嫡出でない子として出生の届出をした場合は，子は出生当時の母の氏を称し（民790条2項），母の戸籍に入籍します（戸18条2項）。その後に父母が，夫（父）の氏を称して婚姻をし，父が認知の届出をした場合は，子は準正嫡出子になりますが（民789条2項），父母の戸籍に当然には入籍しません。入籍する場合は，入籍の届出を要することになります（民791条2項，戸98条1項，昭和62.10.1民二5000号通達第5の3）。

　〔注〕父母の婚姻前に出生した子は，本来であれば，母から嫡出でない子として出生の届出をします（戸52条2項）。その後，父が認知の届出をしたときは，法律上の父子関係が生じ（民781条），さらに父母が婚姻をしたときは，子は嫡出子の身分を取得することになります（婚姻準正・民789条1項）。

　また，嫡出でない子として出生の届出をした後に父母が婚姻をし，

その後に父が認知の届出をしたときは、そのときに法律上の父子関係が生じ、子は嫡出子の身分を取得することになります（認知準正・民789条2項）。なお、この場合の認知の効果は、父母の婚姻の時にさかのぼるとされています（昭和42.3.8民事甲373号回答）。

これに対し、父母の婚姻前に出生した子を、婚姻後に父が出生の届出をする場合は、その届出は認知の届出の効力を有するとされている（戸62条）ので、前記の認知準正となる事案を、出生届一つの届出で行うことになるということがいえます。

〔**参考文献**〕「改訂戸籍届書の審査と受理」183頁以下、「設題解説戸籍実務の処理Ⅲ」21頁・27頁・285頁・410頁

## Q62

内縁中の夫との間に長女が生まれたが、出生届書の「父母との続き柄」欄は、どのように記載するのですか。

**A** ☑嫡出でない子〔長 ☑女〕と記載します。

〔**注**〕内縁中の夫とその妻は、法律上の婚姻関係にないから、その間に出生した子は、出生したときに法律上の父がいないことになるので、嫡出でない子ということになります。

嫡出でない子の父母との続き柄は、母が分娩した嫡出でない子の出生順に、「長男（長女）」、「2男（2女）」等と記載します。この場合、父の認知の有無にかかわりなく、母との関係のみにより記載することになります（平成16.11.1民一3008号通達）。

〔**参考文献**〕「改訂戸籍届書の審査と受理」185頁以下、「設題解説戸籍実務の処理Ⅲ」312頁以下、「戸籍」765号1頁以下

**63** 嫡出でない子の出生の届出を母がすると同時に，父が認知の届出をする場合，出生届書の「父母との続き柄」欄は，どのように記載するのですか。

**A** 　出生の届書は，「☑嫡出でない子〔長 ☑男（又は，〔2 ☑男〕）〕又は〔長 ☑女（又は，〔2 ☑女）〕」等と記載します。

　また，認知の届書は，「長 ☑男（又は，2 ☑男）又は長 ☑女（又は，2 ☑女）」等と記載します。

　嫡出でない子の父母との続き柄は，母が分娩した嫡出でない子の出生順に，「長男（長女）」，「2男（2女）」等と記載します。この場合，父の認知の有無にかかわりなく，母との関係のみにより記載することになります（平成16.11.1民一3008号通達）。

〔注〕1　嫡出でない子の出生の届出

　　　婚姻関係にない男女間に出生した子は，出生したときに法律上の父がいないことになるから，嫡出でない子ということになります。もし，血縁上の父が，子の出生前に胎児認知の届出をしているときは，子は，出生のときに法律上の父がいることになるが，その場合でも，子の出生のときに父母が婚姻していない場合は，嫡出でない子であることに変わりがありません。したがって，嫡出でない子として出生の届出をすることになります。

　　2　認知の届出

　　　認知の届出には，子の血縁上の父が自己の意思で任意に子の父であることを認め，戸籍の届出をする任意認知と，子又はその直系卑属等が認知の訴えを提起してする裁判認知等があるが，認知届書に記載する父母との続き柄は，出生届書又は戸籍に記載されているとおりに，「長 ☑男（又は，2 ☑男）又は長 ☑女（又は，2 ☑女）」等と記載します。

　　3　胎児認知の届出の場合

　　　もし，本問の場合に，内縁中の夫が胎児認知の届出（民783条，戸61条）をしているときは，子は，出生のときに法律上の父がいることになるので，その場合は，出生届書に父の氏名を記載して届出をします。しかし，その場合でも，父母が婚姻していないときは，嫡

出でない子に変わりがありませんから，嫡出でない子として出生届をすることになります。したがって，父母との続き柄の記載は，前記のとおりです。

　胎児認知の届出がされている場合の戸籍の記載は，子が出生したときに，出生届により，まず，子の戸籍の身分事項欄に出生事項が記載され，その次行に胎児認知事項が記載され（参考記載例21），父欄に父の氏名が記載されます。また，父の戸籍の身分事項欄には，胎児が出生し，出生の届出がされた後に，胎児認知事項が記載されます（参考記載例20）。

　なお，胎児認知は，母の胎内にある子を血縁上の父が，子の出生前に母の承諾を得て認知するものです（民783条1項）。胎児に対する認知は，子の出生後では任意認知が期待できないとき，例えば，父に死亡の危険性が迫っている場合又は危険性が迫るおそれがある場合のように，子の出生後では任意認知をすることが不可能となるおそれがある場合です。あるいは，出生と同時に父子関係を確定する必要があるとき，例えば，父が日本人で母が外国人の間に出生する子が嫡出でない子となる場合において，出生と同時に日本国籍を取得させるためにする場合（国2条1号）があります。

　胎児認知された子は，出生と同時に認知した父との間に父子関係が生じるので，出生のときに法律上の父が在ることになります。

　生後認知の場合の認知の遡及効（民784条）と日本国籍の取得については，Q99の〔注〕を参照願います。

　〔**参考文献**〕「改訂戸籍届書の審査と受理」185頁以下，「戸籍」765号1頁以下

**Q64** 母が嫡出でない子の出生の届出をする場合，出生届書の「父母との続き柄」欄を，「☑嫡出でない子　長☑男（又は長☑女）」と記載して届出することになりますか。

**A** そのとおりです。

　嫡出でない子の父母との続き柄は，父の認知の有無にかかわらず，母との関係のみで，母が分娩した嫡出でない子の出生の順序により，届書及び戸籍の父母との続き柄欄に「長男（長女）」，「２男（２女）」と記載します（戸規附録第六号戸籍の記載のひな形中「英子」の記載参照，平成16.11.1民一3008号通達）。

〔**参考文献**〕「戸籍」第765号１頁以下

**Q65** 母が嫡出でない子（女）の出生の届出をする場合，母の戸籍には，既に嫡出でない子で父母との続き柄が「女」と記載されている子が１人いるときは，出生届書の「父母との続き柄」欄を，「☑嫡出でない子　２☑女」と記載して届出することになりますか。

**A** そのとおりです。

　母の戸籍に続き柄が「女」と記載されている子は，出生年月日が本問の出生子より先に出生しているときは，母との関係では「長女」になりますが，平成16年法務省令第76号により戸籍法施行規則の一部が改正（平成16.11.1施行）される前は，嫡出でない子の父母との続き柄は，「女」（又は「男」）と記載することとされていたため，そのように記載されていたものです。

　改正後は，戸籍に「女」と記載されている前記の子は，母との関係では「長女」とされるので，本問の出生届書に記載されている子は「２女」となります。

〔**注**〕従前の取扱いにより，父母との続き柄が「女」（又は「男」）と記

載されている子の続き柄を「長女」（又は「長男」）と更正するには，その子（その子が15歳未満のときは法定代理人）又は母からの申出により，市区町村長が職権で更正することになっています（平成16.11.1民一3008号通達2）。

〔参考文献〕「戸籍」第765号1頁以下

**66** 父母の離婚後300日以内に出生した子の出生届を，母が，嫡出子否認の裁判の謄本及び確定証明書を添付して届出をする場合，例えば，出生届書の「父母との続き柄」欄を，「☑嫡出でない子　2☑男」と記載した出生の届出は，受付けられますか。

**A** 受付けられます。

　父母が離婚してから300日以内に出生した子は，嫡出の推定を受けます（民772条）が，前夫の嫡出子否認の裁判が確定したことにより，嫡出推定が排除され，嫡出の推定が及ばないことになるので，嫡出でない子になります。

　嫡出でない子の父母との続き柄は，父の認知の有無にかかわらず，母との関係のみにより認定し，母が分娩した嫡出でない子の出生の順により記載することになります（平成16.11.1民一3008号通達）。

　本問の場合は，「2男」と記載していることから，母の嫡出でない子の男子は他に1人あることを示しています。なお，事例30を参照願います。

〔参考文献〕「戸籍」765号5頁

## 67

父母の離婚後300日以内に出生した子の出生届を，母が，子と母の前夫との間の親子関係不存在確認の裁判の謄本及び確定証明書を添付して，届出をする場合，例えば，出生届書の「父母との続き柄」欄を，「☑嫡出でない子　長☑女」と記載した出生の届出は，受付けられますか。

**A**　受付けられます。

　父母が離婚してから300日以内に出生した子は，嫡出の推定を受けます（民772条）が，父と子の親子関係不存在確認の裁判が確定したことにより，嫡出推定が排除され，嫡出の推定が及ばないことになるので，嫡出でない子になります。

　嫡出でない子の父母との続き柄は，父の認知の有無にかかわらず，母との関係のみにより認定し，母が分娩した嫡出でない子の出生の順により記載することとされています（平成16.11.1民一3008号通達）。本問の場合は，母の嫡出でない子の女子が1人であることを示しています。なお，事例31を参照願います。

## 68

父母の離婚後300日以内に出生した子の出生届を，母が，医師の作成した懐胎時期に関する証明書を添付して，届出をする場合，例えば，出生届書の「父母との続き柄」欄を，「☑嫡出でない子　長☑男」と記載した出生の届出は，受付けられますか。

**A**　受付けられます。

　父母が離婚してから300日以内に出生した子は，嫡出の推定を受けます（民772条）が，医師の作成した「懐胎時期に関する証明書」によって，子が離婚後に懐胎したことが認められる場合は，嫡出推定が排除され，嫡出の推定が及ばないことになるので，嫡出でない子になります。

　嫡出でない子の父母との続き柄については，父の認知の有無にかか

わらず，母との関係のみにより認定し，母が分娩した嫡出でない子の出生の順により記載することとされています（平成16.11.1民一3008号通達）。本問の場合は，母の嫡出でない子の男子が1人であることを示しています。

なお，同証明書が添付された出生の届出については，当分の間，市区町村長は管轄法務局の長の指示を得て処理することとされています（平成19.5.7民一1007号通達，同日民一1008号依命通知）。なお，事例32を参照願います。

〔**参考文献**〕「戸籍」801号31頁以下

## 5 「生まれたとき」欄

**Q69** 日本人の出生の届出をする場合，出生届書の「生まれたとき」欄の年月日を，「西暦2008年1月2日」と記載して届出ができますか。その場合，戸籍にはどのように記載されますか。

**A** 　届書が西暦の年号で記載されていても，そのまま受付けられますので，市区町村役場の窓口で，届書を補正するように求められることはありません（昭和54.6.9民二3313号通達）。

ただし，戸籍は，全国的に統一した処理をする必要がありますので，元号による記載をすることになっています（前掲民二3313号通達）。

〔**参考文献**〕「設題解説戸籍実務の処理Ⅱ」9頁

**Q70** 外国人の出生の届出をする場合，出生届書の「生まれたとき」欄の年月日は，例えば「西暦2008年2月3日」と西暦の年号で記載することになりますか。
また，日本人の戸籍に外国人の生年月日を記載するときは，元号に引き直して記載するのですか。

**A** 外国人の場合は，生年月日は西暦の年号で届書に記載します。
　また，日本人の戸籍に外国人の生年月日を記載するときは，そのまま西暦の年号で記載します。

〔注〕日本人の戸籍の身分事項欄に記載する外国人の生年月日は，西暦の年号で記載します。例えば，日本人の嫡出でない子の出生の届出において，父が事実主義の法制を採る国の場合は，出生事項は次のように記載します〔参考記載例13〕。

　**紙戸籍の場合**
　「平成弐拾年壱月拾七日東京都千代田区で出生（父国籍フィリピン共和国西暦千九百七拾五年六月七日生）同月弐拾九日母届出入籍㊞」

　**コンピュータシステムによる証明書の場合**
　　出　　生　　【出生日】平成２０年１月１７日
　　　　　　　　【出生地】東京都千代田区
　　　　　　　　【父の国籍】フィリピン共和国
　　　　　　　　【父の生年月日】西暦１９７５年６月７日
　　　　　　　　【届出日】平成２０年１月２９日
　　　　　　　　【届出人】母

〔参考文献〕「設題解説戸籍実務の処理Ⅱ」9頁

## Q71

子の生まれた時刻が，昼の12時30分の場合，出生届書の「生まれたとき」欄の時刻は，どのように記載するのですか。

**A** ☑午後０時30分と記載します。

出生届書に記載する子の出生時刻については，午前と午後の12時間制による記載をすることになっており（大正３.４.８民586号回答），24時間制による記載はしません。

12時間制の場合，昼の12時すなわち正午は，午後０時になります。したがって，昼の12時30分に出生した子は，その日の午後０時30分に出生したことになりますので，届書にはそのように記載します。

〔注〕 １ 届書に記載する出生日時（戸49条２項２号）

出生届書に記載する子の出生時刻については，前記のとおりですが，この出生時刻の時分は，日本で生まれた場合は日本標準時によって記載します。外国で生まれた場合の出生年月日と出生時刻の記載については，３を参照願います。

２ 戸籍に記載する出生日時

戸籍には，出生年月日だけ記載し，出生時刻は記載しません。

届書に出生時刻を記載することとしているのは，人口動態調査票を作成する上で必要とされているためです。人口動態調査は，厚生労働省の所管で統計法（昭和22年法律第18号）に基づく指定第５号が調査の根拠法規です。

３ 外国で出生した場合の出生日時

外国で出生した場合は，出生地における年月日及びその地の標準時によって記載することになっています（昭和30.６.３民事甲1117号回答）。

〔**参考文献**〕「設題解説戸籍実務の処理Ⅲ」115頁以下

**Q72** 子の生まれた時刻が，夜中の12時20分の場合，出生届書の「生まれたとき」欄の時刻は，どのように記載するのですか。

**A** ☑午前0時20分と記載します。

〔注〕届書に記載する出生日時（戸49条2項2号）
　届書に記載する子の出生時刻については，午前と午後の12時間制による記載をすることになっています（大正3.4.8民586号回答）。
　12時間制の場合，夜中の12時すなわち正子は，午前0時になります。したがって，夜中の12時20分に出生した子は，その日の午前0時20分に出生したことになりますので，届書にはそのように記載します。いうまでもないが，夜中の正子を経過することによって，日にちが次の日に変わるので，年月日の記載に注意する必要があります。

〔参考文献〕「設題解説戸籍実務の処理Ⅲ」115頁以下

**Q73** 出生証明書の「生まれたとき」欄は「平成20年6月3日午前12時30分」と記載されているが，出生時刻が昼の12時30分であるときは，出生届書の「生まれたとき」欄を「平成20年6月3日午後0時30分」と記載して届出できますか。
この場合，出生証明書を証明者である医師等に訂正してもらうことになりますか。

**A** 　出生証明書の「平成20年6月3日午前12時30分」の記載が，昼の時刻の「午後0時30分」を指すものであれば，届書の記載が正しいことになります。
　戸籍事務においては，午前と午後の12時間制による取扱いをしており，24時間制を採っていないので，「午前12時30分」という記載はしません。それが，昼の時刻を指すものであれば，「午後0時30分」と記載することになります。

いずれにしても，市区町村長が出生の届出を受理するに当たっては，本問の場合は，届書の記載と出生証明書の記載が相違するので，届出人に確認した上で処理をすすめることになるが，場合によっては証明者である医師等に確認し，訂正を求めることも考えられます。

〔注〕戸籍の先例では「正子ノ刻ハ民法第140条但書ノ例ニ従ヒ午前零時ト記載セシムルヲ相当トシ正午ノ刻ハ午前12時ト記載スルモ午後零時ト記載スルモ可ナリト雖戸籍ノ記載例ヲ一定スルカ為メニハ午後零時ト記載セシムルヲ相当トス（以下略）」（大正3.4.8民586号回答）とあります。

　この先例によると，正子の時刻は，夜の12時のことですが，これは午前0時と記載するとしています。また，正午の時刻は，昼の12時のことですが，これは午前12時と記載しても，午後0時と記載してもよいが，戸籍の記載を一定するため，午後0時と記載するとしています。

　一般的には，正午の時刻については午前12時と称することもあるので，それを認めつつ戸籍には午後0時と統一して記載する趣旨とも考えられます。

　本問の場合も，出生証明書の午前12時30分の記載が，午後0時30分のことであることが，届出人又は医師等に確認できたときは，出生証明書の訂正又は正しい出生証明書の提出を求めるまでもないと考えられます。その場合の処理は，標準準則第33条に規定する届書類の補正が考えられます。

〔**参考文献**〕「設題解説戸籍実務の処理Ⅲ」115頁以下，「初任者のための戸籍実務の手引き」（改訂新版第四訂）20頁

**74**
出生証明書の「生まれたとき」欄は「平成20年8月2日午後12時10分」と記載されているが、出生時刻が夜中の時刻であるときは、出生届書の「生まれたとき」欄を「平成20年8月3日午前0時10分」と記載して届出できますか。
届書記載のとおり認められる場合、出生証明書について、証明者である医師等に訂正してもらうことになりますか。

**A**　出生証明書の「平成20年8月2日午後12時10分」の記載が、夜中の時刻の「午前0時10分」を指すものであれば、届書に記載する時刻は「午前0時10分」となります。しかし、その日が8月3日であるのか8月2日であるかを明確にさせる必要があります。

　出生証明書に記載された日時が、8月2日の夜中で8月3日に日付が変わった時刻であれば、「生まれたとき」欄の記載は、届書の記載が正しいことになります。

　いずれにしても、市区町村長が出生の届出を受理するに当たっては、本問の場合は、届書の記載と出生証明書の記載が相違するので、届出人に確認した上で処理をすすめることになるが、場合によっては証明者である医師等に確認し、訂正を求めることも考えられます。

　〔注〕本問の届書の記載「平成20年8月3日午前0時10分」は、12時間制においては夜中の時刻と解することになります。一方、出生証明書の記載「平成20年8月2日午後12時10分」をどのように解するかです。戸籍の実務は、12時間制によっていますので「午後12時10分」という記載はしませんが、正午の時刻は午後0時と記載する取扱いです（大正3.4.8民586号回答）から、午後12時10分というのは、夜中の時刻の「午前0時10分」とも受け取れます（その場合は、翌日の日付になります。）。

　　本問の場合は、出生の時刻は出生日にも関連するので、届出書類（届書と出生証明書）の記載で判断できないときは、出生の事実を知っている届出人又は医師等に確認し、場合によっては、出生証明書の訂正又は正しい出生証明書の提出を求めることも考えられます。

　〔参考文献〕「設題解説戸籍実務の処理Ⅲ」115頁以下、「初任者のための戸籍実務の手引き」（改訂新版第四訂）20頁

## 6 「生まれたところ」欄

**Q75** 子どもが市内にある総合病院で生まれたが、この場合、出生届書の「生まれたところ」欄には、病院の所在番地のほかに病院名も記載することになりますか。

**A** 病院の所在番地を記載すれば足りますので、病院名の記載は必要ありません。

〔注〕届書に記載する出生地と戸籍の記載

出生届書の「生まれたところ」欄には、地番号まで記載します。出生の届書様式にも「番地」、「番・号」と定められています（戸規59条・附録第11号様式参照、昭和37.5.29民事甲1448号通達）。

なお、出生届書に基づいて戸籍に出生地を記載する場合は、最小行政区画まで記載すれば足りるとされています（昭和45.3.31民事甲1261号通達二の5）。したがって、届書の「生まれたところ」欄の記載は、例えば、「群馬県前橋市千代田町一丁目2番地」と記載することになるが、これを戸籍に記載する場合は、出生事項中の出生地は、紙戸籍の場合は「平成　年　月　日群馬県前橋市で出生……」と、コンピュータシステム証明書の場合は【出生地】群馬県前橋市　と最小行政区画である「群馬県前橋市」まで記載すれば足りることになります。

なお、県庁所在地で県名と同名の市及び地方自治法第252条の19第1項の指定都市（政令指定都市）については、道府県名の表示を省略してよいことになっています（昭和30.4.5民事甲603号通達、昭和45.3.31民事甲1261号通達）。

〔参考文献〕「設題解説戸籍実務の処理Ⅲ」115頁以下

**Q76** 出生届書の「生まれたところ」欄に，例えば「東京都千代田区」と最小行政区画までしか記載をしないで届出した場合，この届出は受付けられますか。

**A** そのままでは受付けられません。

届書には出生の場所を記載することになっています（戸49条2項2号）。この場所とは，都道府県市区町村名，町名及び番地又は住居表示の番号までのことです。

本問の場合は，出生地の「東京都千代田区」まで記載しているので，その後に続けて出生地の町名，地番又は住居表示の番号までを記載して届出することになります。

もちろん届書の記載は，出生証明書の「出生したところ」欄の記載と一致している必要があります。

〔注〕戸籍に記載する出生場所が，最小行政区画までとされたのは，昭和45年法務省令第8号をもって戸籍法施行規則の一部が改正され，戸籍記載例が改正されてからです（昭和45.7.1施行，昭和45.3.31民事甲1261号通達二の5）。それ以前は，届書に記載してあるとおり，町名地番まで記載することとされていました。なお，Q75の〔注〕を参照願います。

〔**参考文献**〕「全訂戸籍法」267頁以下，「初任者のための戸籍実務の手引き」（改訂新版第四訂）20頁

## 7 「住所」・「世帯主の氏名」・「世帯主との続き柄」欄

**Q77** 産院で生まれた父母間の長男は、退院後は父母とともに生活するが、この場合、出生届書の「住所」欄には父母の住所を記載するのですか。
「世帯主の氏名」欄には、誰の氏名を記載するのですか。
「世帯主との続き柄」欄は、どのように記載するのですか。

**A** 「住所」欄には、夫婦（子の父母）の住所を記載します。
「世帯主の氏名」欄には、住民票に記載されている世帯主の氏名を記載します。
「世帯主との続き柄」欄には、子と記載します。

〔注〕出生の届出がされた場合は、住民票に出生子の氏名、出生年月日、男女の別、戸籍の表示を出生の届書に基づいて記載します。
　そのほか住民票には、世帯主の氏名と世帯主との続き柄も記載することになっています。世帯主とは、世帯を構成する者のうちで、その世帯を主宰する者（世帯の生計を維持し、世帯を代表する者）をいいます。世帯主との続き柄は、戸籍の父母との続き柄の記載とは異なります。例えば、世帯主が子の父の場合であれば、「子」と記載します。また、世帯主が子の祖父である場合は、「子の子」と記載します。

〔参考〕昭和42年10月4日自治振第150号自治省行政局長等通知の「住民基本台帳事務処理要領」第2の1の(2)のエの(エ)
　平成6年12月15日自治振第232号自治省行政局振興課長通知の「住民票における世帯主との続柄の記載方法の変更に伴う事務の取扱いについて」
　平成7年3月事務連絡「住民基本台帳法令関係実例」
【世帯主との続柄の記載例＝3世代にわたる家族が同一世帯にある場合】
　（問）「長男の長男」、「二男の長女」等と記載されていたものに係る続柄の記載はどうするのか。
　（答）「子の子」と記載する（平成19年「住民基本台帳六法」巻末425頁参照）。

〔**参考文献**〕「全訂住民記録の実務」380頁以下,「全訂初任者のための住民基本台帳事務」170頁以下・291頁以下・404頁以下

**Q78** 産院で生まれた父母間の長女は,退院後は父母とともに生活するが,父母は,父の父母と同居しており,住民票上の世帯主は父の父になっています。この場合,出生届書の「住所」欄,「世帯主の氏名」欄及び「世帯主との続き柄」欄は,どのように記載するのですか。

**A**　「住所」欄には,夫婦(子の父母)が夫の父と同居し,住所が同じであれば,その住民票上の住所を記載します。
　「世帯主の氏名」欄には,住民票に記載されている世帯主が夫の父であれば,その父の氏名を記載します。
　「世帯主との続き柄」欄には,「子の子」と記載することになります。

**Q79** 単身者の女が嫡出でない子を出生し,子は母と一緒に生活しています。母は,住民票上は世帯主になっているが,この場合,出生届書の「住所」欄,「世帯主の氏名」欄及び「世帯主との続き柄」欄は,どのように記載するのですか。

**A**　「住所」欄には,母(子の母)の住民票上の住所を記載します。
　「世帯主の氏名」欄には,母が世帯主ですから,母の氏名を記載します。
　「世帯主との続き柄」欄には,「子」と記載します。

## Q80

単身者の女が嫡出でない子を出生し，子は母と一緒に生活しているが，母は，母の父母と同居しており，住民票上の世帯主は母の父になっています。この場合，出生届書の「住所」欄，「世帯主の氏名」欄及び「世帯主との続き柄」欄は，どのように記載するのですか。

**A** 「住所」欄には，母（子の母）が，母の父母と同居し，住所が同じであれば，その住民票上の住所を記載します。

「世帯主の氏名」欄には，住民票に記載されている世帯主が母の父であれば，その父の氏名を記載します。

「世帯主との続柄」欄には，「子の子」と記載することになります。

## Q81

父母は子の出生前に，他の市区町村に住所を変更しているが，まだ転入届をしていない場合，出生届書の「住所」欄の記載はどのようにするのですか。

**A** 変更後の住所を記載し，直ちに転入届の手続をすることになります。

〔注〕1　婚姻届の「届書記載上の注意事項」として，「婚姻届の前に住所を変更した者が，まだ転入又は転居の届をしていないときは，変更後の住所を記載し，直ちに転入又は転居の届をするように指導するのが相当である。」（「初任者のための戸籍実務の手引き」（改訂新版第四訂）108頁）とされています。

本問についても同様の取扱いをすることになるものと考えます（「全訂住民記録の実務」212頁以下，「全訂初任者のための住民基本台帳事務」404頁以下）。

2　他の市区町村に住所を変更した場合は，変更した日から14日以内に変更後の市区町村長へ届出をする必要があります。これが転入届です（住基22条）。

また，同一市区町村内において住所を変更した場合は，変更した日から14日以内に届出をする必要があります。これが転居届です

(住基23条)。

〔参考文献〕「初任者のための戸籍実務の手引き」(改訂新版第四訂) 108頁以下,「全訂住民記録の実務」212頁以下,「全訂初任者のための住民基本台帳事務」404頁以下

**Q82** 子の出生後,その出生届出前に父母が住所を変更したが,まだその変更手続をしていない場合は,出生届書の「住所」欄の記載は,住所変更前の住民登録をしている住所を記載して届出をすることになりますか。

**A** 住所変更後の住所を記載します。

なお,届出人の住所欄の記載も変更後の住所を記載します。

本問は,子の出生届をする前に父母が住所を変更したが,まだ転入届をしていない場合です。この場合は,出生届書に変更後の住所を記載し,直ちに転入届をすることになります。

〔参考文献〕「初任者のための戸籍実務の手引き」(改訂新版第四訂) 108頁,「全訂住民記録の実務」212頁以下,「全訂初任者のための住民基本台帳事務」404頁以下

**Q83** 出生届書の「住所」欄の「世帯主との続き柄」の記載が,「子」,「子の子」,「妻(未届)の子」「妻の子」又は「夫の子」等と記載することになっているが,そのように記載するのは,何に基づいているのですか。

**A** 住民票の記載事項として「世帯主についてはその旨,世帯主でない者については世帯主の氏名及び世帯主との続柄」(住基7条4号)とされています。

この場合の世帯主との続柄の記載については，戸籍の記載と異なります。
　具体的には住民基本台帳事務処理要領（昭和42.10.4民事甲2671号，自治振150号法務省民事局長，自治省行政局長通知）において定められていますので，出生届書の記載もこの処理要領に基づいてすることになります。

〔注〕住民基本台帳事務処理要領第2の1の(2)の「記載事項」エの(エ)の「世帯主との続柄の記載方法」においては，世帯主との続柄は，妻，子，父，母，妹，弟，子の妻，妻（未届），妻の子，縁故者，同居人等と記載することとされています。
1　世帯主の嫡出子，養子及び特別養子についての「世帯主との続柄」は，「子」と記載します。
2　内縁の夫婦は，法律上の夫婦ではないが準婚として各種の社会保障の面では法律上の夫婦と同じ取扱いを受けているので「夫（未届），妻（未届）」と記載します。
3　内縁の夫婦の子の世帯主（夫）との続柄は，世帯主である父の認知がある場合には「子」と記載し，世帯主である父の認知がない場合には「妻（未届）の子」と記載します。
4　縁故者には，親族で世帯主との続柄を具体的に記載することが困難な者，事実上の養子等があります。
5　夫婦同様に生活している場合でも，法律上の妻のあるときは「妻（未届）」と記載すべきではないとされています（平成6.12.15自治振232号通知）。

〔**参考文献**〕「初任者のための戸籍実務の手引き」（改訂新版第四訂）21頁，「全訂住民記録の実務」36頁以下，「全訂初任者のための住民基本台帳事務」180頁以下

**Q84** 出生届書の「住所」欄の「世帯主との続き柄」の記載は,「子の子」,「妻の子」又は「夫の子」等と記載されることになっているが,それを証明するには,住民票の写しを提出することになりますか。

**A** 出生の届出においては,住民票の写しの提出を求めることはしていません。

なお,住所地の市区町村役場においては,出生届に基づいて,子について住民登録をする際に,住民票と対照し確認することになります。

〔参考文献〕「全訂住民記録の実務」178頁・380頁

## 8 「父母の氏名・生年月日」欄

### (1) 嫡出子の父母の氏名

**Q85** 父母の婚姻中に出生した子の出生届をする場合,出生届書の「父母の氏名・生年月日」欄は,どのように記載するのですか。

**A** 戸籍上の氏名を,氏,名の順序で記載し,出生年月日を記載します。括弧の中に記載する満年齢は,子が生まれたときの満年齢を記載します。なお,事例1を参照願います。

〔注〕婚姻中で父母の氏が同じ場合でも,他の一方の氏名の氏を省略することなく,双方の氏名を氏と名の順序で記載します(戸49条2項3号)。父母の出生年月日の後にある括弧の中に記載する満年齢は,出生の届出時点の満年齢ではなく,子が生まれたときの満年齢であることに留意願います(戸49条2項4号,戸規55条2号)。

父又は母が外国人の場合は,片仮名で氏,名の順序で記載します。その場合,氏と名とはその間に読点「、」を付して区別します。また,

外国人が本国において氏名を漢字で表記する場合は，正しい日本文字としての漢字を用いるときに限り，氏，名の順序により漢字で記載することができます（昭和59.11.1民二5500号通達）。なお，中国の簡略文字は，正しい日本文字ではないので使用できません。この場合は氏名全体をカタカナで表記することになります。なお，出生年月日は西暦で記載します（法定記載例74～77）。

〔**参考文献**〕「設題解説渉外戸籍実務の処理Ⅰ」182頁以下，「設題解説戸籍実務の処理Ⅱ」428頁，「設題解説戸籍実務の処理Ⅲ」116頁・120頁

## Q86

父母の婚姻前に生まれた子について，婚姻後に出生届をする場合，出生届書の「父母の氏名・生年月日」欄の「父母の氏名」は，子の出生当時の氏名を記載するのですか。
また，父母の年齢の記載は，子が父母の婚姻する3年前に生まれている場合は，いつの時点の満年齢を記載するのですか。

**A**　「父母の氏名」は，出生の届出当時の氏名を記載します。
　「父母の満年齢」は，子の出生当時の満年齢を記載します。本問の場合は，3年前の出生当時の満年齢を記載します。なお，事例4を参照願います。

　　〔注〕父母の年齢の記載は，届書の様式中に「（子が生まれたときの年齢）」と示されていますので，出生当時の満年齢を記載することになります。この記載は，人口動態調査票の作成に必要とされているものです（戸49条2項3号・4号，戸規55条2項）。

　　〔**参考文献**〕「設題解説戸籍実務の処理Ⅲ」116頁，「初任者のための戸籍実務の手引き」（改訂新版第四訂）20頁

**Q87** 父母が子の出生後，その出生届をする前に夫婦で他の者の養子となる縁組をし，養親の氏を称した後，子の出生の届出をする場合，出生届書の「父母の氏名・生年月日」欄の氏名は，どのように記載するのですか。

**A** 出生の届出当時の氏名を記載することになるから，本問の場合は，縁組後の父母の氏名を記載します。

〔注〕父母の氏名は，出生の届出当時の氏名を記載します。本問の場合は，子の出生届出時には，父母は縁組により養親の氏を称しているから，縁組後の氏名を記載します。

　なお，嫡出子は，出生当時の父母の氏を称し（民790条），父母の戸籍に入籍する（戸18条）のが原則です。したがって，本問の子は，父母が縁組する前に出生し，縁組後に出生の届出をしているが，原則どおり，出生当時の父母の氏を称し，父母の戸籍に入籍することになります。しかし，その戸籍（父母の縁組前の戸籍）が，父母の縁組により全員除籍で除かれているときは，その戸籍を回復して出生子を入籍させることになります（昭和25.10.10民事甲2720号回答，昭和33.5.13民事二220号回答）。

　全員除籍により除かれた戸籍を回復する方法については，事例16を参照願います。

〔**参考文献**〕「設題解説戸籍実務の処理Ⅲ」138頁，「初任者のための戸籍実務の手引き」（改訂新版第四訂）20頁

**Q88** 父母が離婚をし母が復氏した後，母は他男と婚姻をし，前婚の離婚後300日以内，後婚の成立から200日後に出生した子の出生届を，母が届出をする場合，出生届書の「父母の氏名・生年月日」欄は，どのように記載するのですか。

**A** 本問の出生子は，母の前夫及び後父双方の推定を受ける嫡出子であるから（民772条），父を定める訴えにより，裁判所が父を定める（民

773条）までは，「父未定の子」となります。したがって，出生届は「父未定の子」として届出をすることになります（戸54条）。この場合の出生の届書には，父欄は記載せずに空欄とし，母欄に母の氏名のみ記載します。

〔注〕本問のように母の前夫及び後夫双方の嫡出推定を受ける子が出生することになるのは，母が，前婚の解消又は取消しの日から6か月を経過しない間に再婚し，子を懐胎したときに生じます。女は，再婚禁止期間の規定（民733条）が適用されますので，離婚したときは6か月を経過しないと婚姻の届出は受理されないが，誤って受理された場合はこのようなことが生じます。また，妻が重婚となる婚姻の届出が誤って受理された場合も，同様のことが生じます。

　以上のように母の前夫及び後夫双方の嫡出推定を受ける子は，父を定める訴えにより裁判所が父を定めることになります（民773条，人訴4条・43条）。その裁判が確定するまでの間は，父未定の子として母が出生の届出をすることになります（戸54条）。

　その場合は，出生届書の「その他」欄に，例えば「出生子太郎は，母花子が離婚後6か月を経過しない間に再婚し，離婚後300日以内で，かつ，再婚後200日後に出生したものであるため，前婚及び後婚双方の夫の子として推定を受けるので，父は未定である。」と記載します。

　この届出により，出生子は父を定める裁判が確定するまで，仮に母の氏を称し母の戸籍（後夫の戸籍）に入籍します（民790条2項，戸18条2項）。

　この届出に基づき，戸籍の記載をするときは父欄を空欄とし，「父母との続き柄」欄は，一応母との関係のみにより嫡出でない子の父母との続き柄の記載に準じて「長男」又は「長女」と記載するものと考えます。なお，Q48を参照願います。

　後日，父を定める裁判が確定した場合は，戸籍訂正申請により戸籍の訂正がされることになります（戸116条）。すなわち，母の後夫が父と定められた場合は，戸籍に父の氏名を記載し，父母との続き柄を訂正し，訂正事項を記載します。これに対し，母の前夫が父と定められた場合は，子を後夫の戸籍から除籍して前夫の戸籍に嫡出子として入籍させるための戸籍訂正をすることになります。

　なお，父未定の子の出生届及び戸籍訂正申請については，事例21

〜事例23を参照願います。

〔**参考文献**〕「改訂戸籍届書の審査と受理」188頁以下，「設題解説戸籍実務の処理Ⅲ」167頁以下，「設題解説戸籍実務の処理ⅩⅠ」129頁以下，「初任者のための戸籍実務の手引き」（改訂新版第四訂）18頁，「新版実務戸籍法」86頁

## Q89

父母が離婚をし母が復氏した後，母は他男と婚姻をし，前婚の離婚後300日以内，後婚の成立から200日後に出生した子の出生届を，後婚の夫が，医師の作成した「懐胎時期に関する証明書」を添付して嫡出子出生の届出をする場合，出生届書の「父母の氏名・生年月日」欄は，どのように記載するのですか。

**A** 　出生当時の父母の氏名を記載します。

　本問の子は，母の前夫及び後夫双方の嫡出推定を受けるので，「父未定の子」として出生の届出をすることになる（民773条，戸54条）が，届書に添付された医師の作成した「懐胎時期に関する証明書」によって，懐胎時期が離婚後である場合は，後婚の夫の子として嫡出子出生の届出をすることができます（平成19.5.7民一1007号通達，同日民一1008号依命通知，「戸籍」801号87頁以下参照）。したがって，「父母の氏名・生年月日」欄は，出生当時の父母の氏名を記載します。

　なお，「父未定の子」については，Q48，Q88及びQ121を参照願います。

　　〔注〕医師の作成した「懐胎時期に関する証明書」が添付された出生の届出がされたときは，当分の間，市区町村長は管轄法務局の長の指示を得て処理することとされています（前掲民一1007号通達，民一1008号依命通知）。

　　　このように取り扱う理由は，同証明書が添付され，離婚後に懐胎したことが証明される場合は，前婚の嫡出子の推定が及ばないもの

とされるが，このような取扱いは，従前の戸籍実務の取扱いと異なる新しい運用であることから，より慎重な審査を行うとともに，その円滑な実施を図るためとされています（「戸籍」801号36頁参照）。

〔参考文献〕「戸籍」801号31頁以下・87頁以下

**Q90** 父母の離婚後300日以内に出生した子の嫡出子出生届を，母が届出する場合，出生届書の「父母の氏名・生年月日」欄の父母の氏名は，離婚当時の氏名を記載するのですか。

**A** 出生の届出当時の氏名を記載します。したがって，本問の場合は，離婚後の現在の氏名を記載します。なお，事例3を参照願います。

〔注〕1　父母の離婚後300日以内に出生した子は，嫡出の推定を受けるので（民772条2項），嫡出子として出生の届出をします。その場合の父母欄の記載は，出生届出当時の父母の氏名を記載します。

2　出生した子が，離婚をした母の前夫の子でない場合に，出生の届出前に，前夫の嫡出否認の訴えによる裁判の確定（民775条）又は子と父（母の前夫）の間における親子関係不存在確認の裁判の確定により，父子関係が否定されている場合は，その裁判の謄本を添付して嫡出でない子として出生の届出ができます。

3　また，医師の作成する「懐胎時期に関する証明書」によって，子が懐胎した時期が離婚後であることが確認された場合も，嫡出でない子として出生の届出ができます（平成19.5.7民一1007号通達，同日民一第1008号依命通知）。

「懐胎時期に関する証明書」が添付された場合，市区町村長は同証明書によって，子の懐胎時期が離婚後であるか否かを審査しますが，それは同証明書記載の「懐胎の時期」の最も早い日が離婚の日より後の日である場合に限り，離婚後に懐胎したものと認めます。その最も早い日が離婚の日以前である場合は，離婚後に懐胎したとは認めないとしています（前掲民一1007号通達1の(1)）。

なお，この「懐胎時期に関する証明書」が添付された出生届につ

いては，当分の間，市区町村長は，管轄法務局の長の指示を得て処理することとしています（前掲民一1007号通達，同日民一第1008号依命通知参照）。

〔**参考文献**〕「初任者のための戸籍実務の手引き」（改訂新版第四訂）20頁，「戸籍」801号31頁以下

## 91

父母が離婚をし母が復氏した後，母は他男と婚姻をし，前婚の離婚後300日以内で，後婚の成立から200日以内に出生した子について，その出生の届出をする前に前夫の嫡出子否認の裁判が確定し，その裁判の謄本を添付して後婚の夫から嫡出子の出生の届出をする場合，出生届書の「父母の氏名・生年月日」欄は，どのように記載するのですか。

**A** 父（後婚の夫）と母の氏名を記載します。なお，事例18を参照願います。

〔注〕嫡出子否認の裁判が確定すると，出生子は，嫡出でない子になるが，本問の場合は，後婚の成立から200日以内に出生しているから，その子が母の後婚の夫によって懐胎された子であれば，生来の嫡出子です（昭和15.1.23大審院民事連合部判決・民集19巻1号54頁）。

その場合は，嫡出子否認の裁判の謄本及び確定証明書を添付して，父（後夫）又は母から嫡出子出生の届出ができることになります（昭和48.10.17民二7884号回答）。

また，この場合は，嫡出子出生の届出ですから，出生届書の「父母」欄には父母の氏名を記載します。

〔**参考文献**〕「設題解説戸籍実務の処理Ⅲ」18頁以下，「初任者のための戸籍実務の手引き」（改訂新版第四訂）16頁以下

**Q92** 父母が離婚をし母が復氏した後，母が他男と婚姻をし，前婚の離婚後300日以内，後婚の成立から200日以内に出生した子について，その出生の届出をする前に子と母の前夫の親子関係不存在確認の裁判が確定し，その裁判の謄本を添付して後婚の夫から嫡出子出生の届出をする場合，出生届書の「父母の氏名・生年月日」欄は，どのように記載するのですか。

**A** 父（後婚の夫）と母の氏名を記載します。なお，事例19を参照願います。

〔注〕親子関係不存在確認の裁判が確定すると，出生子は，嫡出でない子になるが，本問の場合は，後婚の成立から200日以内に出生しているから，その子が母の後婚の夫によって懐胎された子であれば，生来の嫡出子です（昭和15.1.23大審院民事連合部判決・民集19巻1号54頁）。

その場合は，親子関係不存在確認の裁判の謄本及び確定証明書を添付して，父（後夫）又は母から嫡出子出生の届出ができることになります（昭和40.9.22民事甲2834号回答）。

この場合は，嫡出子の出生の届出ですから，届書の父母欄には父母の氏名を記載します。

〔**参考文献**〕「設題解説戸籍実務の処理Ⅲ」11頁・31頁，「設題解説戸籍実務の処理Ⅹ」208頁以下，「初任者のための戸籍実務の手引き」（改訂新版第四訂）17頁，「新版実務戸籍法」85頁

**Q93** 父母が離婚をし母が復氏した後，母が他男と婚姻をし，前婚の離婚後300日以内，後婚の成立から200日以内に出生した子について，医師の作成した懐胎時期に関する証明書を添付して，後婚の夫を父とする嫡出子出生の届出をする場合，出生届書の「父母の氏名・生年月日」欄は，どのように記載するのですか。

**A** 父（後婚の夫）と母の氏名を記載します。

なお，「懐胎時期に関する証明書」を添付した出生届がされた場合，その届出については，当分の間，市区町村長は管轄法務局の長の指示を得て処理することとしています（平成19.5.7民一1007号通達，同日民一1008号依命通知）。なお，事例20を参照願います。

〔注〕1　父母が離婚をした後，母が離婚後300日以内に出生した子は嫡出の推定を受けることになる（民772条2項）が，その子の出生届の際に，医師が作成した「懐胎時期に関する証明書」が添付され，同証明書によってその子が離婚後に懐胎したことが認められる場合は，嫡出の推定が及ばないものとされます（平成19.5.7民一1007号通達，同日民一1008号依命通知）。

その場合，その子が母の再婚した夫によって懐胎された子であれば，生来の嫡出子となります（昭和15.1.23大審院民事連合部判決・民集19巻1号54頁）。したがって，後婚の嫡出子として出生の届出ができることになりますので，「父母の氏名」欄には，父（後婚の夫）と母の氏名を記載することになります。

2　前記の「懐胎時期に関する証明書」によってその子が離婚後に懐胎したことが認められない場合は，前記1の取扱いをすることができないことになります。

その場合は，当該届出を前婚の夫との間の嫡出子出生届とする届書に補正することになりますが，その補正をしない場合は，その届出は受理できないことになります。

なお，当該子について後婚の夫との間の嫡出子とする届出を望む場合において，出生の届出前に前夫の嫡出子否認の裁判又は前夫と子の間における親子関係不存在確認の裁判が確定しているときは，その裁判の謄本を添付して後婚の夫の嫡出子とする出生の届出をす

ることができます。

〔**参考文献**〕「戸籍」801号31頁以下

**Q94** 父母が離婚をし母が復氏した後，母が他男と婚姻をし，前婚の離婚後300日以内，後婚の成立から200日以内に出生した子について，医師の作成した懐胎時期に関する証明書を添付できない場合（又は同証明書を添付したが，懐胎時期が離婚以前の日と認められたため受理されなかった場合）において，後婚の夫を父とする嫡出子出生の届出をするには，どのようにしたらよいですか。

**A** 出生の届出前に，前夫の嫡出子否認の裁判又は子と父（母の前夫）との親子関係不存在確認の裁判が確定しているときは，その裁判の謄本を添付して，後婚の夫を父とする嫡出子出生の届出をすることができます。

〔**参考文献**〕「戸籍」801号31頁以下

**Q95** 日本人男が日本人女の胎児を認知した後，同男女は婚姻し，その後に胎児認知した子が出生した場合は，子の出生届及び胎児認知届は，どのようにしますか。

**A** 出生した子は，父母の婚姻200日後に出生しているときは嫡出子です（民772条）。また，200日以内に出生している場合でも，出生子が母の夫によって懐胎された子であれば，生来の嫡出子です（昭和15.1.23大審院民事連合部判決・民集19巻1号54頁）。したがって，この場合は，父又は母が嫡出子出生の届出をします。

なお，胎児認知の届出は，出生と同時に父子関係を確定させるため

にするものですが，その胎児は父母婚姻後に出生し，嫡出子になっているので，もはや胎児認知届出による戸籍の記載は要しないことになります。この場合は，その胎児認知の届書類は，戸籍の記載を要しない届書類つづりにつづって10年間保存すればよいことになります（戸規50条，標準準則37条）。

〔注〕胎児認知届出の記載がされている戸籍受附帳の備考欄には，父母の婚姻の年月日，子の出生した日及び出生届出の月日を記載します。また，戸籍の記載を要しない届書類つづりの目録の備考欄にも同様の記載をします。さらには胎児認知届書の欄外余白に，例えば，「平成20年7月9日父母婚姻届出，同年10月5日長男出生，同月12日嫡出子出生届出により戸籍の記載を要しない届出書類になる。」と記載しておくことによって，その間の経緯が明確になり適当でしょう。

〔参考文献〕「設題解説戸籍実務の処理Ⅲ」324頁以下

## Q96

日本人男が外国人女の胎児を認知した後，同男女は婚姻し，その後に胎児認知した子が出生した場合は，子の出生届及び胎児認知届は，どのようにしますか。

**A** 出生した子は，父母の婚姻200日後に出生しているときは嫡出子です（民772条）。また，200日以内に出生している場合でも，出生子が母の夫によって懐胎された子であれば，生来の嫡出子です（昭和15.1.23大審院民事連合部判決・民集19巻1号54頁）。したがって，この場合は，父又は母が嫡出子出生の届出をします。

出生した子は日本国籍を有し（国2条1号），嫡出子ですから，この場合は父の氏を称し（民790条1項），父の戸籍に入籍します（戸18条1項）。

胎児認知の届書類は，Q95と同様に取り扱います。

**Q97** 父母の婚姻中に出生した子の「母」欄の「子が生まれたときの年齢」が50歳と記載された嫡出子出生の届出を父がした場合，この届出は受付けられますか。
なお，この届出は，届書の記載は適正で，出生証明書も添付され，届書の記載とも符合します。

**A** 受付けした後，市区町村長は，管轄法務局の長の指示を求めた上で，その届出を受理するか否かを決めることになります。

〔注〕出産能力に疑問のある高齢の母が出生した子の出生の届出においては，それが虚偽の届出である場合があるため，これを未然に防止し，戸籍の記載の適正を期する趣旨で，母が50歳に達した後に出生した子の出生届がされたときは，市区町村長は，事前に管轄法務局の長の指示を求めた上で，その処理をする取扱いがされています（昭和36.9.5民事甲2008号通達）。
　なお，出生証明書の添付がされている場合でも，前記の取扱いをすることになります。

〔参考文献〕「初任者のための戸籍実務の手引き」（改訂新版第四訂）13頁，「設題解説戸籍実務の処理Ⅲ」7頁以下，「新版実務戸籍法」99頁

### （2）嫡出でない子の父母の氏名

**Q98** 内縁中の夫との間に長男が生まれたが，出生届書の「父母の氏名・生年月日」欄の「父」欄に内縁の夫の氏名を記載して届出をすることができますか。

**A** 内縁の夫の氏名を記載して届出をすることはできません。

〔注〕父母が婚姻していない場合，その間に出生した子は嫡出でない子になります。嫡出でない子は，胎児認知がされていない限り，出生時に法律上の父がいないことになりますから，出生の届出の際に，

事実上の父の氏名を届書の父欄に記載することはできません（昭和22.12.10民事甲1500号回答）。

**Q99** 嫡出でない子の出生届を母が届出をすると同時に，子の父が認知の届出をする場合，出生届書の「父母の氏名・生年月日」欄の「父」欄に認知する父の氏名を記載して届出をすることができますか。

**A** 出生届書に，父の氏名は記載できません。

〔注〕任意認知は，認知の届出をしたときに成立します（民781条）が，認知による親子関係の成立は，子の出生のときにさかのぼってその効力が生じます（民784条）。しかし，このさかのぼって生じる認知の効力は，子の出生時に法律上の父がいたとするものではなく，その点，胎児認知の場合と相違します。したがって，出生届書に父の氏名は記載できません。

胎児認知の届出がされている場合は（民783条，戸61条），胎児と父との親子関係は，胎児の出生によって法律上の効果が生じるので，出生のときに法律上の父がいることになります（国2条1号）。したがって，胎児認知の届出がされている子の出生届の場合は，届書に父の氏名を記載することができます。

これに対し，出生後の任意認知は，認知の届出をしたときに成立し（民781条），認知による親子関係の成立は，子の出生のときにさかのぼってその効力が生じます（認知の遡及効・民784条）。

この認知の遡及効の関係は，渉外的認知の届出において，国籍法第2条第1号に規定する「出生の時に父又は母が日本国民であるとき。」に該当するのではないかという疑義が生じます。しかし，この認知の遡及効は，親族法上の効果であって，国籍法上では，もっぱら出生の時点を基準として，法律上の父の有無を決定することにしています。したがって，日本人男と外国人女の婚姻外の子は，出生後に日本人男が認知しても，特段の事情がある場合を除いて，原則として日本国籍を取得しないことになります（平成9.10.17最高裁判

決・民集51巻9号3925頁)。

〔**参考文献**〕「逐条註解国籍法」166頁,「改訂戸籍届書の審査と受理」229頁以下,「全訂初心者のための渉外戸籍の実務の手引き」32頁

## Q100

単身者の女性が嫡出でない子を出生した場合,出生届書の「父母の氏名・生年月日」欄には,「母」欄のみ記載することになりますか。

**A** そのとおりです。なお,事例25を参照願います。

〔注〕女性が婚姻外の子を出生したときは,その子は嫡出でない子です。嫡出でない子の出生届の場合は,その子が胎児認知されていない限り,出生時に法律上の父がいないことになりますので,出生届書の「母」欄に母の氏名のみを記載します。

胎児認知がされている場合は,出生子と父との関係は出生時に生じるから,出生届書の「父」欄に父の氏名を記載することになります。この場合は,出生届書の「その他」欄に「平成○年○月○日胎児認知の届出」と,胎児認知の届出がされている旨の記載をします。

〔**参考文献**〕「設題解説戸籍実務の処理Ⅲ」312頁以下

## Q101

父母の戸籍に在籍する長女が,嫡出でない子を出生し,その出生の届出をする前に他男と夫の氏を称する婚姻をしている場合,出生届書の「父母の氏名・生年月日」欄は,どのように記載するのですか。

**A** 母(長女)の婚姻後の氏名を記載します。なお,事例33を参照願います。

〔注〕本問の子の母は,子の出生の届出時には婚姻により夫の氏を称し,

子の出生時と出生の届出時では氏を異にしていますが，出生届書には出生の届出時の氏名を記載します。

なお，嫡出でない子は，出生当時の母の氏を称し（民790条2項），母の戸籍に入籍する（戸18条2項）のが原則です。本問の子は，母が婚姻する前に出生し，母の婚姻後に出生の届出がされているので，出生当時の母の戸籍は，母が在籍していた母の父母の戸籍になります。

しかし，その戸籍に出生子を入籍させると，子，子の母（婚姻により除籍されている），及び子の母の父母（子の祖父母）が在籍する三代戸籍になります（祖父母，父母，子の三世代が入籍する戸籍のことです－三代戸籍の禁止・戸17条）。これは，戸籍の編製単位に反することになります（戸6条）。このような場合は，戸籍上において子と母のつながりをつけておく必要があるため，出生子を母が在籍していた戸籍の末尾にいったん入籍させ，同時に子について単独戸籍を編製することにしています（昭和33.1.25民事二発27号回答）。なお，Q142～Q144を参照願います。

〔参考文献〕「初任者のための戸籍実務の手引き」（改訂新版第四訂）20頁，「新版実務戸籍法」101頁

## Q102

父母の戸籍に在籍する長女が，嫡出でない子を出生し，その出生の届出をする前に養子縁組により養親の戸籍に入籍している場合，出生届書の「父母の氏名・生年月日」欄は，どのように記載するのですか。

**A** 母（長女）の縁組後の氏名を記載します。なお，事例24を参照願います。

〔注〕父母の氏名は，出生の届出時の氏名を記載します。本問の子の母は，子の出生の届出時には，縁組により養親の氏を称しているから，縁組後の氏名を記載します。

なお，嫡出でない子は，出生当時の母の氏を称し（民790条2項），母の戸籍に入籍する（戸18条2項）のが原則ですが，本問の子は，

出生当時の母の戸籍は、母が在籍していた母の父母の戸籍になります。このような場合は、出生子を母が在籍していた戸籍の末尾にいったん入籍させ、同時に子について単独戸籍を編製することになります（昭和33.1.25民事二発27号回答）。

母が在籍していた戸籍の末尾にいったん入籍させ、同時に子について単独戸籍を編製する場合については、前問のＱ101を参照願います。

〔参考文献〕「初任者のための戸籍実務の手引き」（改訂新版第四訂）20頁，「新版実務戸籍法」101頁

### Q103

父母の婚姻前に出生した子の出生届において，出生届書の「父母の氏名・生年月日」欄に婚姻後の父母の氏名を記載した嫡出子出生の届出を母がした場合，この届出は受付けられますか。

**A** 受付けられません。

父母の婚姻前に出生した子は，本来的には母の嫡出でない子です。

ただし，出生の届出未了のまま父母が婚姻し，その後に父が嫡出子出生の届出をした場合は，その届出は受付けられます（民789条２項，戸62条）。この届出は，認知の届出の効力を有する出生届とされているから，必ず父が届出する必要があります。

本問は，母が届出しているので，母からの嫡出子出生の届出は受付けできないことになります。なお，事例24を参照願います。

〔参考文献〕「設題解説戸籍実務の処理Ⅲ」27頁以下，「初任者のための戸籍実務の手引き」（改訂新版第四訂）16頁

## Q104

父母の婚姻から200日以内に出生した子の出生届において、出生届書の「父母の氏名・生年月日」欄に母の氏名のみ記載した嫡出でない子の出生の届出を母がした場合、この届出は受付けられますか。

**A** 受付けられます。

　父母の婚姻から200日以内に出生した子は、嫡出の推定を受けないので（民772条）、その子が母の夫以外の者によって懐胎された場合であれば、嫡出でない子になります。その場合は、母が嫡出でない子として出生の届出をすることができます（昭和26.6.27民事甲1332号回答）。

　しかし、その子が母の夫によって懐胎された子である場合は、父の認知を得るまでもなく生来の嫡出子です（昭和15.1.23大審院民事連合部判決・民集19巻1号54頁）から、その場合は、嫡出子として出生の届出をすることになります。なお、事例27を参照願います。

　　〔注〕母が嫡出でない子として出生届をした後、父から認知の届出がされたときは、その認知届は、先に嫡出でない子として出生届をした子を生来の嫡出子とする訂正申出として処理することになります。なお、詳しくはQ42を参照願います。

　　　〔参考文献〕「設題解説戸籍実務の処理Ⅲ」12頁以下、「初任者のための戸籍実務の手引き」（改訂新版第四訂）16頁

## Q105

父母の婚姻から200日後に出生した子の出生届において、出生届書の「父母の氏名・生年月日」欄に母の氏名のみ記載した嫡出でない子の出生の届出を母がした場合、この届出は受付けられますか。

**A** 受付けられません。

　父母の婚姻から200日後に出生した子は、嫡出の推定を受けるので（民772条）、嫡出でない子として出生の届出はできないことになります。

なお、Q 38を参照願います。

〔**参考文献**〕「設題解説戸籍実務の処理Ⅲ」11頁以下

**Q 106** 父母の離婚後300日以内に出生した子の出生届において、出生届書の「父母の氏名・生年月日」欄に母の氏名のみ記載した嫡出でない子の出生の届出を母がした場合、この届出は受付けられますか。

**A** 受付けられません。
　父母の離婚後300日以内に出生した子は、嫡出の推定を受けるので（民772条）、嫡出でない子として出生の届出はできないことになります。
　なお、嫡出子否認の裁判、又は親子関係不存在確認の裁判が確定し、あるいは医師の作成した「懐胎時期に関する証明書」によって嫡出の推定が排除されるときは、それらの裁判の謄本及び確定証明書、医師の証明書を添付して嫡出でない子として出生の届出ができます。詳しくは、Q38、Q39及びQ110～112を参照願います。なお、事例30～事例32を参照願います。

〔**参考文献**〕「設題解説戸籍実務の処理Ⅲ」11頁以下

**Q 107** 嫡出でない子の出生届書において、「母」欄の「子が生まれたときの年齢」が55歳と記載された出生の届出を母がした場合、この届出は受付けられますか。
　なお、この届出は、届書の記載は適正で、出生証明書も添付され、届書の記載とも符合します。

**A** 受付けした後、市区町村長は、管轄法務局の長の指示を求めた上で、その届出を受理するか否かを決めることになります。

なお，Q97を参照願います。

〔注〕出産能力に疑問のある高齢の母が出生した子の出生の届出においては，それが虚偽の届出である場合があるため，これを未然に防止し，戸籍の記載の適正を期する趣旨で，母が50歳に達した後に出生した子の出生届がされたときは，市区町村長は事前に管轄法務局の長の指示を得て処理することとされています（昭和36.9.5民事甲2008号通達）。

なお，出生証明書の添付がされている場合でも，前記の取扱いをすることになります。

〔参考文献〕「設題解説戸籍実務の処理Ⅲ」7頁以下，「初任者のための戸籍実務の手引き」（改訂新版第四訂）13頁，「新版実務戸籍法」99頁

## Q108

夫婦間に2男が生まれたが，その出生の届出をする前に，嫡出子否認の裁判が確定し，その裁判の謄本を添付して，嫡出でない子の出生の届出を母がする場合，出生届書の「父母の氏名・生年月日」欄は，どのように記載するのですか。

**A** 母の氏名のみを記載します。

〔注〕推定される嫡出子（民772条）が，母の夫によって懐胎されたものでない場合には，夫は子の出生を知ったときから1年以内に嫡出否認の訴えを提起して，父子関係を否認することができます（民774条・775条・777条・778条）。この裁判が確定すると，出生子は，嫡出でない子になります。

また，既に出生の届出がされ，戸籍に嫡出子と記載がされた後に，嫡出子否認の裁判が確定した場合は，戸籍の記載を訂正するための訂正申請により，戸籍が訂正されることになります（戸116条）。

これに対し，本問のように，出生の届出をする前に嫡出子否認の裁判が確定した場合は，その裁判の謄本及び確定証明書を添付して，母が，嫡出でない子として出生の届出をすることになります（昭和

48.10.17民二7884号回答）。この場合は，嫡出でない子の出生の届出ですから，届書の父母欄には母の氏名のみを記載します。

〔参考文献〕「設題解説戸籍実務の処理Ⅲ」18頁以下，「初任者のための戸籍実務の手引き」（改訂新版第四訂）16頁以下

## Q109

夫婦間に2女が生まれたが，その出生の届出をする前に，子と父との親子関係不存在確認の裁判が確定し，その裁判の謄本を添付して，嫡出でない子の出生の届出を母がする場合，出生届書の「父母の氏名・生年月日」欄は，どのように記載するのですか。

**A** 母の氏名のみを記載します。

〔注〕民法第772条の嫡出推定の規定は，夫婦が正常な婚姻関係にあることを前提として設けられた規定であることから，妻の出生した子が夫の子であり得ないことが，外観上明らかな場合には，この規定は実質的に適用されないとされています。したがって，その場合は，嫡出否認の訴えによることなく，親子関係不存在確認の裁判を求めることとされています（昭和15.9.20大審院判決・民集19巻18号1596頁，昭和44.5.29最高裁判所判決・民集23号6巻1064頁，昭和44.9.4最高裁判所判決・判例時報572号27頁）。

戸籍の実務においては，妻が夫の子を懐胎し得ないことが客観的に明らかにされているときには（例えば，夫の生死が3年以上不明の理由で離婚の裁判が確定し，その裁判確定後300日以内に子が出生した場合），その裁判の謄本を出生の届書に添付し，嫡出でない子又は後婚の嫡出子として届出された場合は，その届出を受理することとしています（昭和40.9.22民事甲2834号回答）。

既に出生の届出がされ，戸籍に嫡出子と記載がされた後に，親子関係不存在確認の裁判が確定した場合は，戸籍の記載を訂正するための訂正申請により，戸籍が訂正されることになります（戸116条）。

これに対し，本問のように，出生の届出をする前に親子関係不存

在確認の裁判が確定した場合は、その裁判の謄本及び確定証明書を添付して、母が、嫡出でない子として出生の届出をすることになります（前掲民事甲2834号回答）。この場合は、嫡出でない子の出生の届出ですから、届書の父母欄には母の氏名のみを記載します。

〔**参考文献**〕「設題解説戸籍実務の処理Ⅲ」11頁・31頁、「設題解説戸籍実務の処理Ⅹ」208頁以下、「初任者のための戸籍実務の手引き」（改訂新版第四訂）17頁、「新版実務戸籍法」85頁

**Q 110** 父母が離婚をし母が復氏した後、離婚後300日以内に出生した子の出生の届出をする前に嫡出子否認の裁判が確定し、その裁判の謄本を添付して、嫡出でない子の出生の届出を母がする場合、出生届書の「父母の氏名・生年月日」欄は、どのように記載するのですか。

**A** 母の氏名のみを記載します。

〔注〕本問のように、出生の届出をする前に嫡出子否認の裁判が確定した場合（民774～778条）は、その子は嫡出でない子ですから、出生の届出の際に裁判の謄本及び確定証明書を添付し、母が、嫡出でない子として届出をすることになります（昭和48.10.17民二7884号回答）。

この場合は、嫡出でない子の出生届ですから、届書の父母欄には母の氏名のみを記載します。

〔**参考文献**〕「設題解説戸籍実務の処理Ⅲ」18頁以下、「初任者のための戸籍実務の手引き」（改訂新版第四訂）16頁以下

**Q111** 父母が離婚をし母が復氏した後、離婚後300日以内に出生した子の出生届をする前に子と父との間の親子関係不存在確認の裁判が確定し、裁判の謄本を添付して、嫡出でない子の出生の届出を母がする場合、出生届書の「父母の氏名・生年月日」欄は、どのように記載するのですか。

**A** 母の氏名のみを記載します。

〔注〕本問のように、出生の届出をする前に親子関係不存在確認の裁判が確定した場合は、出生の届出の際に裁判の謄本及び確定証明書を添付し、母が、嫡出でない子として届出をすることになります（昭和40.9.22民事甲2834号回答）。
　この場合は、嫡出でない子の出生届ですから、届書の父母欄には母の氏名のみを記載します。
〔**参考文献**〕「設題解説戸籍実務の処理Ⅲ」11頁・31頁、「設題解説戸籍実務の処理Ⅹ」208頁以下、「初任者のための戸籍実務の手引き」（改訂新版第四訂）17頁、「新版実務戸籍法」85頁

**Q112** 父母が離婚をし母が復氏した後、離婚後300日以内に出生した子について、医師の作成した懐胎時期に関する証明書を添付して嫡出でない子の出生の届出を母がする場合、出生届書の「父母の氏名・生年月日」欄は、どのように記載するのですか。

**A** 母の氏名のみを記載します。
　なお、「懐胎時期に関する証明書」を添付した嫡出でない子の出生の届出がされた場合、その届出については、当分の間、市区町村長は、管轄法務局の長の指示を得て処理することとされています（平成19.5.7民一1007号通達、同日民一1008号依命通知）。

〔注〕1　父母が離婚した後、母が離婚後300日以内に出生した子は嫡出

の推定を受けることになるが（民772条2項），その子の出生の届出の際に，医師の作成した「懐胎時期に関する証明書」が添付され，同証明書によってその子が離婚後に懐胎したことが認められる場合は，嫡出の推定が及ばないものとされます（平成19.5.7民一1007号通達，同日民一1008号依命通知）。

その場合，その子は母の嫡出でない子であるから，嫡出でない子として出生の届出をすることになるので，父母の氏名欄には母の氏名のみを記載します。

2　前記の「懐胎時期に関する証明書」によってその子が離婚後に懐胎したことが認められない場合は，前記1の取扱いができないことになります。その場合は，当該届出を嫡出子の出生届に届書を補正することになるが，その補正をしない場合は，その届出は受理できないことになります。

なお，その子について嫡出でない子としての届出を望む場合において，出生の届出前に前夫の嫡出子否認の裁判又は子と父（母の前夫）との親子関係不存在確認の裁判が確定しているときは，その裁判の謄本を添付して出生の届出をすることができます。

〔**参考文献**〕「戸籍」801号31頁以下

---

**113** 父母が離婚をし母が復氏した後，離婚後300日以内に出生した子について，医師の作成した懐胎時期に関する証明書を添付できない場合（又は同証明書を添付したが，懐胎時期が離婚以前の日と認められたため受理されなかった場合）において，嫡出でない子の出生の届出を母がする場合，どのようにすることになりますか。

**A**　出生の届出前に，前夫の嫡出子否認の裁判又は子と父（母の前夫）との親子関係不存在確認の裁判が確定しているときは，その裁判の謄本を添付して，嫡出でない子として出生の届出をすることができます。

〔**参考文献**〕「戸籍」801号31頁以下

## 114

日本人女と外国人男の間に出生した子の出生届で，出生届書の「父母との続き柄」欄を，「☑嫡出でない子　長男　☑男」と記載し，父欄に父の氏名を記載し，更に，出生届書の「その他」欄に「父の本国法は事実主義を採用している。父の国籍証明書，申述書及び本国法の写しを提出する。」と記載して，母が届出した場合，この届出は受付けられますか。

**A**　受付けられます。

　外国人父の本国法が事実主義の法制を採る場合において，日本人母から嫡出でない子の出生の届出がされ，届書の父欄に父の氏名を記載し，「その他」欄に父の本国法が事実主義を採用している旨の記載がされ，かつ，父の国籍証明書，父の本国法上事実主義が採用されている旨の証明書（本国法の写し等）及びその者が出生子の父であることを認めていることの証明書（父の申述書，父の署名がある出生証明書等）の提出がされたときは，出生子の戸籍に父の氏名を記載する取扱いがされています（平成元.10.2民二3900号通達第3の2の(2)ア）。なお，事例36を参照願います。

　　　〔注〕嫡出でない子の親子関係の成立については，認知主義及び事実主義の双方に適用する規定が設けられています（平成元年法律27号による「法例の一部を改正する法律」より，法例18条1項が改正された（現行の「通則法」29条1項）。）。
　　　　嫡出でない子と父との親子関係の成立について，生理上の親子関係がある場合には，法律上の親子関係が発生するとするのが，事実主義といわれるものです。フィリピン，ニュージーランド，カナダ・オンタリオ州などは，この法制を採る国とされています。
　　　　事実主義の法制を採る国での嫡出でない子と父との親子関係は，前記のとおり血縁関係が客観的に存在すれば，出生の事実によって法律上も親子関係が認められるので，認知は要しないことになります。しかし，認知は，認知当時の子の本国法によってすることもできるので（通則法29条2項），子の本国法を準拠法として認知することができます（澤木・南「新しい国際私法」320頁）。
　　　　ところで，本問のような届出によって戸籍に父の氏名が記載され

た後に、認知の届出をすることができるかについては、①日本は認知の法制を採っていること、②事実主義の法制は、父子関係の成立について認知は不要としているに過ぎず、認知があってはならないというのではないこと、③認知主義の国では、認知がなければ親子関係が認められず、認知の必要性があること、④認知は前記のとおり、認知当時の子の本国法によってすることもできることから、子の本国法が認知主義の法制のときは、子の本国法を準拠法として、認知することができます（前掲「新しい国際私法」320頁以下）。

〔参考文献〕「新しい国際私法」320頁以下、「Q＆A渉外戸籍と国際私法」180頁、「はじめての渉外戸籍」119頁・113頁、「全訂初任者のための渉外戸籍実務の手引き」9頁・29頁

---

**Q115** 日本人男が日本人女の胎児を認知した後、その後に胎児認知した子が出生した場合、子の出生届及び胎児認知届は、どのようにしますか。

**A** 　母が出生の届出をし、出生子は母の戸籍に嫡出でない子として入籍します（民790条2項、戸18条2項）。入籍した子の戸籍の身分事項欄には、出生事項を記載した次行に、母の本籍地の市区町村役場に保存されている胎児認知届書に基づいて、胎児認知事項を記載します（参考記載例21参照）。

　また、母の本籍地の市区町村長は、父の本籍地の市区町村長に、胎児認知の届出書類に子の出生届書の謄本を添付して送付します。これによって父の戸籍に胎児認知事項が記載されます（参考記載例20参照）。

　なお、事例37を参照願います。

〔注〕胎児認知の届出は、母の本籍地の市区町村長にすることとされています（戸61条）。この届書類は、子の出生届がされたときに、前記のようにして父の本籍地の市区町村長に送付されます。

〔参考文献〕「設題解説戸籍実務の処理Ⅲ」313頁以下

## Q116

日本人男が外国人女の胎児を認知した後，その後に胎児認知した子が出生した場合，子の出生届及び胎児認知届は，どのようになりますか。

## A

外国人の母が出生の届出をします（戸52条2項）。出生子は，胎児認知されているため，出生のとき日本人の父がいることになるので日本国籍を有します（国2条1号）。

子は日本国籍を有するので，出生届によって戸籍に記載されることになるが，父母が婚姻していないので日本人の父の戸籍には入籍しません。この場合は，出生届書の「その他」欄に子について創設する「氏」及び「本籍」を記載することになるので，それに基づいて，出生子について単独の新戸籍を編製します（昭和29.3.18民事甲611号回答）。

子の戸籍の身分事項欄には，出生事項を記載した次行に，母の住所地の市区町村役場に保存されている胎児認知届書に基づいて，胎児認知事項を記載します（参考記載例21参照）。

また，母の住所地の市区町村長は，胎児認知の届出書類に子の出生届書の謄本を添付して，父の本籍地の市区町村長に送付します。これによって父の戸籍に胎児認知事項が記載されます（参考記載例20参照）。

なお，事例38を参照願います。

〔注〕外国人母の胎児認知の届出は，母の住所地の市区町村長で受理することとされ，胎児認知の届書の謄本はあらかじめ父の本籍地の市区町村長に送付しておく取扱いです。これは父の戸籍に胎児認知の記載を遺漏しないようにするためです（昭和29.3.6民事甲509号回答）。なお，子の出生届出がされたときは，改めて，前記のようにして父の本籍地の市区町村長に送付されます。

〔参考文献〕「設題解説戸籍実務の処理Ⅲ」313頁以下，「改訂第1版注解コンピュータ記載例対照戸籍記載例集」50頁以下

## 9 「本籍」欄

### （1）嫡出子の入籍戸籍

**Q117** 父母間に長男が出生したが，その出生届を父又は母がする場合，出生届書の「本籍」欄は，どのように記載するのですか。

**A** 父母の戸籍の「本籍」欄に記載されている本籍と，「氏名」欄（筆頭者氏名欄）に記載されている筆頭者の氏名を記載します。なお，事例1及び事例2を参照願います。

〔注〕嫡出子は，父母の氏を称し（民790条1項），父母の戸籍に入籍をする（戸18条1項）とされているから，その入籍をする戸籍を特定するため，父母の戸籍の本籍欄に記載されている「本籍」と，氏名欄に記載されている「筆頭者の氏名」を出生届書に記載します。筆頭者は，日本人同士の婚姻の場合は，父母が婚姻する際の協議により（民750条），父母のいずれかの氏に定め，その者の氏名が筆頭者氏名欄に記載されています。

〔参考文献〕「初任者のための戸籍実務の手引き」（改訂新版第四訂）22頁，「設題解説戸籍実務の処理Ⅴ（1）」85頁以下

**Q118** 父母間に長女が出生したが，その出生届をする前に，父母は他の者の養子となる縁組をしたため，長女の入るべき父母の戸籍が除かれて除籍になっている場合，出生届書の「本籍」欄は，どのように記載するのですか。

**A** 出生当時の父母の本籍と筆頭者の氏名を記載します。

この場合，除かれた父母の戸籍を回復し，その戸籍に出生子を入籍させることになります。

全員除籍により除かれた戸籍を回復する方法については，Q127，Q

128及び事例16を参照願います。

〔注〕出生子が嫡出子の場合は，出生当時の父母の氏を称し（民790条1項），原則として父母の戸籍に入籍します（戸18条1項）。子の出生後，その出生の届出前に本問のように父母が養子縁組をして氏を変更し，父母の戸籍が全員除籍によって除かれている場合でも，子の氏及び入籍戸籍については前記の原則に変わりはありません。

したがって，本問の場合は子を父母の縁組前の戸籍に入籍させることになるが，その戸籍は除かれているため，その戸籍（除籍）に入籍させることはできないので，その戸籍を回復し，回復した戸籍に入籍させることになります。つまり，この場合の戸籍の回復というのは，父母の戸籍を子が出生した当時の状態に戻すということです（昭和25.10.10民事甲2720号回答，昭和33.5.13民事二発220号回答）。

この回復手続は，出生の届出に基づいて市区町村長が職権で行う（昭和23.5.18民事甲1028号回答）ので，出生届書の「その他」欄には，次のように記載します。

　　父母平成○年○月○日養子縁組届出
　　父母の現在の戸籍の表示　○市○区○町○丁目○番地　　甲野太郎
　　父母の縁組前の戸籍（(6)欄）は，子の出生後，出生の届出前に除かれているため，同戸籍を回復した上，回復後の戸籍の末尾に出生子を入籍させる。

〔参考文献〕「改訂戸籍届書の審査と受理」204頁・210頁以下，「初任者のための戸籍実務の手引き（改訂新版第四訂）」20頁

**119** 父母間に長女が出生したが，その子を懐胎中に父母は他の者の養子となる縁組をしたため，婚姻当時の父母の戸籍が除籍になっている場合，出生届書の「本籍」欄は，どのように記載するのですか。

**A** 父母の現在の本籍（縁組後の本籍）と筆頭者の氏名を記載します。

〔注〕出生子が嫡出子の場合は，父母の氏を称し（民790条1項），原則

として父母の戸籍に入籍します（戸18条1項）。父母の氏及び戸籍は，子の出生当時を基準にしますので，本問の場合は，子が出生した当時，父母は養親の氏を称し（民810条），縁組後の氏で戸籍を編製しているから（戸18条・20条），子はその父母の戸籍に入籍します（戸18条）。

したがって，出生届書には父母の現在の本籍と筆頭者の氏名を記載することになります。

なお，出生子は，父母縁組後に出生しているから，父母の養親とは親族関係が生じます（祖父母と孫の二親等の関係になります（民727条））。これに対し，父母の縁組前に出生した子と父母の養親との間には，親族関係は生じません（大正6.12.26大審院判決・民録23巻2229頁，昭和7.5.11大審院判決・民集11巻1062頁，昭和27.2.2民事甲89号回答）。また，その子が父母の縁組前の戸籍に在る場合，父母の縁組後の戸籍に入籍するには，入籍の届出をすることになります（民791条2項，戸98条，昭和62.10.1民二5000号通達第5の1）。

〔参考文献〕「設題解説戸籍実務の処理Ⅳ」29頁以下

**Q 120** 父母間に長女が出生したが，その出生届をする前に，父母は他の市区町村に転籍をしたため，出生当時の父母の戸籍は除籍になっている場合，出生届書の「本籍」欄は，どのように記載するのですか。

**A** 転籍後の本籍と筆頭者の氏名を記載します。

〔注〕出生子が嫡出子の場合は，その子は父母の氏を称し（民790条1項），原則として父母の戸籍に入籍します（戸18条1項）。子の出生後に，本問のように父母が他の市区町村に転籍し，その後に子の出生の届出をする場合においても，前記の原則に変わりがありませんから，子は，転籍後の父母の戸籍に直ちに入籍することになります。

転籍は戸籍の所在場所である本籍を移転することであり，転籍により編製される戸籍は，従前の戸籍とその同一性に変わりがないとされています（青木・大森「全訂戸籍法」118頁・173頁・446頁）。

したがって，子の出生当時の転籍前の父母の戸籍を回復して，子を入籍させる必要はなく，たとえ回復して入籍させたとしても，回復戸籍は直ちに転籍により消除され，転籍後の戸籍に出生子は移記されるので，回復する実益はありません。本問については前記のとおりですから，出生子を出生当時の転籍前の戸籍への入籍等を考える必要はないので，届書に転籍前の本籍を記載することは要しません。

〔参考文献〕「全訂戸籍法」118頁・173頁・446頁，「設題解説戸籍実務の処理Ⅸ」201頁以下

**Q121** 父母が離婚をし母が復氏した後，母は他男と婚姻をし，前婚の離婚後300日以内，後婚の成立から200日後に出生した子の出生の届出を母がする場合，出生届書の「本籍」欄は，どのように記載するのですか。

**A** 出生当時の母の本籍と筆頭者の氏名を記載します。なお，事例21を参照願います。

〔注〕本問の出生子は，母の前夫及び後夫双方の嫡出推定を受ける子です（民772条）。この場合は，「父未定の子」として母が出生の届出をすることになるが（戸54条），出生子は父を定める裁判が確定するまで（民773条），仮に母の氏を称し，母の戸籍に入籍させることになります（民790条，戸18条）。したがって，出生届書の「本籍」欄には，出生当時の母の本籍と筆頭者の氏名を記載します。

後日，父を定める裁判が確定した場合は，戸籍訂正申請により戸籍の訂正がされることになります（戸116条）。すなわち，母の後夫が父と定められた場合は，戸籍に父の氏名を記載し，父母との続柄を訂正し，訂正事項を記載します。これに対し，母の前夫が父と定められた場合は，子を後夫の戸籍から除籍して前夫の戸籍に嫡出子として入籍させるための戸籍訂正をすることになります。なお，Q88を参照願います。

〔参考文献〕「改訂戸籍届書の審査と受理」188頁以下，「設題解説戸籍実

務の処理Ⅲ」167頁以下、「設題解説戸籍実務の処理ⅩⅠ」129頁以下、「初任者のための戸籍実務の手引き」（改訂新版第四訂）18頁、「新版実務戸籍法」86頁

**Q122** 父母が離婚をし母が復氏した後、母は他男と婚姻をし、前婚の離婚後300日以内、後婚の成立から200日後に出生した子の出生の届出を、後婚の夫が、医師の作成した「懐胎時期に関する証明書」を添付して嫡出子出生の届出をする場合、出生届書の「本籍」欄は、どのように記載するのですか。

**A** 出生当時の父母の本籍と筆頭者の氏名を記載します。

　本問の子は、母の前夫及び後夫双方の嫡出推定を受けるので、「父未定の子」として出生の届出をすることになる（民773条、戸54条）が、届書に添付された医師の作成した「懐胎時期に関する証明書」によって、懐胎時期が離婚後である場合は、後婚の夫の子として嫡出子出生の届出をすることができます（平成19.5.7民一1007号通達、同日民一1008号依命通知、「戸籍」801号87頁以下参照）。

　したがって、「本籍」欄は、出生当時の本籍と筆頭者の氏名を記載します。

　なお、父未定の子については、Q48、Q88及びQ121を参照願います。

　　〔注〕医師の作成した「懐胎時期に関する証明書」が添付された出生の届出がされたときは、当分の間、市区町村長は管轄法務局の長の指示を得て処理することとされています（前掲民一1007号通達、民一1008号依命通知）。

　　　このように取り扱う理由は、同証明書が添付され、離婚後に懐胎したことが証明される場合は、前婚の嫡出子の推定が及ばないものとされるが、このような取扱いは、従前の戸籍実務の取扱いと異なる新しい運用であることから、より慎重な審査を行うとともに、その円滑な実施を図るためとされています（「戸籍」801号36頁参照）。

〔参考文献〕「戸籍」801号31頁以下・87頁以下

## Q123

父母が離婚をし母が復氏した後、離婚後300日以内に出生した子の嫡出子出生の届出を母がする場合、出生届書の「本籍」欄は、どのように記載するのですか。

**A** 父母離婚当時の本籍及び筆頭者の氏名を記載します。

父母離婚後300日以内に出生した子は、嫡出子の推定を受ける（民772条）ので、嫡出子として出生の届出をします。

本問の場合は、子の出生前に父母が離婚をしているため、子は離婚の際における父母の氏を称し（民790条1項ただし書）、父母の離婚当時の戸籍に入籍する（戸18条1項）とされているから、「本籍」欄には、前記のとおり父母離婚当時の本籍及び筆頭者の氏名を記載します。

〔注〕本問の場合、出生届書の「その他」欄には次のように記載し、離婚後の嫡出子出生の届出であることを表示します。また、親権者が母であることは、民法に規定されていますが（民819条3項本文）、母と子は戸籍を異にする場合があることから、親権の所在を戸籍上明瞭にする趣旨で記載することとされています（昭和36.12.5民事甲3061号通達）。

父母平成○年○月○日離婚届出
親権者は母である。

〔参考文献〕「設題解説戸籍実務の処理Ⅲ」138頁、「新版実務戸籍法」100頁、「補訂注解戸籍届書「その他」欄の記載」58頁

## Q124

父母が離婚をし母が復氏した後，離婚後300日以内に出生した子の嫡出子出生の届出を母がする場合，離婚当時の父母の戸籍は，子の出生前に他の市区町村に転籍しているとき，出生届書の「本籍」欄は，どのように記載するのですか。

**A** 父母離婚当時の本籍及び筆頭者の氏名を記載します。

この場合，「その他」欄に，転籍後の本籍，筆頭者の氏名等を記載します。なお，事例17を参照願います。

〔注〕父母離婚後300日以内に出生した子は，嫡出子の推定を受ける（民772条）ので，嫡出子出生の届出をすることになります。嫡出子は，父母の氏を称するが，子の出生前に父母が離婚しているときは，離婚の際における父母の氏を称し（民790条1項ただし書），入籍する戸籍は，父母の離婚当時の戸籍になります（戸18条1項）。

子の入籍すべき父母の離婚当時の戸籍が，本問のように他の市区町村に転籍している場合は，出生の届出により，子を父母離婚当時の戸籍である転籍前の除かれた戸籍の末尾にいったん入籍させることになります。これは，母と子の身分関係を戸籍上で関連させるためです。そして，同時に子を転籍後の戸籍に入籍させることになります（昭和38.10.29民事甲3058号通達）。

したがって，「本籍」欄には，その入籍する父母離婚当時の戸籍である転籍前の戸籍の本籍と筆頭者の氏名を記載します。

なお，転籍は，戸籍の所在場所である本籍を移転することであり，転籍により編製される戸籍は，従前の戸籍とその同一性に変わりがないとされています（青木・大森「全訂戸籍法」118頁・173頁・446頁）。本問の場合においても出生子の入籍する戸籍は，単にその所在場所を変えたものに過ぎないので，出生の届出により直ちに転籍後の戸籍に入籍しても差し支えないようにも考えられます。

しかし，父母の離婚により母が復氏している場合，離婚当時の戸籍が転籍したときは，転籍後の戸籍には離婚により除籍された母は移記されないことになります（戸規37条3号）。その場合，離婚後に出生した嫡出子が転籍後の戸籍に直接入籍したときは，母と子の身分関係が戸籍上つながらないことになり，相続関係において支障があることも考えられるため，父母離婚当時の戸籍にいったん入籍さ

せる前記の取扱いがされています（前掲民事甲3058号通達参照）。

本問の場合、出生届書の「その他」欄には、父の現在の本籍等を次のように記載します。

　　父母平成○年○月○日離婚届出
　　父の現在の戸籍の表示　　○市○区○町○丁目○番地　　　甲野義太郎
　　父母離婚当時の戸籍（(6)欄）は、転籍により除かれているため、出生子は転籍前の戸籍にいったん入籍した後、父の転籍後の現在戸籍に入籍する。
　　親権者は母である。

〔**参考文献**〕「設題解説戸籍実務の処理Ⅲ」144頁、「新版実務戸籍法」100頁、「補訂注解戸籍届書「その他」欄の記載」60頁

---

**Q125** 父母が離婚をし母が復氏した後、離婚後300日以内に出生した子の嫡出子出生の届出を母がする場合、離婚当時の父母の戸籍は、子の出生後その出生の届出前に他の市区町村に転籍しているとき、出生届書の「本籍」欄は、どのように記載するのですか。

**A**　父母離婚当時の本籍及び筆頭者の氏名を記載します。

この場合、「その他」欄には、転籍後の本籍及び筆頭者の氏名等を記載します。なお、事例3及び事例17を参照願います。

　〔注〕本問の場合も、Q124と同様です。Q124の場合は、父母離婚当時の戸籍が、離婚後300日以内に出生した子の出生前に転籍し、その後に出生の届出をした事例ですが、本問は、子の出生後その出生の届出をする前に転籍した事例です。この場合も、Q124と同様に取扱うことになります。

　　すなわち、父母離婚当時の転籍前の戸籍の末尾に出生子を入籍させ、母と子の身分関係を戸籍上で関連させた後、同時に転籍後の戸籍に入籍させることになります（昭和38.10.29民事甲3058号通達）。

〔**参考文献**〕「設題解説戸籍実務の処理Ⅲ」144頁、「新版実務戸籍法」100頁、「補訂注解戸籍届書「その他」欄の記載」60頁

**Q126** 父母が離婚をし母が復氏した後，離婚後300日以内に出生した子の嫡出子出生の届出を母がする場合，離婚当時の父母の戸籍は子の出生前に，筆頭者である父が妻の氏を称する婚姻により除籍され，その戸籍は全員除籍により除かれているとき，出生届書の「本籍」欄は，どのように記載するのですか。

**A** 父母離婚当時の本籍及び筆頭者の氏名を記載します。

この場合，子は父母離婚当時の除かれた戸籍の末尾にいったん入籍し，同時に子について従前の本籍と同一場所に新戸籍を編製します。なお，事例15を参照願います。

〔注〕出生子を父母離婚当時の戸籍にいったん入籍させるのは，父母と子の身分関係を戸籍上でつながりをつけるためです（昭和36.6.6民事甲1324号指示，昭和38.10.29民事甲3058号通達）。同時にその戸籍から除籍して，子について単独戸籍を編製することになるが，この場合の新本籍は，戸籍法第30条第3項により従前の本籍と同一場所に定めることになります。

　本問の場合，出生届書の「その他」欄に，次のように記載します。

　　父母平成○年○月○日離婚届出

　　父の現在の戸籍の表示　○市○区○町○丁目○番地　　乙村和子

　　父母離婚当時の戸籍（(6)欄）は，出生前に除かれているため，出生子は同戸籍の末尾にいったん入籍し，同時に除籍して同所同番地に出生子の新戸籍を編製する。

　　親権者は母である。

〔参考文献〕「設題解説戸籍実務の処理Ⅲ」144頁，「新版実務戸籍法」100頁，「補訂注解戸籍届書「その他」欄の記載」62頁

**Q127** 父母が離婚をし母が復氏した後，離婚後300日以内に出生した子の嫡出子出生の届出を母がする場合，離婚当時の父母の戸籍は子の出生後，出生の届出前に筆頭者である父が妻の氏を称する婚姻により除籍され，その戸籍は全員除籍により除かれているとき，出生届書の「本籍」欄は，どのように記載するのですか。

**A** 父母離婚当時の本籍及び筆頭者の氏名を記載します。

この場合は，父母離婚当時の戸籍を回復し，回復後の戸籍の末尾に出生子を入籍させます。

回復の方法については，Q128及び事例16を参照願います。

〔注〕父母離婚後300日以内に出生した子は，嫡出子の推定を受けます（民772条）。嫡出子は，父母の氏を称することになるが，子の出生前に父母が離婚しているときは，離婚の際における父母の氏を称し（民790条1項ただし書），入籍する戸籍は，父母の離婚当時の戸籍になります（戸18条1項）。

また，父母の氏及び戸籍は，子の出生当時を基準にしますので，本問の場合は，子の入籍すべき戸籍は，出生当時の戸籍になります。しかし，その戸籍は出生当時にはあったが，出生の届出時までの間に全員除籍によって除かれています。この場合は，除かれた戸籍を回復し（昭和23.12.3民事甲2194号回答），回復した戸籍に出生子を入籍させることになります。

本問の場合はそれらの関係を，出生届書の「その他」欄に次のように記載します。

　　　父母平成○年○月○日離婚届出
　　　父の現在の戸籍の表示　○市○区○町○丁目○番地　　乙村和子
　　　父母離婚当時の戸籍（(6)欄）は，出生後，出生の届出前に除かれているため，同戸籍を回復した上，回復後の戸籍の末尾に出生子を入籍させる。
　　　親権者は母である。

〔**参考文献**〕「設題解説戸籍実務の処理Ⅲ」138頁，「新版実務戸籍法」100頁，「補訂注解戸籍届書「その他」欄の記載」64頁

### Q128

Q118及びQ127の場合において，父母の除かれた戸籍（除籍）を回復するとされているが，具体的にはどのように回復するのですか。

**A** 　回復の仕方は，紙戸籍とコンピュータ戸籍の場合では若干異なります。

　紙戸籍の場合は，新しい戸籍用紙を用いて除かれた戸籍（除籍）と同じ戸籍を編製することになります。コンピュータ戸籍の場合も，紙戸籍の場合とほぼ同様ですが，具体的な例として，事例16に掲げましたので参照願います。

### Q129

父母が離婚をし母が復氏した後，離婚後300日以内に出生した子の嫡出子出生の届出を母がする場合，離婚当時の父母の戸籍は，子の出生前に筆頭者である父が，養子縁組により養親の戸籍に入籍し，その戸籍は全員除籍により除かれているとき，出生届書の「本籍」欄は，どのように記載するのですか。

**A** 　父母離婚当時の本籍及び筆頭者の氏名を記載します。

　この場合，出生子は父母離婚当時の除かれた戸籍の末尾にいったん入籍し，同時に子について従前の本籍と同一場所に新戸籍を編製します。

　なお，父母の離婚年月日，父の現在戸籍の表示，子の入籍すべき戸籍等を出生届書の「その他」欄に記載します。

〔注〕出生子を父母離婚当時の戸籍にいったん入籍させるのは，父母と子の身分関係を戸籍上でつながりをつけるためです（昭和36.6.6民事甲1324号指示，昭和38.10.29民事甲3058号通達）。同時にその戸籍から除籍して，子について単独戸籍を編製しますが，この場合の新本籍は，戸籍法第30条第3項により従前の本籍と同一場所に定める

ことになります（昭和33.1.25民事二発27号回答）。
　なお，出生届書の「その他」欄には，父の本籍等を次のように記載します。
　　　父母平成○年○月○日離婚届出
　　　父の現在の戸籍の表示　○市○区○町○丁目○番地　　乙野忠治
　　　父母離婚当時の戸籍（(6)欄）は，出生前に全員除籍により除かれているため，出生子は同戸籍の末尾にいったん入籍し，同時に除籍して同所同番地に出生子の新戸籍を編製する。
　　　親権者は母である。
〔**参考文献**〕「新版実務戸籍法」100頁，「補訂注解戸籍届書「その他」欄の記載」62頁

**Q130** Q129において，父母の離婚当時の戸籍にいったん入籍した後，子について新戸籍が編製されるとしているが，具体的にはどのように新戸籍を編製するのですか。

**A**　新戸籍を編製する場合の具体的な例として，事例15に掲げましたので参照願います。

**Q131** 父母が離婚をし母が復氏した後，離婚後300日以内に出生した子の嫡出子出生の届出を母がする場合，離婚当時の父母の戸籍は，子の出生後に筆頭者である父が，養子縁組により養親の戸籍に入籍し，その戸籍は全員除籍により除かれているとき，出生届書の「本籍」欄は，どのように記載するのですか。

**A**　父母離婚当時の本籍及び筆頭者の氏名を記載します。
　この場合，出生子は父母離婚当時の戸籍に入籍することになるので，その戸籍を回復して入籍することになります。

なお，出生届書の「その他」欄に，父母の離婚年月日，父の現在戸籍の表示，子の入籍すべき戸籍の回復事項等を記載します。
　また，父母離婚当時の戸籍を回復し，同戸籍に出生子を入籍させる場合の回復の方法については，Ｑ128及び事例16を参照願います。

〔注〕父母離婚後300日以内に出生した子は，嫡出子の推定を受けます（民772条）。嫡出子は，父母の氏を称するが，子の出生前に父母が離婚しているときは，離婚の際における父母の氏を称し（民790条１項ただし書），入籍する戸籍は，父母の離婚当時の戸籍になります（戸18条１項）。
　　　また，父母の氏及び戸籍は，子の出生当時を基準にするので，本問の場合は，子の入籍すべき戸籍は，出生当時はあったが，出生の届出時までの間に全員除籍によって除かれたものであるから，この場合は除かれた戸籍を回復し，回復した戸籍に出生子を入籍させることになります（昭和23.12.3民事甲2194号回答，昭和25.10.10民事甲2720号回答，昭和33．5．13民事二発220号回答，昭和36.6.6民事甲1324号民事局長指示）。
　　　なお，出生届書の「その他」欄には，父の本籍等を次のように記載します。
　　　　　父母平成○年○月○日離婚届出
　　　　　父の現在の戸籍の表示　　○市○区○町○丁目○番地　　甲野松雄
　　　　　父母の離婚当時の戸籍（(6)欄）は，出生後，出生の届出前に全員除籍により除かれているため，同戸籍を回復した上，回復後の戸籍の末尾に出生子を入籍させる。
　　　　　親権者は母である。
　〔**参考文献**〕「改訂戸籍届書の審査と受理」210頁，「設題解説戸籍実務の処理Ⅲ」138頁，「補訂注解戸籍届書「その他」欄の記載」64頁

**Q132** 父母が離婚をし母が復氏した後、母は他男と夫の氏を称して婚姻をし、前婚の離婚後300日以内、後婚の成立から200日以内に出生した子について、その出生届をする前に嫡出子否認の裁判が確定し、その裁判の謄本を添付して、嫡出子出生の届出を後婚の夫がする場合、出生届書の「本籍」欄は、どのように記載するのですか。

**A** 父（後婚の夫）母の本籍及び筆頭者の氏名を記載します。なお、事例18を参照願います。

〔注〕本問のように出生の届出前に、嫡出否認の訴えにより、その裁判が確定した場合は、当該裁判の謄本と確定証明書を添付して、母の後婚の夫から嫡出子出生の届出ができます。この届出により、子は直ちに父母の戸籍に入籍します（昭和48.10.17民二7884号回答）。

　本問の出生子は、後婚の成立から200日以内に出生しているので、民法第772条の嫡出推定の規定に該当しませんが、その子が母の夫によって懐胎された子であれば、父の認知を得るまでもなく、生来の嫡出子とされています（昭和15.1.23大審院民事連合部判決・民集19巻1号54頁）。この嫡出子は「推定されない嫡出子」といわれるものですが、嫡出子であることに変わりがありませんから、父からの出生の届出が認められます（昭和15.4.8民事甲432号通牒）。

　したがって、後婚の夫を父として嫡出子出生の届出をするときは、嫡出子は父母の氏を称し（民790条1項）、父母の戸籍に入籍する（戸18条1項）ので、出生届書の「本籍」欄には、父母の本籍及び筆頭者の氏名を記載します。

　なお、この出生届には、嫡出子否認の裁判が確定し、母の前夫の嫡出推定が排除されたことを証するため、その裁判の謄本及び確定証明書を添付することになるので、出生届書の「その他」欄には、例えば「平成20年1月30日乙野一郎の嫡出子否認の裁判確定につき裁判の謄本及び確定証明書添付」と記載します。

〔参考文献〕「設題解説戸籍実務の処理Ⅲ」11頁・31頁、「初任者のための戸籍実務の手引き」（改訂新版第四訂）16頁以下

**Q133** 父母が離婚をし母が復氏した後，母は他男と夫の氏を称して婚姻をし，前婚の離婚後300日以内，後婚の成立から200日以内に出生した子について，その出生届をする前に子と前夫との間の親子関係不存在確認の裁判が確定し，その裁判の謄本を添付して，嫡出子出生の届出を後婚の夫がする場合，出生届書の「本籍」欄は，どのように記載するのですか。

**A** 父（後婚の夫）母の本籍及び筆頭者の氏名を記載します。なお，事例19を参照願います。

〔注〕本問のように出生の届出前に，子と母の前夫との間において親子関係不存在確認の裁判が確定した場合は，当該裁判の謄本及び確定証明書を添付して，母の後婚の夫である父から嫡出子出生の届出ができます（昭和40.9.22民事甲2834号回答）。この届出により子は直ちに父母の戸籍に入籍します。

　本問の出生子は，後婚の成立から200日以内に出生しているので，民法第772条の嫡出推定の規定に該当しませんが，その子が母の夫によって懐胎された子であれば，父の認知を得るまでもなく，生来の嫡出子とされています（昭和15.1.23大審院民事連合部判決・民集19巻1号54頁）。この嫡出子は「推定されない嫡出子」といわれるものですが，嫡出子であることに変わりがありませんから，父からの出生の届出が認められます（昭和15.4.8民事甲432号通牒）。

　したがって，後婚の夫を父として嫡出子出生の届出をするときは，嫡出子は父母の氏を称し（民790条1項），父母の戸籍に入籍する（戸18条1項）ので，出生届書の「本籍」欄には，父母の本籍及び筆頭者の氏名を記載します。

　この場合の出生の届出には，親子関係不存在確認の裁判が確定し，母の前夫の嫡出推定が排除されたことを証するため，その裁判の謄本及び確定証明書を添付することになるので，出生届書の「その他」欄には，例えば「平成20年2月20日甲野義太郎との親子関係不存在確認の裁判確定につき裁判の謄本及び確定証明書添付」と記載します。

〔参考文献〕「設題解説戸籍実務の処理Ⅲ」11頁・31頁,「初任者のための戸籍実務の手引き」(改訂新版第四訂)17頁,「新版実務戸籍法」85頁

**Q134** 父母が離婚をし母が復氏した後,母は他男と夫の氏を称して婚姻をし,前婚の離婚後300日以内,後婚の成立から200日以内に出生した子について,医師の作成した懐胎時期に関する証明書を添付して,後婚の夫が嫡出子出生の届出をする場合,出生届書の「本籍」欄は,どのように記載するのですか。

**A** 父(後婚の夫)母の本籍及び筆頭者の氏名を記載します。

母が離婚後300日以内に出生した子は,嫡出の推定を受けるが(民772条2項),出生の届出の際に,医師の作成した「懐胎時期に関する証明書」が添付され,同証明書によってその子が離婚後に懐胎したことが認められる場合は,嫡出の推定が及ばないものとされます(平成19.5.7民一1007号通達,同日民一1008号依命通知)。

その結果,その子は嫡出でない子になるが,本問の子は父母の婚姻後に出生しているので,その子が母の再婚した夫によって懐胎された子であれば,生来の嫡出子とされます(昭和15.1.23大審院民事連合部判決・民集19巻1号54頁)。したがって,後婚の嫡出子として出生の届出をする場合は,出生届書の「本籍」欄には,後婚の父母の本籍及び筆頭者の氏名を記載することになります。なお,事例20を参照願います。

〔注〕本問のように医師の作成した「懐胎時期に関する証明書」が添付された出生の届出がされた場合は,当分の間,市区町村長は,管轄法務局の長の指示を得て処理することとされています(前掲民一1007号通達,民一1008号依命通知参照)。

**Q135** 日本人と外国人夫婦間に長女が出生したが，出生届書の「本籍」欄は，どのように記載するのですか。

**A** 日本人の父（又は母）の本籍及び筆頭者の氏名を記載し，外国人の母（又は父）については，その者の国籍を記載します。なお，事例9を参照願います。

〔注〕出生届書には「父母の氏名及び本籍，父又は母が外国人であるときは，その氏名及び国籍」を記載することになっています（戸49条2項3号）。出生子が日本国籍を有する場合は，日本人の父（又は母）の戸籍に入籍することになるから，出生届書の「本籍」欄には，日本人の父（又は母）の本籍及び筆頭者の氏名を記載します。

また，外国人の国籍の記載は，出生届書の「本籍」欄の中にある「筆頭者の氏名」欄の余白に，例えば，「母の国籍　アメリカ合衆国」のように記載します。なお，出生届書の「本籍」欄には括弧書きで「（外国人のときは国籍だけを書いてください）」と示されています（届書類標準様式参照）。

〔参考文献〕「初任者のための戸籍実務の手引き」（改訂新版第四訂）20頁・26頁，「初任者のための渉外戸籍実務の手引き」（全訂）18頁・32頁

**Q136** 外国人夫婦間の子が日本で出生し，その出生の届出がされたが，この場合，「国籍」は出生届書のどの欄に，またどのように記載するのですか。

**A** 出生届書の「本籍」欄に，外国人夫婦のそれぞれの国籍を記載します。なお，事例14を参照願います。

〔注〕戸籍法は，日本国内に居住している外国人にも適用されるから（属地的効力），日本に居住する外国人夫婦間の子が日本で出生した

ときは，出生の届出をする義務があります（戸49条）。

　出生届書には「父又は母が外国人であるときは，その氏名及び国籍」を記載することとされています（戸49条2項3号）が，その国籍を届書のいずれの欄に記載するかについては，出生届書の「本籍」欄には括弧書きで「（外国人のときは国籍だけを書いてください）」と示されています（届書類標準様式参照）。

　したがって，国籍の記載は，出生届書の「本籍」欄を利用して記載することになるが，記載する場合は，例えば「父の国籍　アメリカ合衆国」，「母の国籍　フィリピン共和国」のように記載します。この場合，国籍は正式名称で記載するのが原則ですが，略称で記載して差し支えないとされています（昭和49.2.9民二988号回答，平成2.12.3民二5452号通知）。

　略称で記載する場合は，例えば「ベトナム社会主義共和国」は「ベトナム」と記載します。

　なお，中国本土人及び台湾人は区別することなく，すべて「中国」と記載します（昭和39.6.19民事甲2097号通達）。また，朝鮮人の国籍については，届書に「韓国」又は「大韓民国」と記載されている場合でも受理します。その届書に韓国官憲発行の旅券又は国籍証明書のほか，日韓協定に基づく永住許可書の写し，永住許可に関する記載のある外国人登録証明書の写しが添付されている場合は，その者の国籍を日本人の戸籍に記載するときは，「韓国」と記載し，それらの書類が添付されていないときは，従来どおり「朝鮮」と記載することとされています（昭和41.9.30民事甲2594号通達，昭和42.6.1民事甲1800号通達）。

　　〔**参考文献**〕「Q&A渉外戸籍と国際私法」67頁，「はじめての渉外戸籍」29頁，「設題解説渉外戸籍実務の処理Ⅰ」181頁以下，「全訂初任者のための渉外戸籍実務の手引き」18頁・32頁

**Q137** 嫡出子出生の届出において，父母の本籍欄を「無国籍」と記載した届書は，受付けられますか。

**A** 届出を受付けした後，市区町村長は，管轄法務局の長の指示を求め，その指示を得て受理するか否を決定することになります（昭和57.7.6民二4265号通達）。

前記の指示を得て受理と決定した場合は，子について単独の戸籍を編製することになるが，出生の届出人があらかじめ出生届書の「その他」欄に子の称すべき氏及び本籍を記載しているときは，その記載に基づいて戸籍を編製します。もし届書にその記載がないときは，届書の補正を要することになります（昭和28.3.3民事甲284号回答，昭和29.3.13民事甲534号回答）。なお，Q161を参照願います。

〔注〕無国籍者とは，どこの国の国籍法規に照らしても，国籍を持たない者をいいます。父母双方とも無国籍者で，同夫婦の嫡出子が日本国内で出生した場合，その子は出生によって日本国籍を取得することになります（国2条3号）。

ところが，無国籍者と称する者の中には，本来ある国の国籍を有しながら，外国人登録上その国籍を有することを証明できないため，無国籍者として登録されているに過ぎないものがあります。このような場合に，父又は母の国籍を外国人登録上の無国籍の表示にしたがって無国籍と認定して，子の出生届を受理するときは，出生によって日本国籍を取得できない者について，誤って日本国民として処理することになります。現にそのような事例も生じているとされています（前掲民二4265号通達参照）。

そこで，このような事例が生じないように，本問のような出生の届出がされたときは，届出を受付した市区町村長は，管轄法務局の長に指示を求めることとされ，その指示によって当該届出を受理するか否かを決定することになります。指示を求められた管轄法務局の長は，父母が無国籍者であるか否かを調査することになっています。この取扱いは，本籍不明者を母として出生した嫡出でない子の出生の届出の場合も同様とされています（前掲民二4265号通達）。

〔参考文献〕「初任者のための戸籍実務の手引き」（改訂新版第四訂）18頁，「新版実務戸籍法」99頁

## (2) 嫡出でない子の入籍戸籍

**Q138** 父母の戸籍に在籍する女が，嫡出でない子を出生し，その出生の届出を子の母がする場合，出生届書の「本籍」欄は，どのように記載するのですか。

**A** 母が在籍している戸籍の本籍及び筆頭者の氏名を記載します。

本問の場合は，母について新戸籍を編製することになるので（戸17条），出生届書の「その他」欄には，新戸籍を編製する旨及び新本籍の場所を記載します。

例えば「母につき新戸籍を編製　新本籍　東京都千代田区平河町1丁目4番地」と記載します。なお，事例24を参照願います。

〔注〕嫡出でない子は，母の氏を称し（民790条2項），母の戸籍に入籍するのが原則です（戸18条2項）。したがって，本問のように父母の戸籍に在籍する女が，嫡出でない子を出生した場合は，その原則によれば，出生子は母の戸籍に入籍することになります。しかし，子を母の戸籍に入籍させると，その戸籍は，出生子とその母，そして母の父母（子の祖父母）が在籍する戸籍になり，いわゆる三代戸籍になってしまいます。

このような場合は，嫡出でない子を出生した女について新戸籍を編製し（三代戸籍禁止－戸17条），その新戸籍に出生子を入籍させることになります。

戸籍の編製単位は，「一の夫婦及びこれと氏を同じくする子ごとに編製し，外国人と婚姻した者又は配偶者がない者について新たに戸籍を編製するときは，その者及びこれと氏を同じくする子ごとに編製する。」（戸6条）とされています。

また，三代戸籍にならないように「戸籍の筆頭に記載した者及びその配偶者以外の者がこれと同一の氏を称する子又は養子を有するに至ったときは，その者について新戸籍を編製する。」（戸17条）と定めています。

なお，母が新戸籍を編製する場所である「新本籍」については，出生届書の「その他」欄に記載することになるが，出生届の届出人が母である場合は，日本国の領土内で，不動産登記簿上の地番を有

する地であれば，いずれの地に定めてもよいとされています。官有地等で地番号の定めのない土地に本籍を定める場合は，「無番地」とするが，市区町村が便宜付している番号も認められています（大正5．3．24民11号回答，大正8．10．1民事4253号回答，昭和42．9．26民事甲2650号回答）。ただし，干拓地等でいまだいずれの市区町村の区域に属するか，その行政区画が定められていない場所に定めることはできないとされています（昭和25.12.27民事甲3352号回答）。もちろん従前の本籍と同じ場所でもよいことになります。

　これに対し，出生届の届出人が母以外の場合は，届出人が，母の意思を考慮せずに適当な地に新本籍を定めることはできないので，従前の本籍と同じ場所に定めたものとみなされます（戸30条3項）。この場合，市区町村長は，戸籍法第30条第3項の規定に基づき，職権で従前の本籍と同じ場所に新戸籍を編製することになるから，届出人が出生届書の「その他」欄にその旨の記載をする必要はありません。

　〔**参考文献**〕「設題解説戸籍実務の処理Ⅰ」327頁以下，「設題解説戸籍実務の処理Ⅱ」256頁以下，「初任者のための戸籍実務の手引き」（改訂新版第四訂）20頁，「新版実務戸籍法」53頁

## 139

養父母の戸籍に在籍する養女が，嫡出でない子を出生し，その出生の届出を子の母がする場合，出生届書の「本籍」欄は，どのように記載するのですか。

**A**　母が在籍している戸籍（養父母の戸籍）の本籍及び筆頭者の氏名を記載します。

　本問の場合も，Q138と同様の取扱いをします。すなわち，養子は，縁組の日から，養親の嫡出子の身分を取得する（民809条）ので，養父母と養子の関係は，実父母と実子の関係と同様になるからです。

## Q140

父母の戸籍に在籍する女が，嫡出でない子を出生し，その出生の届出を子の母の同居者である親（子の祖父又は祖母）がする場合，出生届書の「本籍」欄は，どのように記載するのですか。

**A** 子の母が在籍する現在の本籍及び筆頭者の氏名を記載します。

〔注〕本問は，出生の届出により母について新戸籍を編製する事案ですが（戸17条），母が病気等の理由で届出人になっていない場合は，新戸籍は従前の本籍と同じ場所に定めたものとみなされます（戸30条3項）。その新本籍の場所は，出生届書の(6)の「本籍」欄の記載によって分かるので，出生届書の「その他」欄に新本籍の場所について記載する必要はありません。

また，本問の場合は，出生届書の「その他」欄に届出義務者である母が届出できないため，次順位の同居者が届出をする旨の記載をすることになるので（大正4.2.19民220号回答），母の新戸籍は従前の本籍と同じ場所に定める事案であることが分かります（戸30条3項）。

〔参考文献〕「設題解説戸籍実務の処理Ⅱ」256頁以下，「初任者のための戸籍実務の手引き」（改訂新版第四訂）20頁


## Q141

戸籍の筆頭者である単身者の女が，嫡出でない子を出生し，その出生の届出を母がする場合，出生届書の「本籍」欄は，どのように記載するのですか。

**A** 母の本籍と筆頭者の氏名を記載します。なお，事例25を参照願います。

〔注〕嫡出でない子は，母の氏を称し（民790条2項），母の戸籍に入籍するから（戸18条2項），本問の出生子は，母が筆頭者になっている戸籍に入籍します。本問の場合は，母以外の者が届出人になる場合でも，Q140のように母について新戸籍を編製する事案ではないので，

本籍欄の記載は同じです。

〔参考文献〕「改訂戸籍届書の審査と受理」185頁以下、「設題解説戸籍実務の処理Ⅲ」186頁、「新版実務戸籍法」101頁

**Q142** 父母の戸籍に在籍する女が、嫡出でない子を出生し、その出生の届出をする前に、子の母が他男と夫の氏を称する婚姻をしている場合、母が出生の届出をするとき、出生届書の「本籍」欄は、どのように記載するのですか。

**A** 子の出生当時に母が在籍していた本籍及び筆頭者の氏名を記載します。なお、事例33を参照願います。

〔注〕嫡出でない子は、母の氏を称し（民790条2項）、母の戸籍に入籍するのが原則です（戸18条2項）。本問の場合は、子の出生当時、母は父母の戸籍に在籍していたが、出生の届出の時点では他男と夫の氏を称して婚姻しているため、在籍していた戸籍から除籍されています。

このような場合は、出生子を出生当時の母が在籍していた戸籍の末尾にいったん入籍させ、直ちに除籍し、従前の本籍と同一場所を本籍と定めたものとして（戸30条3項）、子について単独の新戸籍を編製する取扱いをします（昭和33.1.25民事二発27号回答）。これは、母と子の関係を戸籍上でつながりをつけておくためです。

なお、出生届書の「その他」欄には、次のように記載します。
　　母平成〇年〇月〇日婚姻届出
　　子の出生当時の母の戸籍（(6)欄）は、母が婚姻により除籍されているため、出生子を母が在籍していた戸籍にいったん入籍させた後、同時に同所同番地に子の新戸籍を編製する。
　　母が在籍していた戸籍の末尾にいったん入籍させ、同時に子について単独戸籍を編製する場合については、Q144を参照願います。

〔参考文献〕「新版実務戸籍法」101頁

**Q143** 父母の戸籍に在籍する女が、嫡出でない子を出生し、その出生届をする前に、養子縁組により養親の戸籍に入籍している場合、出生届書の「本籍」欄は、どのように記載するのですか。

**A** 子の出生当時に母が在籍していた本籍及び筆頭者の氏名を記載します。

〔注〕本問の場合も、Q142と同様です。Q142は子の母が夫の氏を称して婚姻した場合ですが、本問の場合は、子の母が養子縁組により養親の戸籍に入籍している事例です。この場合も、Q142と同様に取扱うことになります（昭和33.1.25民事二発27号回答）。

なお、出生届書の「その他」欄には、次のように記載します。

　　母平成○年○月○日養子縁組届出

　　子の出生当時の母の戸籍（(6)欄）は、母が出生届をする前に養子縁組により除籍されているため、出生子を母が在籍していた戸籍の末尾にいったん入籍させた後、同時に同所同番地に子の新戸籍を編製する。

母が在籍していた戸籍の末尾にいったん入籍させ、同時に子について単独戸籍を編製する場合については、Q144及び事例33を参照願います。

〔**参考文献**〕「新版実務戸籍法」101頁


**Q144** Q142及びQ143において、出生子を母が在籍していた戸籍の末尾にいったん入籍させ、同時に子について単独戸籍を編製するとされているが、具体的にはどのように新戸籍を編製するのですか。

**A** 新戸籍を編製する場合の具体的な例として、事例33に掲げましたので参照願います。

**Q145** 戸籍の筆頭者である単身者の女が，嫡出でない子を出生し，その出生届をする前に，子の母が他男と夫の氏を称する婚姻をしている場合，母が出生の届出をするとき，出生届書の「本籍」欄は，どのように記載するのですか。

**A** 子の出生当時の母の本籍及び筆頭者の氏名を記載します。なお，事例34を参照願います。

〔注〕嫡出でない子は，母の氏を称し（民790条2項），母の戸籍に入籍するから（戸18条2項），本問の出生子は，母が筆頭者になっている戸籍に入籍することになるが，出生の届出の時点では，母は他男と夫の氏を称して婚姻しているため，母を筆頭者とする戸籍は除かれて除籍になっています。

この場合は，子の出生当時の入籍すべき母の戸籍はあったので，その戸籍を回復して出生子を入籍させることになります。

〔参考文献〕「改訂戸籍届書の審査と受理」185頁以下，「設題解説戸籍実務の処理Ⅲ」186頁，「新版実務戸籍法」101頁

**Q146** Q145において，母が在籍していた戸籍を回復して，その戸籍に子を入籍させるとしているが，具体的にはどのように回復するのですか。

**A** 回復する場合の具体的な例として，事例34に掲げましたので参照願います。

**Q147** 父母の戸籍に在籍する女が、養子縁組により養親の戸籍に入籍した後、縁組前に懐胎した子を出生し、嫡出でない子として出生の届出を母がする場合、出生届書の「本籍」欄は、どのように記載するのですか。

**A** 　出生子の母が在籍する戸籍（養親の戸籍）の本籍及び筆頭者の氏名を記載します。
　この場合、出生子の母について新戸籍を編製し（戸17条）、その戸籍に出生子は入籍します。母について新戸籍を編製する旨と新本籍の場所は、出生届書の「その他」欄に記載します（戸30条1項）。
　例えば「母につき新戸籍を編製　　新本籍　東京都新宿区西新宿9丁目10番地」と記載します。

　　〔注〕実父母の戸籍に在籍する女が嫡出でない子を出生した場合（Q138）も、養父母の戸籍に在籍する養女が嫡出でない子を出生した場合（Q139）も、また、縁組前に懐胎し、縁組後に出生した場合（本問）も出生の届出についての取扱いは同じです。すなわち、出生子の母について新戸籍が編製され（戸17条）、その戸籍に子が入籍します。
　　〔参考文献〕「初任者のための戸籍実務の手引き（改訂新版第四訂）」20頁・24頁、「新版実務戸籍法」101頁

**Q148** 夫婦間に2男が生まれたが、その出生届をする前に夫から嫡出否認の訴えがされ、その裁判が確定したため、裁判の謄本及び確定証明書を添付して、嫡出でない子の出生の届出を母がする場合、出生届書の「本籍」欄は、どのように記載するのですか。

**A** 　母の本籍（夫婦の本籍でもある）及び筆頭者の氏名を記載します。
　出生子は、母の戸籍（夫婦の戸籍でもある）に母の嫡出でない子として入籍します。なお、事例28を参照願います。

〔注〕推定される嫡出子（民772条）が，母の夫によって懐胎されたものでない場合には，夫は子の出生を知ったときから1年以内に嫡出否認の訴えを提起して，父子関係を否認することができます（民774条〜778条，人訴2条・41条，家審17条・18条）。この裁判が確定すると，出生子は，嫡出でない子になります。

　本問のように嫡出子否認の裁判が確定した後に出生の届出をする場合は，その裁判の謄本及び確定証明書を添付し，嫡出でない子として届出をすることになるので，出生届書の「父母の氏名」欄には，母欄に母の氏名のみ記載することになります。

　この場合，嫡出でない子は母の氏を称し（民790条2項），母の戸籍に入籍するので（戸18条2項），出生子は，出生当時の母の戸籍に入籍します。本問の母は婚姻中ですから，その婚姻中の戸籍の本籍及び筆頭者の氏名を「本籍」欄に記載します。

　なお，出生の届出は子の出生の日から14日以内に届出することになっているが（戸49条1項），その届出期間内に嫡出子否認の裁判を確定させることはできないものと考えられます。したがって，出生届は届出期間を経過することになり，過料に処される場合があります（戸120条）。

　また，既に出生の届出がされ，戸籍に嫡出子と記載がされた後に，嫡出否認の訴えによる裁判が確定した場合は，訴えを提起した夫からの戸籍訂正申請により嫡出でない子に訂正されます（戸116条）。

〔参考文献〕「改訂戸籍届書の審査と受理」172頁以下，「設題解説戸籍実務の処理Ⅲ」18頁以下，「初任者のための戸籍実務の手引き」（改訂新版第四訂）16頁以下

**Q149** Q148の出生の届出がされた場合，子の戸籍はどのようになりますか。

**A**　出生子は，母の嫡出でない子として出生当時の母の戸籍（夫婦の戸籍でもある）に入籍します。

　この場合，子の戸籍の出生事項には，嫡出子否認の裁判が確定した

旨の記載がされます。なお，事例28を参照願います。

〔注〕出生子の入籍戸籍及び戸籍の記載
　　本問の場合，母は婚姻中ですから，出生子は，母の婚姻中の戸籍に嫡出でない子として入籍することになります。
　　また，出生事項の記載は，子の嫡出性が裁判によって排除された正しい出生届に基づく戸籍の記載であることを，戸籍の記載上から判断できるようにするため，出生事項に括弧書きで（コンピュータ戸籍では特記事項）嫡出子否認の裁判が確定した旨を記載することになります（昭和48.10.17民二7884号回答参照）。
　　この括弧書き（コンピュータ戸籍では特記事項）は，その後に婚姻，縁組，転籍等で新戸籍又は入籍戸籍に移記する場合は，括弧書きの箇所は除いて移記する取扱いです（前掲民二7884号回答参照）。
　　本問の場合，出生事項の記載は次のようになります。
　　　紙戸籍の場合
　　「平成弐拾年九月弐日東京都新宿区で出生同年拾壱月拾五日母届出（平成弐拾年拾壱月弐拾日甲野義太郎の嫡出子否認の裁判確定）同月弐拾八日同区長から送付入籍㊞」
　　　コンピュータシステムによる証明書の場合
　　出　　生　　　【出生日】平成２０年９月２日
　　　　　　　　　【出生地】東京都新宿区
　　　　　　　　　【届出日】平成２０年１１月２５日
　　　　　　　　　【届出人】母
　　　　　　　　　【送付を受けた日】平成２０年１１月２８日
　　　　　　　　　【受理者】東京都新宿区長
　　　　　　　　　【特記事項】平成２０年１１月２０日甲野義太
　　　　　　　　　　郎の嫡出子否認の裁判確定
〔参考文献〕「設題解説戸籍実務の処理Ⅲ」18頁以下，「注解コンピュータ記載例対照戸籍記載例集」22頁

## Q150

父母が離婚をし母が復氏した（父母の戸籍に復籍）後，離婚後300日以内に出生した子について，出生の届出をする前に嫡出子否認の裁判が確定し，その裁判の謄本を添付して，嫡出でない子の出生の届出を母がする場合，出生届書の「本籍」欄は，どのように記載するのですか。

**A** 　母の現在の本籍及び筆頭者の氏名を記載します。

　この場合は，母について新戸籍を編製し，その戸籍に出生子を入籍させることになるので，母が新戸籍を編製する旨と新本籍を出生届書の「その他」欄に記載します。

　また，本問の場合は嫡出子否認の裁判が確定しているので，その旨の記載もします。なお，事例30を参照願います。

　　〔注〕父母離婚後300日以内に出生した子は，嫡出子の推定を受けるが（民772条），出生前に父母が離婚しているので，子は父母離婚の際における氏を称し（民790条1項ただし書），離婚当時の戸籍に入籍します（戸18条1項）。

　　　本問の場合は，出生の届出前に嫡出子否認の裁判が確定しているので，嫡出でない子となるから，出生届は嫡出でない子として届出します（昭和48.10.17民二7884号回答）。

　　　嫡出でない子は出生当時の母の氏を称し（民790条2項），母の戸籍に入籍するので（戸18条2項），本籍欄には，出生当時の母の本籍及び筆頭者の氏名を記載します。

　　　ところが本問の場合は，子の母は父母の戸籍に在籍しているので，出生子を母の戸籍に入籍させると三代戸籍になるため，戸籍法第17条の規定に基づき母につき新戸籍を編製し，その新戸籍に子を入籍させることになります。

　　　新戸籍を編製する旨の記載及び新本籍の場所は，出生届書の「その他」欄に下記の例のように記載します。この場合において，母が，子の出生届の届出人になっているときは，新戸籍の本籍の場所を自由に定めることができます。これに対し，出生届の届出人が母以外の者であるときは，それらの者は子の母の本籍を自由に定めることができないので，その場合は，母の従前の本籍と同一場所に定めたものとみなされます（戸30条3項）。したがって，その場合は「そ

他」欄に母が新戸籍を編製する旨の記載は要しないことになります。なお，本問は，出生の届出前に嫡出子否認の裁判が確定しているので，その旨の記載もします。

出生届書の「その他」欄の記載は，
「母につき新戸籍を編製　　新本籍　東京都千代田区平河町1丁目4番地」
「平成20年1月30日乙野一郎の嫡出子否認の裁判確定につき裁判の謄本及び確定証明書添付」
のように記載します。

〔**参考文献**〕「設題解説戸籍実務の処理Ⅲ」18頁以下，「初任者のための戸籍実務の手引き」（改訂新版第四訂）17頁，「新版実務戸籍法」100頁，補訂「補訂注解戸籍届書「その他」欄の記載」90頁

**Q151**　父母が離婚をし母が復氏した（新戸籍を編製）後，離婚後300日以内に出生した子について，出生の届出をする前に嫡出子否認の裁判が確定し，その裁判の謄本を添付して，嫡出でない子の出生の届出を母がする場合，出生届書の「本籍」欄は，どのように記載するのですか。

**A**　母の現在の本籍及び筆頭者の氏名を記載します。

〔注〕出生子の母は戸籍の筆頭者ですから，子は出生の届出に基づいて直ちに母の戸籍に入籍します（戸18条2項）。母について新戸籍を編製する事例のQ150と相違するのは，その点だけですので，出生届書の「その他」欄には，嫡出子否認の裁判が確定している旨を次のように記載します。

「平成20年1月30日乙野一郎の嫡出子否認の裁判確定につき裁判の謄本及び確定証明書添付」

〔**参考文献**〕「初任者のための戸籍実務の手引き」（改訂新版第四訂）16頁以下

**Q152** 夫婦間に2女が生まれたが，その出生の届出をする前に子と父との間の親子関係不存在確認の裁判が確定し，その裁判の謄本を添付して，嫡出でない子の出生の届出を母がする場合，出生届書の「本籍」欄は，どのように記載するのですか。

**A** 母の本籍（夫婦の本籍でもある）及び筆頭者の氏名を記載します。

出生子は，母の戸籍（夫婦の戸籍でもある）に母の嫡出でない子として入籍します。なお，事例29を参照願います。

〔注〕嫡出の推定に関する民法第772条の規定は，夫婦が正常な婚姻関係にある場合における子の懐胎の蓋然性を基に設けられた規定であることから，妻の出生した子が夫の子であり得ないことが，外観上明らかな場合には，この規定は実質的に適用されないとされています。この外観上明らかな場合として，例えば，夫が海外滞在で長期間不在の場合又は行方不明，若しくは事実上の離別等長期にわたって別居生活中に，妻が子を出産した場合等は，これに当たるとしています（昭和44.5.29最高裁判決・民集23巻6号1064頁）。

このような場合の父子関係については，確認の利益を持つ者は誰でも，また，子の出生から何年経過後であっても，親子関係不存在確認の訴えを提起して，これを争うことができるとされています（昭和15.9.20大審院判決・民集19巻18号1596頁）。

この裁判が確定すると，出生子は，嫡出でない子になります。本問のように出生の届出前に親子関係不存在確認の裁判が確定した場合は，その裁判の謄本及び確定証明書を添付し，嫡出でない子として出生の届出をすることになります（昭和40.9.22民事甲2834号回答，昭和46.2.17民事甲567号回答）。この場合の出生子の氏及び入籍戸籍は，嫡出でない子は，母の氏を称し（民790条2項），母の戸籍に入籍するとされている（戸18条2項）ので，出生届書の「本籍」欄には，出生当時の母の本籍及び筆頭者の氏名を記載します。本問では子の出生当時の母は婚姻中であり，その婚姻中の戸籍が母の戸籍ですから，子はその戸籍に入籍します。

なお，出生の届出は子の出生の日から14日以内に届出することになっているが（戸49条1項），その届出期間内に親子関係不存在確

の裁判を確定させることはできないものと考えられます。したがって，出生届は届出期間を経過することになるので，過料に処される場合があります（戸120条）。

〔参考文献〕「初任者のための戸籍実務の手引き」（改訂新版第四訂）17頁

## Q153
Q152の届出がされた場合，子の戸籍はどのようになりますか。

**A** 出生子は，母の嫡出でない子として出生当時の母の戸籍（夫婦の戸籍でもある）に入籍しますが，子の出生事項には，親子関係不存在確認の裁判が確定した旨の記載がされます。なお，事例29を参照願います。

〔注〕本問の場合，母は婚姻中ですから，出生子は，母の婚姻中の戸籍に嫡出でない子として入籍することになります。

出生事項の記載は，子の嫡出性が裁判によって排除された正しい出生届に基づく戸籍の記載であることを，戸籍の記載上から判断できるようにするため，出生事項に括弧書きで（コンピュータ戸籍では特記事項）親子関係不存在確認の裁判が確定した旨を記載することになります（昭和46.2.17民事甲567号回答，昭和48.10.17民二7884号回答）。

この括弧書き（コンピュータ戸籍では特記事項）は，その後に婚姻，縁組，転籍等で新戸籍又は入籍戸籍に移記する場合は，括弧書きの箇所は除いて移記する取扱いです（前掲民事甲567号回答，民二7884号回答）。

本問の場合，出生事項の記載は次のようになります。

**紙戸籍の場合**

「平成弐拾年九月弐日東京都新宿区で出生同年拾壱月弐拾五日母届出（平成弐拾年拾壱月弐拾日甲野義太郎との親子関係不存在確認の裁判確定）同月弐拾八日同区長から送付入籍㊞」

コンピュータシステムによる証明書の場合
出　　生　　【出生日】平成20年9月2日
　　　　　　【出生地】東京都新宿区
　　　　　　【届出日】平成20年11月25日
　　　　　　【届出人】母
　　　　　　【送付を受けた日】平成20年11月28日
　　　　　　【受理者】東京都新宿区長
　　　　　　【特記事項】平成20年11月20日甲野義太郎との親子関係不存在確認の裁判確定

〔参考文献〕「設題解説戸籍実務の処理Ⅲ」199頁,「補訂注解戸籍届書「その他」欄の記載」90頁,「注解コンピュータ記載例対照戸籍記載例集」23頁

**Q154** 父母婚姻中の出生子について,出生届未済のまま父母が離婚をし母が父母の戸籍に復籍した後,子と父の親子関係不存在確認の裁判の謄本及び子の氏を母の氏に変更する許可審判の謄本を添付して,嫡出でない子の出生の届出を母がする場合,出生届書の「本籍」欄は,どのように記載するのですか。

**A**　出生当時の母の本籍及び筆頭者の氏名を記載します。
　本問は,母が父母の戸籍に復籍している場合ですから,出生届書の「その他」欄に,母につき新戸籍を編製する旨と新本籍を記載します（戸17条）。また,親子関係不存在確認の裁判の謄本とその確定証明書及び子の氏変更許可審判の謄本添付と記載し,子は「母の氏を称して入籍する。」旨の記載もします。
　この届出により,子は直ちに離婚後の母の戸籍（母につき編製される新戸籍－戸17条）に嫡出でない子として入籍することになります（昭和46.2.17民事甲567号回答）。なお,事例35を参照願います。

　〔注〕　嫡出の推定に関する民法第772条の規定は,夫婦が正常な婚姻関係にある場合における子の懐胎の蓋然性を基に設けられた規定である

ことから，妻の出生した子が夫の子であり得ないことが，外観上明らかな場合には，この規定は実質的に適用されないとされています。

このような場合の父子関係については，確認の利益を持つ者は誰でも，また，子の出生から何年経過後であっても，親子関係不存在確認の訴えを提起して，これを争うことができるとされています（昭和15.9.20大審院判決・民集19巻18号1596頁）。

本問の場合は，親子関係不存在確認の裁判が確定し，さらに子の氏を離婚後の母の氏に変更する旨の許可審判がされた後，母が嫡出でない子として出生の届出をするものですが，子の称する氏及び入籍する戸籍は，出生当時が基準になる（民790条，戸18条）ので，子は父母離婚当時の戸籍に母の嫡出でない子としていったん入籍し，その後に母の氏を称する入籍届によって，離婚後の母の戸籍に入籍するのが原則的な取扱いです。

しかし，この原則的な取扱いによると，子は，母の離婚前の戸籍（母の前夫の戸籍）に嫡出でない子として入籍することになり，また，母の前夫にとっても離婚した妻の嫡出でない子が同籍することになり，出生の届出の当初から実体に合致した戸籍の記載を望む関係者の感情に反することになります。

そこで，出生の届出の際に，出生届書の「その他」欄に前記のような記載がされ，裁判の謄本等が添付されている場合は，子は直ちに離婚後の母の戸籍に嫡出でない子として入籍させることができるとされています（前掲民事甲567号回答）。

〔**参考文献**〕「改訂戸籍届書の審査と受理」178頁以下，「設題解説戸籍実務の処理Ⅷ」35頁以下

**Q155** Q154の出生の届出がされた場合，子の戸籍はどのようになりますか。

**A** 出生子は，母の嫡出でない子として離婚後の母の戸籍に入籍します。母が戸籍の筆頭者でない場合は，母につき新戸籍を編製し（戸17条），子はその戸籍に入籍します。

なお，子の戸籍の出生事項には，親子関係不存在確認の裁判が確定した旨及び母の氏を称する入籍の旨の記載がされます（昭和46.2.17民事甲567号回答）。なお，事例35を参照願います。

〔注〕本問の場合，前記のとおり母の離婚後の戸籍（戸籍法17条により母につき新しく編製される戸籍）に直接入籍することになります。
　　　　出生事項の記載は，子の嫡出性が裁判によって排除された正しい出生届に基づく戸籍の記載であること，及び母の氏を称する許可の審判があった旨を，戸籍の記載上から判断できるようにするため，出生事項に括弧書きで（コンピュータ戸籍では特記事項）記載することになります（昭和46.2.17民事甲567号回答）。
　　　　この括弧書き（コンピュータ戸籍では特記事項）は，その後に婚姻，縁組，転籍等で新戸籍又は入籍戸籍に移記する場合は，括弧書きの箇所は除いて移記する取扱いです（昭和48.10.17民二7884号回答）。
　　　　本問の場合，出生事項の記載は次のようになります。
　　**紙戸籍の場合**
　　　「平成弐拾年九月弐日東京都新宿区で出生同年拾壱月弐拾五日母届出（平成弐拾年拾壱月弐拾日甲野義太郎との親子関係不存在確認の裁判確定同月弐拾五日母の氏を称する入籍届出）同月弐拾八日同区長から送付入籍㊞」
　　**コンピュータシステムによる証明書の場合**
　　　出　　生　　【出生日】平成２０年９月２日
　　　　　　　　　【出生地】東京都新宿区
　　　　　　　　　【届出日】平成２０年１１月２５日
　　　　　　　　　【届出人】母
　　　　　　　　　【送付を受けた日】平成２０年１１月２８日
　　　　　　　　　【受理者】東京都新宿区長
　　　　　　　　　【特記事項】平成２０年１１月２０日甲野義太郎との親子関係不存在確認の裁判確定，平成２０年
　　　　　　　　　　　　　　　１１月２５日母の氏を称する入籍届出

〔**参考文献**〕「改訂戸籍届書の審査と受理」178頁，「設題解説戸籍実務の処理Ⅷ」35頁，「注解コンピュータ記載例対照戸籍記載例集」24頁

## 156

父母の離婚後300日以内に出生した子について，復氏した母（父母の戸籍に復籍）が，子と父との間の親子関係不存在確認の裁判の謄本を添付して，嫡出でない子として出生の届出をする場合，出生届書の「本籍」欄は，どのように記載するのですか。

**A** 母の現在の本籍及び筆頭者の氏名を記載します。

本問の場合は，母について新戸籍を編製し，その戸籍に出生子を入籍させることになるので，母が新戸籍を編製する旨と新本籍を出生届書の「その他」欄に記載します。

また，本問の場合は親子関係不存在確認の裁判が確定しているので，その旨の記載もします。

〔注〕父母離婚後300日以内に出生した子は，嫡出子の推定を受ける（民772条）が，本問の子は，出生の届出前に親子関係不存在確認の裁判が確定しているので，嫡出子の推定が排除されるから，嫡出でない子として出生届をすることになります（昭和40.9.22民事甲2834号回答，昭和46.2.17民事甲567号回答）。嫡出でない子は出生当時の母の氏を称し（民790条2項），母の戸籍に入籍するので（戸18条2項），本籍欄には出生当時の母の本籍及び筆頭者の氏名を記載しますが，子の母は父母の戸籍に在籍しているので，戸籍法第17条の規定に基づき母につき新戸籍を編製することになります。

新戸籍を編製する旨の記載及び新本籍の場所は，出生届書の「その他」欄に次のように記載するが，出生の届出前に，親子関係不存在確認の裁判が確定しているので，その旨の記載もします。

「母につき新戸籍を編製　　新本籍　東京都千代田区平河町1丁目4番地」

「平成20年1月30日乙野一郎との親子関係不存在確認の裁判確定につき，裁判の謄本及び確定証明書添付」

〔**参考文献**〕「設題解説戸籍実務の処理Ⅲ」199頁，「初任者のための戸籍実務の手引き」（改訂新版第四訂）17頁，「補訂注解戸籍届書「その他」欄の記載」90頁

**Q157** 父母の離婚後300日以内に出生した子について，復氏した母（新戸籍を編製）が，子と父との間の親子関係不存在確認の裁判の謄本を添付して，嫡出でない子として出生の届出をする場合，出生届書の「本籍」欄は，どのように記載するのですか。

**A** 母の現在の本籍及び筆頭者の氏名を記載します。なお，事例31を参照願います。

〔注〕出生子の母は戸籍の筆頭者ですから，子は出生の届出に基づいて直ちに母の戸籍に入籍します（戸18条2項）。母について新戸籍を編製する事例のQ156と相違するのは，その点だけですので，出生届書の「その他」欄には，親子関係不存在確認の裁判が確定している旨を次のように記載します。

「平成20年1月30日乙野一郎との親子関係不存在確認の裁判確定につき裁判の謄本及び確定証明書添付」

〔参考文献〕「設題解説戸籍実務の処理Ⅲ」199頁，「初任者のための戸籍実務の手引き」（改訂新版第四訂）17頁，「補訂注解戸籍届書「その他」欄の記載」90頁

**Q158** 父母の離婚後300日以内に出生した子について，復氏した母（父母の戸籍に復籍）が，医師の作成した懐胎時期に関する証明書を添付して，嫡出でない子として出生の届出をする場合，出生届書の「本籍」欄は，どのように記載するのですか。

**A** 母の現在の本籍及び筆頭者の氏名を記載します。

本問の場合は，母につき新戸籍を編製することになる（戸17条）ので，出生届書の「その他」欄には，母につき新戸籍を編製する旨及び新本籍の場所を，次のように記載します。また，医師の作成した「懐胎時期に関する証明書」を添付した旨の記載もします。

「母につき新戸籍編製　　新本籍　東京都千代田区平河町二丁目10番地」

「医師の作成した「懐胎時期に関する証明書」を添付」

〔注〕　1　母が離婚後300日以内に出生した子は，嫡出の推定を受けるが（民772条2項），出生の届出の際に医師の作成した「懐胎時期に関する証明書」が添付され，同証明書によってその子が離婚後に懐胎したことが認められる場合は，嫡出の推定が及ばないものとされます（平成19.5.7民一1007号通達，同日民一1008号依命知）。

その結果，その子は嫡出でない子となり，母の氏を称し（民790条2項），母の戸籍に入籍するので（戸18条2項），出生届書の「その他」欄に母の新本籍の場所を記載することになります。

2　本問のように医師の作成した「懐胎時期に関する証明書」が添付された出生の届出がされた場合は，当分の間，市区町村長は管轄法務局の長の指示を得て処理することとされています（前掲民一1007号通達，民一1008号依命通知参照）。

〔参考文献〕「戸籍」801号31頁以下

**Q159**　父母の離婚後300日以内に出生した子について，復氏した母（新戸籍を編製）が，医師の作成した懐胎時期に関する証明書を添付して，嫡出でない子として出生の届出をする場合，出生届書の「本籍」欄は，どのように記載するのですか。

**A**　母の本籍及び筆頭者の氏名を記載します。

本問の場合も，Q158と同様に処理されます。ただし，本問は母を筆頭者とする戸籍が編製されているので，Q158のように母につき新戸籍を編製することはありません。したがって，出生届書の「その他」欄に母の本籍等を記載する必要はありませんが，医師の作成した「懐胎時期に関する証明書」を添付した旨の記載をします。なお，事例32を参照願います。

〔参考文献〕「戸籍」801号31頁以下

## 160

夫の氏を称して婚姻をした夫婦の婚姻後200日以内に出生した子の出生届を，嫡出でない子として母が届出をする場合，出生届書の「本籍」欄は，どのように記載するのですか。

**A**　母の本籍（夫婦の本籍でもある）を記載し，戸籍の筆頭者の氏名を記載します。

　この場合，子は母の戸籍（夫婦の戸籍でもある）に入籍することになるが，これは，嫡出でない子は母の氏を称し（民790条2項），母の戸籍に入籍するとされているためです（戸18条2項）。なお，事例27を参照願います。

〔注〕夫婦の婚姻後200日以内に出生した子は，民法第772条に規定する嫡出子に該当しないため，法律上は夫の子と推定されないが，その子が母の夫によって懐胎された子であれば，生来の嫡出子であるから（昭和15.1.23大審院民事連合部判決・民集19巻1号54頁），嫡出子として出生の届出をすることになります（昭和15.4.8民事甲432号通牒）。

　しかし，その子が母の夫によって懐胎された子でないときは，嫡出子ではないから，母が，嫡出でない子として出生の届出ができます（昭和15.4.8民事甲432号通牒，昭和26.6.27民事甲1332号回答）。

〔**参考文献**〕「改訂戸籍届書の審査と受理」181頁以下，「設題解説戸籍実務の処理Ⅲ」11頁以下，「初任者のための戸籍実務の手引き」（改訂新版第四訂）16頁，「新版実務戸籍法」85頁

**Q161** 嫡出でない子の出生の届出において，母の本籍欄を「無国籍」と記載した届書は，受付けられますか。

**A** 届出を受付けした後，市区町村長は管轄法務局の長の指示を得て処理することとされ，その指示を得て受理するか否かを決定することになります（昭和57.7.6民二4265号通達）。

上記の指示を得て受理と決定した場合は，子について単独の戸籍を編製することになるが，出生の届出人があらかじめ出生届書の「その他」欄に子の称すべき氏及び本籍を記載しているときは，その記載に基づいて戸籍を編製します。

もし，届書にその記載がないときは，届書の補正を要することになります（昭和28.3.3民事甲284号回答，昭和29.3.13民事甲534号回答）。なお，Q137を参照願います。

〔注〕無国籍者とは，どこの国の国籍法規に照らしても，国籍を持たない者をいいます。無国籍者である母が，嫡出でない子を日本国内で出生した場合，その子は出生によって日本国籍を取得することになります（国2条3号）。

ところが，無国籍者と称する者の中には，本来ある国の国籍を有しながら，外国人登録上その国籍を有することを証明できないため，無国籍者として登録されているに過ぎないものがあります。このような場合に，母の国籍を外国人登録上の無国籍の表示にしたがって無国籍と認定して，子の出生届を受理するときは，出生によって日本国籍を取得できない者について，誤って日本国民として処理することになります。現にそのような事例も生じているとされています（前掲民二4265号通達参照）。

そこで，このような事例が生じないように，本問のような出生の届出がされたときは，届出を受付した市区町村長は，管轄法務局の長に指示を求めることとされ，その指示を得て当該届出を受理するか否かを決定することになります。指示を求められた管轄法務局の長は，母が無国籍者であるか否かを調査することになっています。この取扱いは，本籍不明者を母として出生した嫡出でない子の出生

の届出の場合も同様とされています（前掲民二4265号通達）。

〔**参考文献**〕「初任者のための戸籍実務の手引き」（改訂新版第四訂）18頁，
「新版実務戸籍法」99頁

## 10 「同居を始めたとき」欄

**Q162** 出生届書の「同居を始めたとき」欄は，どうして記載するのですか。

**A** 人口動態調査票の作成に必要なためです。

〔注〕人口動態調査令に基づく人口動態の調査資料は，出生，死亡，死産，婚姻及び離婚の戸籍届書とされ，市区町村長は厚生労働大臣の定めるところにより，これらの届書等によって人口動態調査票を作成しなければならないとされています（人口動態調査令3条，同令施行細則1条）。

そのため，これらの届書の様式の中に人口動態調査票の作成に必要な記載欄が設けられています。すなわち，戸籍法施行規則第55条は，戸籍法第49条第2項第4号の規定を受けて，出生届書に本問のような父母が同居を始めたときの年月等を記載事項と定めているので，その記載に合わせて届書の様式も定められています。

この欄に記載する年月は，婚姻の届出をした年月ではなく，実際に結婚式を挙げたとき又は同居を始めたときのうち，早い方を記載することになっています。

なお，この欄は「年月」となっていますので，「日」を記載する必要はありません。また，届書に記載するときに，その「年月」を忘れたときは，「不詳年月」と記載し，「月」を忘れたときは「平成20年不詳月」と記載するのが適当でしょう。

〔**参考文献**〕「設題解説戸籍実務の処理Ⅲ」118頁以下

## Q163

嫡出でない子の出生の届出をする場合，出生届書の「同居を始めたとき」欄の記載はしなくてよいですか。

**A** 記載しないことになります。

〔注〕この欄は，出生した子の父と母が同居を始めたときが，何年の何月であるかを記載するものです。嫡出でない子の場合は，出生届の時点では法律上の父はいないことになるので，この欄の記載は要しないことになります。

〔**参考文献**〕「初任者のための戸籍実務の手引き」（改訂新版第四訂）24頁

## Q164

内縁中に生まれた子を，内縁の夫が同居者の資格で，嫡出でない子として出生の届出をする場合，出生届書の「同居を始めたとき」欄の記載は要しますか。

**A** 記載しないことになります。

〔注〕婚姻届をしていない内縁中の夫婦間に出生した子は，嫡出でない子で法律上の父がいないことになります。したがって，Q163と同様に，この欄の記載は要しないことになります。

〔**参考文献**〕「初任者のための戸籍実務の手引き」（改訂新版第四訂）24頁

## 165

婚姻前に出生した子を，婚姻後に父が出生の届出をする場合，出生届書の「同居を始めたとき」欄は，どのように記載するのですか。

**A** 　父母が結婚式を挙げたとき又は同居を始めたときのうち，早いほうの年月を記載します。

　　〔注〕この欄に記載する年月は，婚姻の届出をした年月ではなく，実際に結婚式を挙げたとき又は同居を始めたときのうち，早いほうを記載することになっています。
　　　その年月については，子の出生前の場合もあるでしょうし，あるいは出生後の場合もあると考えられますが，いずれにしても，父母が実際に結婚式を挙げた年月又は同居を始めた年月のうち早いほうを記載することになります。
　　〔参考文献〕「届書式対照戸籍記載の実務（上）」42頁

## 166

出生届書の「同居を始めたとき」欄の「結婚式をあげたとき，または，同居を始めたとき」の記載をしたときは，何か証明するものが必要となりますか。

**A** 　証明するものは必要ではありません。
　この欄は，子の父母が事実上の婚姻生活を始めたとき，又は結婚式を挙げたときを，当事者らが事実に基づいて記載するものですから，証明することまで求められることはありません。

## 11 「子が生まれたときの世帯のおもな仕事と父母の職業」欄

**Q167** 出生届書の「子が生まれたときの世帯のおもな仕事と父母の職業」欄は、どうして記載するのですか。

**A** 人口動態調査票の作成に必要なためです。

〔注〕人口動態調査令に基づく人口動態の調査資料は、出生、死亡、死産、婚姻及び離婚の戸籍届書とされ、市区町村長は、厚生労働大臣の定めるところにより、これらの届書等によって人口動態調査票を作成しなければならないとされています（人口動態調査令3条、同令施行細則1条）。

そのため、これらの届書の様式の中に人口動態調査票の作成に必要な記載欄が設けられています。すなわち、戸籍法施行規則第55条は、戸籍法第49条第2項第4号の規定を受けて、出生届書に本問のような「子の出生当時の世帯の主な仕事及び国勢調査実施年の4月1日から翌年の3月31日までに発生した出生については、父母の職業」を記載事項と定め、その記載に合わせて届書の様式も定められています。

〔参考文献〕「設題解説戸籍実務の処理Ⅲ」120頁以下

**Q168** 出生届書にある「国勢調査の年」とは、具体的にはいつの年のことですか。

**A** 最近では、平成17年に実施されています。国勢調査は5年ごとに実施されているので、次は平成22年になります。

〔注〕国勢調査は、わが国に住んでいるすべての人を対象とする国の最

も基本的な統計調査で，国内の人口や世帯の実態を明らかにするため，5年ごとに実施されています（統計法4条，国勢調査令1条以下）。

〔参考文献〕「設題解説戸籍実務の処理Ⅲ」120頁以下

### Q169
出生届書の「子が生まれたときの世帯のおもな仕事と父母の職業」欄の記載をしたときは，何か証明するものが必要となりますか。

**A** 証明するものは必要ではありません。
　この欄は，届出人が事実に基づいて記載するものですから，証明することまで求められていません。

## 12 「その他」欄

### Q170
出生届書の「その他」欄には，どのようなことを記載するのですか。

**A** 出生届書の各該当欄に記載できない事項を記載します。具体例については，Q171を参照願います。

　〔注〕出生の届出は，その届出の事案によって内容が異なりますが，戸籍の記載などに必要な事項を，届書のいずれの欄に記載すべきか分からない場合や，該当する欄がない場合もあります。その場合は，それらの事項を出生届書の「その他」欄に記載することになります。
　　例えば，父母の戸籍に在籍する者が，嫡出でない子を出生したときは，その在籍者は，新戸籍を編製することになる（戸17条・30条

1項）が，その場合は「その他」欄に，新戸籍を編製する旨と新戸籍の本籍を定める場所を記載します。具体的には，例えば「母につき新戸籍を編製　新本籍　東京都千代田区平河町一丁目4番地」と記載します。

　そのほか，次のような例があります。しかし，これに限定されるものではありません。

1　日本国籍を留保する旨の記載及び届出人の署名押印（国12条，戸104条）
2　出生証明書が添付できない場合は，その事由の記載（戸49条3項ただし書）
3　届出期間経過後の届出の場合は，その遅延事由の記載（戸規65条，標準準則41条・付録33号様式）
4　胎児認知の届出がされている場合は，その届出の日と胎児認知届出の旨の記載。胎児の母が外国人の場合は，出生子が日本国籍を取得する旨及び子の定める氏と新本籍の場所の記載（国2条1号，民783条，戸30条1項・61条）
5　嫡出推定が重複する場合は，重複する理由と父未定の子である旨の記載（民773条，戸54条）
6　届出人が未成年者であるため，その者の親権者が代わって届出する場合は，その旨の記載（民833条，戸31条・52条）
7　後順位の届出義務者・届出資格者が届出する場合は，先順位の届出義務者が届出できない事由の記載（戸52条）
8　学齢に達した子の出生の届出する場合は，子が住所を定めた年月日の記載（昭和37.7.7民事甲1873号通達）
9　出生の届出をする子が戸籍に記載されることによって，既に記載されている子の父母との続き柄を更正する必要がある場合は，その子の氏名と更正後の続柄の記載（大正4.7.1民691号回答）
10　出生証明書が命名前に発行されたため，証明書の子の氏名欄が空白になっている場合は，その事由の記載（昭和50.5.23民二2696号通達）
11　医師，助産師等から届出されたため，出生子の名が未定である場合は，その事由の記載（大正3.12.9民1684号回答）

　〔参考文献〕「初任者のための戸籍実務の手引き」（改訂新版第四訂）21頁，
　　　　　　「補訂注解戸籍届書「その他」欄の記載」42〜124頁

**Q171** 出生届書の「その他」欄には，具体的にどのような事項を記載することになりますか。
その記載は，どのようにして確認されることになりますか。

**A** 戸籍の記載などに必要な事項で，届書に該当する欄がないものを記載します（戸35条）が，その記載の審査及び確認は，届書の記載，届書の添付書類，戸籍の原本等によって行うことになります。
なお，具体的には，例えば，次のような事項です。

1 父又は母について新戸籍を編製すべきときに，その旨及び新本籍（戸30条1項）

例えば，次のように記載します。「母につき新戸籍を編製　新本籍　東京都千代田区平河町1丁目4番地」

2 後順位の届出義務者，又は届出資格者が届出をするときに，先順位の者が届出をすることができない事由（大正4.2.19民220号回答）

例えば，次のように記載します。「父は海外出張中で，母は病気のため，ともに届出ができないので，同居人が届出します。」

3 届出期間経過後の届出のときに，その遅延理由（標準準則41条・付録33号様式）

例えば，次のように記載します。「親族の何某に届出を委任していたので，届出済みと思っていました。」

4 嫡出推定の重複する子について，父が未定である旨（戸54条1項）

例えば，次のように記載します。「出生子の太郎（又は事件本人の太郎）は，母春子が離婚後6か月を経過しないうちに再婚し，離婚後300日以内で，かつ，再婚後200日後に出生したものです。したがって，前婚，後婚双方の夫の嫡出推定を受ける子であるため，父未定の子として届出をします。」

5 届出すべき者が未成年者であるため，親権者が代わって届出をするときは，その旨（戸31条）

例えば，次のように記載します。「出生子の母は未成年者のた

め，母の親権者が届出をします。」
6　出生届の事件本人以外の子について，父母との続柄を更正するときは，その旨
　　　例えば，次のように記載します。「出生子の春雄（又は事件本人の春雄）の出生届により，同籍の秋夫は二男になります。」
7　出生証明書が添付できないときは，その事由（戸49条3項）
　　　例えば，次のように記載します。「出産に立ち会った者がいないので，出生証明書は添付できません。」
8　日本国籍を留保する場合には，その旨（戸104条）
　　　例えば，次のように記載します。「日本国籍を留保する。甲野義太郎（署名）㊞」
9　日本国籍を留保する届出において，届出期間を遅延した理由
　　　その遅延理由が，「天災その他届出人の責めに帰することができない事由」である旨の記載（戸104条）。別紙に記載しても差し支えありません。
10　学齢に達した子の出生届については，戸籍の附票に記載するため，子が住所を定めた年月日（昭和37.7.7民事甲1873号通達）
　　　例えば，次のように記載します。「子が住所を定めた年月日平成19年10月15日」，この場合は，届出の遅延理由も記載する必要があるので，「届出の遅れた理由は，別紙の申述書のとおりです。」のように記載します。
11　出生した子が胎児認知されているときは，その旨（戸規35条2号）
　　　例えば，次のように記載します。「出生子（又は事件本人）については，平成20年11月14日父甲野義太郎が胎児認知の届出をしています。父の戸籍の表示　　東京都千代田区平河町1丁目10番地　甲野義太郎」
12　嫡出の推定がされる子について，その推定を排除する裁判が確定している場合は，その旨
　　　例えば，「平成20年7月16日甲野義太郎の嫡出子否認の裁判確定につき裁判の謄本及び確定証明書添付」，「平成20年8月20日乙野一郎との親子関係不存在確認の裁判確定につき裁判の謄本

及び確定証明書添付」、「医師の作成した懐胎時期に関する証明書添付」のように記載します。

〔注〕出生届書の「その他」欄は、届出人が記載する欄であるが、事案によっては、市区町村長が「符せん処理」（標準準則33条）をする場合に利用していることがあります。

　この「符せん処理」の場合の書式例は、標準準則の付録第24号（第33条関係）に規定されているが、この書式例に拠らず、「その他」欄に「父の氏名は、○○○○が正当」等と記載している市区町村役場の処理事例が見受けられます（筆跡等から届出人の記載と明らかに相違し、市区町村役場の戸籍事務担当者の記載であることが伺われます。）。事務処理の簡便さ等からの取扱いとも考えられますが、上記の標準準則の規定どおりの処理が望まれます。

　また、これに関連して、「その他」欄に届出人が記載すべき事項、例えば「父の氏「△△」は誤字につき「○○」と訂正されたい。」、又は「父の名「△△」は俗字につき「○○」と更正されたい。」等の申出事項があります。これらは、届出人の意思で申出すべきものであるから、自ら記載することによってその意思が担保されるところ、その記載が市区町村役場の戸籍事務担当者のものであることが、届出人の筆跡との対比から伺われる事例も見受けられます。これは届出人からの依頼により担当者が代わって記載したものとも考えられます。

　しかし、この種の事案は、後日、届出人が「申出したことはないし、自分が記載したものではない。」として、家庭裁判所に戸籍訂正許可審判の申立て又は氏・名の変更許可審判の申立てがされる事例が生じることになります。そして、この種の申立事件は比較的多いようです。市区町村役場における適正な処理が望まれるところです。

〔**参考文献**〕「初任者のための戸籍実務の手引き」（改訂新版第四訂）21頁、「補訂注解戸籍届書「その他」欄の記載」

**Q172** 出生届書の「その他」欄には，届書の各欄に記載することができない事項を記載することとされているが，その必要とされる事項以外の事項を記載したときは，どのようになりますか。

**A** 　記載している事項は必要がないので，削除をするように届書の補正を求められることになります。
　しかし，届出人が補正しない場合，又は記載されている事項が届出に影響を及ぼさない軽微な事項の場合は，届出人に補正を求めるまでもなく，市区町村長において符せんによる処理（標準準則33条）をすることも考えられます。

## 13 「届出人」欄

### (1) 届出資格の記載

**Q173** 出生届書の「届出人」欄の届出資格を記載する欄が，□1. 父母，□2. 法定代理人，□3. 同居者，□4. 医師，□5. 助産師，□6. その他の立会者，□7. 公設所の長となっているが，それ以外の者は届出ができないのですか。

**A** 　届出義務者又は届出資格者（本問に記載した者・戸52条1項～4項）から届出がされず，それ以外の者からされた届出の場合は，戸籍法に定める届出（戸15条）として取扱うことができないので，その届出書類を出生の記載申出書として取扱う場合があります。
　この場合は，それらの書類を資料として，市区町村長は，管轄法務局の長の許可を得て，職権で戸籍の記載をすることになります（戸44条3項・24条2項，標準準則22条）。

　〔注〕出生の届出義務者は，戸籍法第52条第1項ないし第3項に定められています。また，同条第4項は，届出義務者である父又は母が届

出できない場合，その者以外の法定代理人も届出ができるとしていますが，この者を届出資格者といいます。この者は，届出をする資格を有するが，届出の義務者ではないという意味です。

　以上の届出義務者又は届出資格者以外の者からの届出は，戸籍法に規定する届出としては受理できないことになります。もし，誤って受理したとしても，それは届出人と定められている者以外の者からの届出ですから，その届出に基づく戸籍の記載はできないことになります。

　前記のように，届出人以外の者から届出書類が提出されたときは，市区町村長は，届出義務者又は届出資格者が届出できない事由があることを確認した上で，当該届出書類を戸籍の記載をする申出書として取り扱うことができるか否かを判断します。取り扱うことができるときは，戸籍発収簿に登載し，当該届出書類を資料として管轄法務局の長に職権記載についての許可を求め（標準準則22条），その許可を得たときは職権で戸籍の記載をすることになります（昭和26.9.20民事甲1851号回答(2)）。

〔**参考文献**〕「新版実務戸籍法」95頁

**Q174** 出生届書の「届出人」欄の届出資格を記載する欄の，□2. 法定代理人，□3. 同居者，□6. その他の立会者，□7. 公設所の長とは，どのような者か具体的に説明してください。

**A**
1　この場合の法定代理人は，父母（父又は母）以外の者です。例えば，父又は母について後見開始の審判がされ（民838条2号），成年後見人が付されている場合は，その者です。
2　同居者とは，子の母と同居している者です。
3　その他の立会者とは，出産に立ち会った医師，助産師以外の立会者です。
4　公設所の長とは，国又は公共団体等が設置した公の施設の長又は管理人です。なお，事例8を参照願います。

〔注〕出生の届出の義務者については，戸籍法第52条第1項ないし第3項に規定されています。

同条第4項に規定されている父又は母以外の法定代理人は，届出義務者とされている父又は母が届出できない場合に届出ができるとされています（戸52条4項，昭和59.11.1民二5500号通達）。しかし，この法定代理人は届出義務者ではなく，届出資格を有する者とされているから，この者が届出しない場合でも過料（戸120条）に処されることはありません。

同居者は，子を出産した母と同居している者をいいますが，この者は，父又は母が届出できない場合に届出義務を負うものとされています。

その他の立会者とは，出産に立ち会った医師，助産師以外の立会者のことですが，その者は，子の父又は母，母の同居者が届出できない場合に届出義務を負うものとされています。

国又は公共団体等の設置した病院，刑事施設その他の公設所で子が出生した場合において，父又は母が届出義務を負うことに変わりはないが，父又は母が届出できないときは，これらの施設の長又は管理人が届出義務を負うものとされています（戸56条，昭和50.9.25民二5667号回答）。この場合は，同居者及び出産に立ち会った医師，助産師又はその他の者に優先して届出することになるので，前記の者は届出義務がないと解されています。

〔**参考文献**〕「設題解説戸籍実務の処理Ⅲ」105頁以下，「全訂戸籍法」278頁・286頁，「新版実務戸籍法」97頁

**Q175** 医師，助産師，その他の立会者及び公設所の長が届出する場合，出生届書の「届出人」欄にその者の住所，本籍及び出生年月日を記載しなければならないのですか。

**A** 公設所の長又は管理人が届出する場合は，その者の本籍及び出生年月日の記載を省略することができます。医師，助産師，その他の立会者については，記載することになります。

〔注〕出生届書には「届出人の出生の年月日，住所及び戸籍の表示」を記載し，届出人が署名し押印することになっています（戸29条3号）。

これは，届出人を特定しその同一性を明らかにするためです。

出生の年月日は届出能力の有無の確認のためであり，住所は届出地の決定及び届出人に対する届書の補正あるいは追完等の通知を要する場合に必要とされています。

公設所の長又は管理人が届出する場合（戸56条）は，公設所の名称及び届出人の職名は記載することになるが，届出人の戸籍の表示（本籍，筆頭者氏名）及び出生年月日は，記載を要しないとされています（大正4.8.6民1293号回答）。なお，戸籍に記載する場合は，公設所の名称及び届出人の資格・職名の記載は省略することになっています（大正14.12.12民事10648号通牒，昭和27.1.31民事甲44号回答）。

〔参考文献〕「設題解説戸籍実務の処理Ⅱ」242頁以下，「全訂戸籍法」212頁

## 176

父母が届出人の場合，出生届書の「届出人」欄の住所及び本籍を記載する場合は，「住所」欄は，「(4)欄に同じ」，「本籍」欄は，「(6)欄に同じ」と省略した記載をしてよいですか。

**A** 一般的には，住所及び本籍は記載する例は多いが，同じ場合であれば本問のように記載することも認められるものと考えます。

〔注〕父母が届出人の場合は，住所の「(4)欄」と本籍の「(6)欄」の記載が，届出人の「住所」及び「本籍」欄と同じである場合が多いと考えられます。同じであれば本問のように記載してよいものと考えます。

〔参考文献〕「初任者のための戸籍実務の手引き」（改訂新版第四訂）42頁，「戸籍訂正・追完の手引き（新版）」20頁・26頁・30頁・34頁など

## Q177

出生届の届出義務者・届出資格者及びそれらの者の届出順序は，戸籍法第52条に規定されているが，その順序はどのようにして確認することになるのですか。

**A** 届出人欄の記載及び出生届書の「その他」欄の記載によって確認することになります。

届出人欄には，届出資格が記載されます。また，出生届書の「その他」欄には，後順位の届出義務者が届出をするときは，先順位の届出義務者が届出できない事由を記載することになっているから（大正4.2.19民220号回答），それらの記載によって確認することになります。

## Q178

嫡出子の出生届においては，出生届書の「届出人」欄に父母双方が署名押印して届出をすることになりますか。

**A** 父母が連名で届出をする必要はありません。

嫡出子の出生届は，父又は母が第1順位の届出義務者とされていますが（戸52条1項），父母のどちらか一方が届出することで足ります。一般的には，父又は母の一方が届出人になっている例が多いようです。

〔注〕父母婚姻前の子の出生届を，父母の婚姻後に父が嫡出子出生の届出をする場合は，この出生届は認知の届出の効力を有するものとされています（民789条1項，戸62条）。したがって，この場合の届出は，父が必ず届出人になっていることを要します。

また，この場合，子が出生したときは嫡出でない子であるから，その出生届の届出義務者は母であり（戸52条2項），父の届出は認知届と解すれば，この出生届は，父母双方で届出しなければならないように考えられます。戸籍の記載例においても「平成6年11月30日東京都千代田区で出生同年12月10日父母届出入籍㊞」（法定記載例5）と，父母双方が届出人になっている例が示されているので，父母双方が届出している場合もあることが考えられます。しかし，この届

出については，父からの届出で足りるとされています（昭和23．1．29民事甲136号通達（2））。

〔**参考文献**〕「改訂戸籍届書の審査と受理」198頁，「新版実務戸籍法」101頁

## Q179

嫡出子の出生届において，出生届書の「届出人」欄に父母双方が署名，押印して届出をしたが，届出人をどちらか一方に変更するため，届書を補正することになりますか。

**A** 補正を求められることはありません。

　父母双方を届出人とする出生の届出は，そのまま受付けられます。なお，Q178を参照願います。

## Q180

嫡出子の出生届において，届出人の資格を「☑3．同居者」とし，出生届書の「その他」欄に「届出人は，出生子の祖父である。」と記載した場合，この届出は受付けられますか。

**A** そのままでは受付けられません。

　出生届書の「その他」欄に，第1順位の届出義務者である父又は母（戸52条1項・2項）が，届出できない事由を記載する必要があります（大正4．2．19民220号回答二）。

　同居者は，父又は母が届出できない場合の次順位の届出義務者ですから（同条3項），先順位者が届出できない事由の記載を確認した上で，次順位者の届出が認められることになります。

〔注〕届出できない事由は，不在，病気その他いかなる事由でもよいとされ，先順位の届出義務者が届出を怠っている場合も含まれると解されています（大正8．6．4民事1276号回答四）。

〔**参考文献**〕「初任者のための戸籍実務の手引き」（改訂新版第四訂）21頁、
「補訂注解戸籍届書「その他」欄の記載」74頁以下

## Q181

嫡出子の出生届を、医師が届出をする場合、出生届書の「その他」欄に「母は病気療養中であり、父は海外出張中のため、医師が届出する。」と記載した場合、この届出は受付けられますか。

**A** 　第2順位の届出義務者である同居者（戸52条3項第一）がいない場合であれば、受付けられます。

　出産に立ち会った医師は、第1順位の届出義務者である父又は母（同条1項・2項）、第2順位の届出義務者である同居者に次ぐ第3順位の届出義務者です（同条3項第二）から、先順位者の同居者がいないときは届出義務を負うことになります。

　したがって、本問の場合は出生届書の「その他」欄に、先順位の同居者がいないか、又は届出できない事由を追記して届出することになります（大正4.2.19民220号回答二）。

〔**参考文献**〕「初任者のための戸籍実務の手引き」（改訂新版第四訂）21頁、
「補訂注解戸籍届書「その他」欄の記載」74頁以下

## Q182

嫡出でない子の出生届において、届出人の資格を「☑3．同居者」とし、住所、本籍を記載した上、署名、押印し、出生届書の「その他」欄に「出生子の母は病気入院中であるため、届出できないので事実上の父である同居者が届出する。」と記載した場合、この届出は受付けられますか。

**A** 　受付けられます。

　第1順位の届出義務者である母（戸52条2項）が、届出できない事由

を「その他」欄に記載しているから（大正4.2.19民220号回答二），第2順位の届出義務者である同居者は，届出義務を負うことになります。

〔**参考文献**〕「初任者のための戸籍実務の手引き」（改訂新版第四訂）21頁，「補訂注解戸籍届書「その他」欄の記載」74頁以下

**Q183** 嫡出でない子の出生届において，届出人は「☑3．同居者」の資格で，住所，本籍を記載した上，署名，押印し，出生届書の「その他」欄に「出生子の母は病気入院中であり，届出できないため同居者が届出する。同時に父（同居者）が認知届をする。」と記載した場合，この届出は受付けられますか。

**A** 受付けられます。

なお，この場合，同時に届出された認知届書の「その他」欄に，「出生届出人の資格を父と更正されたい。」旨の記載がされているときは，出生届に基づく戸籍の記載において，出生事項は本来であれば「同居者何某届出」となりますが，これを「父届出」と記載する取扱いがされます（昭和50.2.13民二747号回答）。

〔注〕この場合，出生届の届出人の資格は，同居者になっていても，戸籍に出生事項を記載するときは，前記のとおり「父届出」とします。これは，出生届と同時に届出された認知届書の「その他」欄に，「出生届出人の資格を父と更正されたい。」旨の記載がされている場合に認められる取扱いです。しかし，これによって出生届の届書中の届出資格を父に更正するというものではないので，届書の記載は同居者のままであることに留意する必要があります。

〔**参考文献**〕「補訂注解戸籍届書「その他」欄の記載」76頁以下・129頁以下

**184** 嫡出子の出生届において，届出人を，○○市立○○病院長何某㊞と記載し，届出資格は「☑ 7．公設所の長」とし，また，「住所」欄には病院の所在地を記載した上，出生届書の「その他」欄に「母は出産後に意識不明になり入院中で，父は所在不明のため，出生した病院の院長が届出する。」と記載した場合，この届出は受付けられますか。

**A** 受付けられます。

　病院，刑事施設その他の公設所で出生があった場合，その子の出生届を父又は母がともに届出できないときは，公設所の長又は管理人が届出をすることになります（戸56条）。

　これらの者が届出をする場合は，届出人の出生年月日及び本籍及び筆頭者の氏名の記載は省略してよいとされています（大正4.8.6民1293号回答）。

　なお，「病院，刑事施設その他の公設所」とは，国又は公共団体等が設置した公の施設のことです（昭和50.9.25民二5667号回答）。本問は，公設所の長である病院長から届出されているから，この届出は受付けられます。なお，事例8を参照願います。

　〔注〕病院，刑事施設その他の公設所の長が届出をする場合，公設所名及び職名を届書に記載するが，それを戸籍には記載しません（大正14.12.12民事10648号通牒，昭和27.1.31民事甲44号回答）。

　　　前記のとおり届書に公設所名を記載することから，住所欄の記載も公設所の所在地を記載することになります。

　　　私立の病院は，戸籍法に規定する公設所には含まれないとされています（昭和50.9.25民二5667号回答）。

　〔参考文献〕「改訂戸籍届書の審査と受理」198頁以下，「設題解説戸籍実務の処理Ⅲ」111頁以下

**Q185** 嫡出子の出生届において,「届出人」欄を,○○病院長何某㊞と記載し,届出資格は「☑7.公設所の長」とし,「住所」欄には病院の所在地を記載した上,出生届書の「その他」欄に「母は出産後に意識不明となって入院中であり,父は行方不明のため,出生した病院の院長が届出する。」と記載して届出した。この病院は,私立の病院ですが,この届出は受付けられますか。

**A** そのまま受付けすることはできません。

　私立の病院は,戸籍法第56条に規定する「病院,刑事施設その他の公設所」に該当しないので(昭和50.9.25民二5667号回答),同条に基づく届出はできません。

　この場合は,届出資格を出産に立ち会った「☑4.医師」と補正するほか,住所欄に届出人の住所の記載,本籍欄の記載及び出生年月日の記載も必要になります。それらの補正がされたことを確認した上で受付けし,処理をすすめることになります。なお,事例8を参照願います。

〔注〕戸籍法第56条に規定する「病院,刑事施設その他の公設所」とは,国又は公共団体等が設置した公の施設のことです(昭和50.9.25民二5667号回答)。したがって,私立の病院は,この公設所には含まれないので,病院の医師が出産に立ち会った者として届出することになります(戸52条3項第二)。

〔**参考文献**〕「設題解説戸籍実務の処理Ⅲ」111頁以下,「初任者のための戸籍実務の手引き」(改訂新版第四訂)11頁以下・18頁以下

## （2）届出人が自署できない場合

**Q186** 届出人が，出生届書の「届出人」欄の「署名」欄に自ら署名できないときは，どのようにすればよいですか。

**A** 　届出人に代わって，他の者が届出人の氏名を記載し，届出人が押印します。

　その場合は，出生届書の「その他」欄に「届出人は署名できないので，代書した。」と記載することになります（戸規62条）。

〔注〕届書には届出人が署名し，印を押すことになっているが（戸29条），署名できない場合や印を有しないこともあります。その場合は，次のようにします（戸規62条1項）。
1　印を有しないときは，署名するだけでよい。
2　署名することができないときは，氏名を代書させ，押印する。
3　署名することができず，かつ，印を有しないときは，氏名を代書させ，拇印をする。

　上記の1ないし3の場合は，届書の「その他」欄にその事由を記載します（同条2項）。

　例えば，1の場合は，「届出人は署名したが，印がないので押印しない。」

　2の場合は，「届出人は署名できないので，代書した。」

　3の場合は，「届出人は署名できないので，代書した。また，印がないので拇印をした。」と記載します。

　なお，氏名を代書した場合，代書した者の署名押印は要しません（明治32.2.20民刑2301号回答）。

　また，届出人が外国人の場合は，署名するだけでよいとされています（「外国人ノ署名捺印及無資力証明ニ関スル法律」（明治32年法律50号）1条）。

〔**参考文献**〕「改訂戸籍届書の審査と受理」37頁以下，「設題解説戸籍実務の処理Ⅱ」273頁以下，「初任者のための戸籍実務の手引き」（改訂新版第四版）8頁，「補訂注解戸籍届書「その他」欄の記載」1頁・3頁・5頁

## （3）届出人が印を有しない場合

**Q187** 届出人が，出生届書の「届出人」欄の「署名」欄に署名した後，押印をしようとしたところ，印を持参していないときは，押印をしないで届書を提出できますか。

**A** 署名している場合は，そのまま提出できます。

その場合は，出生届書の「その他」欄に「届出人は署名したが，印がないので押印しない。」と記載することになります（戸規62条）。

〔注〕戸籍法第29条は，

届書には，左の事項を記載し，届出人が，これに署名し，印をおさなければならない。（以下省略）

戸籍法第33条は，

証人を必要とする事件の届出については，証人は，届書に出生の年月日，住所及び本籍を記載して署名し，印をおさなければならない。

と規定されているので，戸籍の届出においては，通常，署名，押印が原則と解されます。

しかし，自署できない場合，印を有しない場合もあることから，その場合は，戸籍法施行規則第62条の規定により取扱うことになります。

〔参考文献〕「改訂戸籍届書の審査と受理」83頁以下，「設題解説戸籍実務の処理Ⅱ」273頁以下，「初任者のための戸籍実務の手引き」（改訂新版第四訂）8頁，「補訂注解戸籍届書「その他」欄の記載」1頁

**Q188** 届出人が，出生届書の「届出人」欄に署名した後に押す印は，実印でなければなりませんか。もし，認印しか持っていない場合はどうすればよいですか。

**A** 認印でよいとされています。

〔注〕届出人の所持する印であるか判然としない，いわゆる「三文判」といわれる印を押した届書については，後日，裁判上の問題となった場合を考慮し，使用しないようにするのが届出人のためであると考えます。戸籍の先例では，この「三文判」については極力その使用を禁ずるように指導するとともに，できるだけ実印を押印させるのが望ましいとするものがあります（明治43.11.25民刑1045号回答）。

　この届出人の実印の使用については，届出の受理によって効力が生じる婚姻，養子縁組等の創設的届出においては効果的と考えられます。これに対し出生，死亡等の報告的届出においては，事実の届出であることから，実印の押印まで求める必要はなく，認印で差し支えないとされています。

〔**参考文献**〕「改訂戸籍届書の審査と受理」37頁以下，「設題解説戸籍実務の処理Ⅱ」273頁以下，「初任者のための戸籍実務の手引き」（改訂新版第四訂）8頁，「補訂注解戸籍届書「その他」欄の記載」1頁

## （4）届出人が自署できず印も有しない場合

**Q189** 届出人が，出生届書の「届出人」欄の「署名」欄に自ら署名できず，また，印を持参していない場合はどのようにすればよいですか。

**A**　届出人に代わって，他の者が届出人の氏名を記載し，届出人が拇印をします（戸規62条1項）。

　その場合は，出生届書の「その他」欄に「届出人は署名できないので，代書した。また，印がないので拇印をした。」と記載することになります（戸規62条2項）。

〔**参考文献**〕「改訂戸籍届書の審査と受理」82頁以下，「設題解説戸籍実務の処理Ⅱ」273頁以下，「初任者のための戸籍実務の手引き」（改訂新版第四訂）8頁，「補訂注解戸籍届書「その他」欄の記載」5頁

## 第3　出生届の届出期間

### 1　法定の届出期間

**Q190**　出生の届出は，子が出生してから何日目までに届出しなければならないのですか。

**A**　子が出生した日から数えて14日以内に届出しなければなりません（戸49条1項）。

なお，子が国外で出生した場合は，出生した日から数えて3か月以内に届出する必要があります（同条同項）。

例えば，9月6日に出生した子は，出生した6日の日を1日目として数え，14日目は9月19日になるから，その19日中までに届出しなければなりません。また，国外で出生した場合の3か月は，同じく9月6日の日から計算して3か月目は12月5日になりますから，その5日中までに届出しなければならないことになります。

この場合の期間の計算は，出生の翌日から起算しないことに注意を要します（民法140条の規定による翌日起算の計算ではなく，戸籍法43条1項の規定による届出事件発生の日からの起算計算になります。）。

なお，日本人が海外で出生した場合で，国籍の留保を伴う場合の出生届の届出期間については，出生の日から3か月以内とされています（戸104条1項）。

〔注〕戸籍の届出期間の末日が届出地市区町村役場の休日に当たるときは，その休日の翌日が当該届出等の期間の末日になります（昭和63.12.20民二7332号通達）。

〔参考文献〕「改訂戸籍届書の審査と受理」196頁，「設題解説戸籍実務の処理Ⅲ」55頁以下

## 191

出生届の届出期間が満了となる日が，日曜日その他の休日に当たり，届出地の市区町村役場の窓口が開いていないので，休日受付け又は夜間受付けの場所で届書を提出したが，これでよかったでしょうか。

**A** 　届出期間の満了の日が，届出地の市区町村役場の休日に当たるときは，その休日の翌日が期間満了の日になりますので，その翌日に届出してもよいことになります。

　本問は，翌日に届出してもよいところ，その前日の日曜日その他の休日に，休日受付け又は夜間受付けの場所で届出をしたというものですが，その届出は当然に受付けられます。受付の日は，いうまでもなく届出した日になります。

　　〔注〕市区町村長は日曜日，祝日又は平日の執務時間外でも戸籍の届出を受付けることとされています（大正4.1.11民1800号回答，昭和31.12.25民事甲2878号回答）。
　　　また，戸籍の届出期間の末日が届出地の市区町村役場の休日に当たるときは，その休日の翌日が当該届出等の期間の末日になります（昭和63.12.20民二7332号通達）。
　　〔参考文献〕「設題解説戸籍実務の処理Ⅱ」354頁以下

## 192

出生届の届出期間が満了となる日が，日曜日その他の休日に当たり，届出地の市区町村役場の窓口が開いていないので，窓口が開いているその翌日に届書を提出したが，これは，届出期間が過ぎた届出になりますか。

**A** 　期間内の届出になります。

　　〔注〕従来，届出期間の定めのある戸籍の届出については，日曜日，祝日又は平日の執務時間外でも戸籍の届出を受付けることとされてい

たので（大正4.1.11民1800号回答，昭和31.12.25民事甲2878号回答），期間の満了日が休日のときは，その日をもって満了するとされていました（昭和51.5.31民二3233号通達）。

その後，行政機関の休日に関する法律の制定（昭和63年法律91号），地方自治法の一部改正（昭和63年法律94号）により，地方公共団体の休日が法定されるとともに，国の行政機関及び市区町村役場への届出等の期間の末日が休日に当たるときの期限の特例の規定が設けられました（行政機関の休日に関する法律第2条，地方自治法第4条の2第4項）。これに伴い戸籍事務においても，届出期間の末日が届出地の市区町村役場の休日に当たるときは，その休日の翌日が当該届出等の期間の末日とされました（昭和63.12.20民二7332号通達）。例えば，休日となる土曜日が期間の末日の場合は，翌週の月曜日が期間の満了日になります。

〔**参考文献**〕「設題解説戸籍実務の処理Ⅱ」354頁以下

## 2 届出期間経過後の届出

**Q193** 届出期間が過ぎてしまったときは，もう出生の届出はできないのですか。

**A** できます。

届出期間が経過した後の届出であっても，市区町村長は受理しなければならないとされています（戸46条）。

ただし，出生により外国の国籍を取得した日本国民で，外国で生まれた者は，出生の届出とともに国籍の留保の届出を3か月以内にしなければなりませんが，その期間経過後には出生の届出は，原則としてできないことになります（国12条，戸104条）。

その場合，その届出が遅れたのが天災や届出人の責任によらない事由による場合は，届出ができるようになった時から14日以内にすればよいとされています（戸104条3項）。

〔参考文献〕「設題解説戸籍実務の処理Ⅱ」357頁、「設題解説戸籍実務の処理Ⅲ」55頁以下

**Q194** 届出期間を過ぎてから出生の届出をするときは、届出が遅れた理由を届出地の市区町村役場の窓口で説明しなければなりませんか。又は遅れたことについて理由書を提出することになりますか。

**A** 届出期間を経過した理由を、書面に記載して提出することになります。

市区町村長は、届出を怠った者（期間経過にした者を含む）があることを知ったときは、届出義務者の住所地を管轄する簡易裁判所に通知することになっています（戸規65条）。

この通知書の様式は、標準準則第41条の規定で「戸籍届出期間経過通知書」と定められていますが、同様式には「届出期間を経過した理由」欄と、この理由を申述する「届出義務者」の署名押印欄がありますので、届出人は、その箇所に理由を記載し署名をすることになります。

〔参考文献〕「初任者のための戸籍実務の手引き」（改訂新版第四訂）6頁・20頁

## 3 国籍留保の届出及びその届出期間

**Q195** 外国に居住する日本人夫婦間の嫡出子が、出生した国の国籍を出生によって取得し、日本国籍とその国の国籍を取得している場合、日本人として出生の届出をするだけでよいですか。

**A** 出生の届出とともに、日本国籍を留保する旨の届出をする必要があります。

国によっては、自国で出生した子に自国の国籍を付与する法制を採っているところもあります。この法制を採っている国を生地主義国といいます。

日本人の子が、その生地主義国で出生したときは、出生地の国籍と日本国籍を有することになります（国2条1号・2号）。その場合、出生の届出をするときは、同時に日本国籍を留保する旨の届出をしない場合、出生のときにさかのぼって日本国籍を喪失することになります（国12条、戸104条）。

日本国籍を留保する旨の届出は、出生届書の「その他」欄に届出人である父又は母が記載するのが一般的です。例えば「日本国籍を留保する。甲野義太郎㊞」と記載します。なお、別書面で出生届と同時に届出をしても差し支えないとされています。なお、事例11を参照願います。

〔注〕1 在外公館に備えている出生届書の「その他」欄には、「日本国籍を留保する。」とあらかじめ印刷されていますので、届出人はその事項に続けて署名、押印すればよいことになります（昭和59.11.15民二5815号通達）。

2 日本国籍を留保する旨の記載のない出生の届出が、届出期間内にされた場合は、これを直ちに不受理とすることなく、その後に国籍留保の追完届があったときは、これを有効とする取扱いです（昭和38.2.21民事甲526号回答、昭和40.7.19民事甲1881号回答）。

これは、届出期間内に出生の届出をした届出人は、国籍留保の届出意思を有しているものと考えられることから、留保の記載を遺漏

したものとみて，その追完届を認めるというものであると考えられます。

〔参考文献〕「改訂戸籍届書の審査と受理」205頁以下，「設題解説戸籍実務の処理Ⅲ」46頁以下，「設題解説戸籍実務の処理Ⅷ」302頁以下

## 196
日本人と外国人夫婦間の嫡出子が，外国で出生した場合，出生した国が生地主義国でないときは，出生の届書に国籍留保の旨の記載はしなくてもよいですか。

**A** 外国で出生した日本人の子が，出生によって外国人の父（又は母）の国籍を取得している場合，出生の届出とともに日本国籍を留保する旨の届出をしないときは，出生のときにさかのぼって日本国籍を喪失することになります（国12条，戸104条）。したがって，日本国籍を留保する旨の記載がない出生の届出は受理できないことになります。なお，事例11，事例12及び事例13を参照願います。

〔注〕本問の場合，外国人の父又は母の国が，子の国籍取得につき父母両系血統主義の法制を採っている場合は，子は出生によって外国人の父又は母の国籍を取得します。また，わが国も同様に父母両系血統主義を採っているので（国2条1号），子は父母双方の国籍を有することになります。この場合，子が外国で出生したときは，国籍留保の届出を要します（国12条，戸104条）。

なお，いずれの国が生地主義国であるか（又は条件付生地主義国であるか），また，父母両系血統主義国か（又は父系血統主義国であるか）については，戸籍実務六法の「出生による国籍取得に関する各国法制一覧」（平成20年版1325頁以下）に掲載されているので参照願います。

〔参考文献〕「改訂戸籍届書の審査と受理」205頁以下，「設題解説戸籍実務の処理Ⅲ」46頁以下

## Q197

日本人夫婦の嫡出子が生地主義国で出生した場合（又は、日本人と外国人夫婦間の嫡出子が、外国で出生し外国人の父（又は母）の国籍をも取得している場合）において、出生届書に国籍留保の旨の記載をして届出をしたが、届出期間が経過してしまった場合は受付けられませんか。

**A** 原則として、当該届出は受付けできないことになります。

　国籍留保の届出は、出生の日から3か月以内とされているから（戸104条1項）、その期間を経過したときは、その子は出生のときにさかのぼって日本国籍を喪失することになります（国12条）。したがって、日本国籍を有しない子で、外国で出生した子については、戸籍法は適用されないので、その出生届及び国籍留保届は受付けできないことになります。

　ただし、その届出期間を経過したのが、天災その他届出人の責めに帰することのできない事由によって期間内に届出できなかった場合は、届出をすることができるに至った時から14日以内にすればよいことになります（戸104条3項）。なお、事例11及び事例12を参照願います。

〔注〕国籍留保の届出が届出期間を経過し、その期間経過が、天災その他届出人の責めに帰することのできない事由による場合であることについての記載は、届出人が、出生届書の「その他」欄又は別紙に記載するのが一般的です。その記載している事由が、「届出人の責めに帰することのできない事由」に当たる場合は、当該届出は受理されることになります。なお、詳しくはQ198、Q199を参照願います。

　なお、国籍留保の届出を届出期間内にしなかったため、日本国籍を喪失した者（国籍不留保者－国12条）については、一定の条件のもとに日本国籍の再取得が認められています。すなわち、再取得者が20歳未満で、日本に住所を有するときは、法務大臣に届出をすることによって、日本国籍を取得することができます（国籍不留保者－国17条1項、国規1条2項ないし4項）。

〔参考文献〕「設題解説戸籍実務の処理Ⅲ」56頁以下

**Q198** 国籍留保の旨の届出を要する出生届を，届出期間が経過してしまってから届出した場合，やむを得ない事由により届出期間を経過した理由を，出生届書の「その他」欄又は遅延理由書に記載した届出は受付けられますか。

**A** 遅延事由が「天災その他届出人の責めに帰することができない事由」に該当し，届出ができるに至った時から14日以内にされた場合は（戸104条3項)，当該届出を受付けし，処理をすすめることになります。

なお，当該遅延事由が，前記の戸籍法第104条第3項に規定する事由に該当するか否かの判断は一様でなく，具体的事案に応じて個別的にその受否を決定することになるものと考えます。したがって，判断するについて疑義がある場合は，市区町村長は，管轄法務局の長の指示を求め，その指示を得て処理されることになるものと考えます。なお，事例12を参照願います。

〔**参考文献**〕「設題解説戸籍実務の処理Ⅲ」55頁以下

**Q199** 届出期間を経過した国籍留保の旨の記載がされた出生の届出において，届出期間を経過した遅延事由で，戸籍の先例で認められたものには，どのようなものがありますか。

**A** 届出人の「責めに帰することができない事由」に該当するものとされた事例には，次のようなものがあります。

1　出生届書に添付すべき証明書又はこれに代わる在留外国における出生登録機関の出生証明書の発行入手が遅れた場合（昭和35.1.19民事甲147号回答，昭和37.4.17民事甲1064号回答，昭和51.8.20民二4728号回答）

2　海外における事情不案内等を理由とする場合（昭和40.7.30民事甲1928号回答）

3　妻の産後の経過不良で，夫が家事一切を行い，かつ，妻や子の生活の面倒を見ざるを得なかった等の事情から，出生証明書の入手が遅れた場合（昭和46.12.21民事甲3592号回答）

4　届書が郵送中に紛失した場合（昭和48.8.20民二6451号回答）

5　子の出生時に届出義務者である父が出張等で不在であったため，父は届出することができず，他方，母も帝王切開や産後の経過不良のため届出できなかった場合（昭和48.9.18民二7303号回答）

6　届出人が在外公館の所在地から遠隔の地に居住し，さらに市街地から相当の奥地に在る場合（昭和51.12.28民二6545号回答）

7　届出期間の末日を事前に市区町村役場に確認し，その日に届出たところ期間が経過していた場合（昭和62.1.26民二287号回答）

8　出生証明書の発行者である病院長の死亡により，病院が一時休業状態のため証明書の入手が遅れ，かつ，滞在国が暴動が頻発し外出できず，ようやく子の出生6か月後に在外公館に届出した場合（平成4.6.12民二3314号回答）

9　日本人母が外国内の刑務所に服役中に出生した子について，外国人父は軍人で外国に派遣され，母が刑務所から出所後（子の出生後1年9か月経過）14日以内に届出した場合（平成5.6.3民二4318号回答）

　以上の1から6までの先例は，改正国籍法及び戸籍法の施行前の先例です（昭和59年法律第45号をもって国籍法及び戸籍法の一部が改正され，昭和60年1月1日から施行された。）。

　7から9までの先例は，改正法施行後の先例です。

　改正後は，届出期間が14日以内から3か月以内に改正され，また，外国人父又は母にも届出資格が認められ（戸52条4項），さらに国籍不留保者の国籍再取得の規定が新設されたこと（国17条）等から，「責めに帰することができない事由」の認定も厳格に解されることになるとされています（「戸籍」607号84頁参照）。なお，事例12を参照願います。

　　〔注〕　なお，「責めに帰することができない事由」に該当しないとされた先例には，次のようなものがあります。①国籍留保の届出手続きを知らなかった場合（昭和34.11.21民事甲2568号回答，昭和41.6.8民

事甲1239号回答，昭和51.3.17民二2153号回答），②届出人が業務多忙のため約1年8か月後に帰国してから届出した場合（昭和33.10.11民事甲1758号回答），③母が嫡出でない出生子につき認知を求めているうちに期間を経過した場合（昭和46.4.26民事甲1637号回答）等があります。

〔**参考文献**〕「設題解説戸籍実務の処理Ⅲ」56頁以下

## 4　届出の催告

**Q200**　出生の届出をすべき者が，届出期間を経過しても届出をしていない場合は，どのようになりますか。

**A**　市区町村長から，その届出義務者に対し，何月何日まで届出するよう催告書により通知がされます（戸44条1項・121条）。

催告書の書式は，戸籍法施行規則附録第19号書式第一によって行われます（戸規64条）。

〔注〕出生の届出は，出生の日から14日以内（国外で出生したときは3か月以内）にしなければならないとされています（戸49条1項）。しかし，届出期間内に出生届をしなければならない出生子について，市区町村長がこれを把握する方法は採られていないので，一般的には，届出義務者に対する催告はされていないものと考えます。ただし，制度的には届出を怠っている者を把握できる場合もあるので（戸44条3項，家審規71条，特家審規12条など），そのときは届出の催告をすることになります。

ただ，出生，死亡等の報告的届出については，届出期間が定められており，期間内に届出しない場合は，他の行政事務との関係もある（健康保険，埋火葬許可など）ことから，概ね期間内の届出は励行されているものと思われます。したがって，出生の届出について届出の催告を要する事例は多くないものと考えられます。

〔参考文献〕「改訂戸籍届書の審査と受理」58頁以下，「設題解説戸籍実務の処理Ⅱ」360頁以下，「初任者のための戸籍実務の手引き」（改訂新版第四訂）6頁

**Q201** 出生の届出をすべき者が，届出期間を経過しても届出をしなかったため，市区町村長から届出をするよう催告を受けたが，それでも届出をしないときは，どのようになりますか。

**A** 市区町村長から，その届出義務者に対し，再度，催告書により通知がされます（戸44条2項・121条）。

その場合の催告書の書式は，戸籍法施行規則附録第19号書式第三によって行われます（戸規64条）。

〔参考文献〕「改訂戸籍届書の審査と受理」58頁以下，「設題解説戸籍実務の処理Ⅱ」360頁以下，「初任者のための戸籍実務の手引き」（改訂新版第四訂）6頁

**Q202** 出生の届出をすべき者が，届出をするよう再催告を受けたが，それでも届出をしないときは，どのようになりますか。

**A** 戸籍の記載ができる資料がある場合は，市区町村長は，管轄法務局の長の許可を得て，職権で記載することも考えられます（戸44条3項・24条2項）。

職権による戸籍の記載の許可を得るには，標準準則第22条に規定する付録第19号書式により行われます。

〔注〕出生の届出は報告的届出であり，その届出期間が定められています（戸49条）。また，届出義務者も定められている（戸52条）ので，届出人からの届出がされないまま，出生子を戸籍に記載せず，無籍のまま放置しておくのは，戸籍制度上から相当でないことになります。そこで，出生の事実が判明し，戸籍に記載することができる資料がある場合は，前記のとおり職権で戸籍の記載をすることになります。

〔参考文献〕「改訂戸籍届書の審査と受理」59頁，「設題解説戸籍実務の処理Ⅱ」363頁以下，「初任者のための戸籍実務の手引き」（改訂新版第四訂）6頁

## 5 届出期間経過による過料

**Q203** 届出が遅れたときは，過料を支払わなければならないと聞きましたが，過料の支払いの根拠はどのようになっていますか。

**A** 戸籍は，人の身分関係を正確に反映し，これを公証することを目的としていますから，この目的を達成するため，出生，死亡等の報告的届出については，戸籍法において届出義務者や届出期間を定め，その期間内に届出をするよう強制する規定になっています（戸52条・49条・46条・44条）。

しかし，この定められた届出期間を経過した後に届出される場合や，届出期間を経過しても届出されない場合があります。

戸籍法は，このような事態が生じないように，届出義務者に対する届出の催告及び再催告や届出しない場合における職権記載の規定をおいていますが，戸籍制度は，届出によって制度の目的を果たすことを原則としていますから，その届出の励行を図るために過料の規定をおいています（戸44条・120条・121条）。

この過料は，いわゆる行政罰であり，科料の刑罰とはその性質は異

なります。

〔**参考文献**〕「改訂戸籍届書の審査と受理」58頁以下,「設題解説戸籍実務の処理Ⅱ」364頁以下

## Q204 届出の遅れが短い期間と長い期間では、過料の額に差があるのですか。

**A** 過料については、市区町村長の「戸籍届出期間経過通知書」(「懈怠通知」と呼ばれている。戸規65条)に基づいて、簡易裁判所が決めることになります。

なお、同通知書には、届出義務者が「届出期間を経過した理由」欄に遅延の理由を記載(申述)することになっている(標準準則41条・同付録33号様式)ので、それらを参考にして決めるものと考えられます。

〔**参考文献**〕「改訂戸籍届書の審査と受理」59頁以下,「設題解説戸籍実務の処理Ⅱ」364頁以下,「全訂戸籍法」474頁以下

## Q205 届出期間が遅れたことについて、その理由がやむを得ない事由がある場合でも、過料を支払うことになるのですか。

**A** 過料は、簡易裁判所が市区町村長の「戸籍届出期間経過通知書」(「懈怠通知」と呼ばれている。戸規65条)に基づいて、決めることになるものと考えられます。

# 第4　出生届の届出人

## 1　届出義務者

**Q206** 出生の届出は，誰がするのですか。

**A**　出生の届出は，次のとおり届出義務者が定められています（戸52条1項～3項）。届出義務者が届出をすることができない場合は，その者以外の法定代理人も届出をすることができます（同条4項）。

第1順位の届出義務者

　　嫡出子の場合は，父又は母ですが，父又は母のどちらかが届出をすれば足ります。子が出生する前に父母が離婚している場合は母です（戸52条1項）。

　　嫡出でない子の場合は，母です（同条2項）。母が未成年者の場合は，その者の法定代理人（親権者又は未成年後見人）が届出義務を負うことになります。親権者の父母が在る場合は，父母が共同で届出するのが原則です（昭和22.4.16民事甲317号通達）が，共同でできない事情があるとき，又は他方が届出に応じないときは，一方のみによる届出も可能と解されます（青木・大森「全訂戸籍法」221頁参照）。なお，未成年者の母が意思能力を有する場合は，その者からの届出も認められます（戸31条1項ただし書）。なお，事例26を参照願います。

第2順位の届出義務者

　　第1順位の届出義務者が届出できない場合は，子の出生当時に母と同居していた者です（同条3項第一）。

第3順位の届出義務者

　　第1順位及び第2順位の届出義務者が届出できない場合は，出産に立ち会った医師，助産師又はその他の者です（同条3項第二）。

届出資格者の届出順位

　　父又は母が届出をすることができない場合は，父又は母以外の法

定代理人からも届出ができます。ただし、この者は届出資格を有するだけで、届出義務を負うものではありません（同条4項）。

〔注〕先順位の届出義務者が届出できないため、後順位の届出義務者が届出する場合は、届書の「その他」欄に先順位の届出義務者が届出できない事由（不在、病気、その他の理由があって届出できないこと）を記載しなければなりません（大正4.2.19民220号回答第二項、大正8.6.4民1276号回答第四項）。

〔参考文献〕「設題解説戸籍実務の処理Ⅲ」105頁以下

## 2 届出義務者の届出順序

**Q207** 出生の届出において、第1順位の届出義務者に定められている父又は母より先に、届出の後順位者である同居者又は出産に立ち会った医師、助産師又はその他の者が届出をした場合、その届出は受付けられますか。

**A** 通常は、第1順位の届出義務者である父又は母が届出をすることになるから、その父又は母が届出できるにもかかわらず次順位者が理由なしに（父母が届出できない理由なしに）届出をすることはできません。

ただし、第1順位の父又は母が届出することができない事由が、出生届書の「その他」欄に記載されているときは、それが相当であれば、その届出は受付けられます。なお、事例5を参照願います。

〔注〕届書の「その他」欄の記載は、例えば「父は海外滞在中であり、母は病気入院中のため届出できないため、同居人が届出する。」、「母は病気入院中であり、父は行方不明で同居者もいないので、出産に立ち会った医師が届出する。」のように、先順位の届出義務者が、不在、病気、その他の理由があって届出できない事由を記載することになります（大正4.2.19民220号回答第二項、大正8.6.4民1276号

回答第四項)。

〔**参考文献**〕「設題解説戸籍実務の処理Ⅲ」105頁以下

**Q208** 出生の届出をすべき父又は母が届出ができない場合において，出産に立ち会った医師，助産師又はその他の者が，同居者より先に届出をした場合，その届出は受付けられますか。

**A** 　同居者が届出できるのに，次順位者である医師，助産師等が理由なしに（同居者が届出できない理由なしに）届出することはできません。

　ただし，先順位の届出義務者である父又は母若しくは同居者が届出できない事由が，出生届書の「その他」欄に記載されているときは，それが相当であれば，その届出は受付けられます。

〔注〕届書の「その他」欄の記載は，例えば「母は病気入院中であり，父は行方不明で同居者も不在なので，出産に立ち会った医師が届出する。」のように，先順位の届出義務者である父又は母が届出できない理由，及び同居者が不在等の理由で届出ができない事由を記載することになります（大正4.2.19民220号回答第二項，大正8.6.4民1276号回答第四項）。

〔**参考文献**〕「設題解説戸籍実務の処理Ⅲ」105頁以下

**Q209** 出生の届出をすべき父又は母が届出ができない場合において，届出義務者とされている出産に立ち会った医師，助産師又はその他の者の間において，その届出に順序が定められていますか。

**A** 　届出の順序は定められていません。したがって，いずれの者がしてもよいことになります。

なお，この場合は，出生届書の「その他」欄に，先順位の届出義務者である父又は母若しくは同居者が届出できない事由を記載する必要があります。

## 3 届出資格者の届出

**Q210** 出生届の届出義務者である父又は母以外の法定代理人（届出資格者）が，父又は母より先に届出をした場合，その届出は受付けられますか。

**A** 届出資格者は，父又は母が届出できない場合に限って届出資格が認められているから，父又は母が届出期間内に届出ができる場合は，届出資格者からの届出は認められないことになります。

ただし，届出資格者から届出された場合において，出生届書の「その他」欄に，第1順位の届出義務者である父又は母が届出できない事由が記載されている場合は，それが相当であれば，その届出は受付けられます。

なお，届出資格者は，第2順位の届出義務者である同居者若しくは出産に立ち会った医師，助産師又はその他の者があるときでも，その者より先に届出することができます。

〔**参考文献**〕「設題解説戸籍実務の処理Ⅲ」105頁以下，「民事月報国籍・戸籍改正特集」132頁以下

## 4　届出義務者，届出資格者以外の者からの出生の申出

**Q211** 出生届の届出義務者又は届出資格者以外の者が，届出をした場合，その届出は受付けられますか。

**A**　出生届の届出義務者又は届出資格者からの届出ができない場合に，それ以外の者から出生の届出がされても，それを出生の届出として受付けすることはできません。

　しかし，出生の事実が判明している場合は，これを戸籍に反映させるのが戸籍制度の目的ですから，提出された出生の届書類を資料として，市区町村長が職権で戸籍に記載することができる場合があります（昭和22.6.11民事甲335号回答）。

　その場合は，出生届が届出義務者又は届出資格者から届出できない事由があって提出されたものであることを確認した上，職権による記載が可能であるかを検討し，可能であると考えられるときは，提出された出生届書類を受付けします。

　その書類を受付けした市区町村長は，その届書類を職権記載の資料として管轄法務局の長に戸籍記載の許可を求め，その許可を得たときは職権で戸籍の記載をすることになります（戸44条3項・24条2項，標準準則22条）。

〔**参考文献**〕「設題解説戸籍実務の処理Ⅱ」206頁以下

## 5 届出義務者の届出遅滞と過料

**Q212** 父又は母が届出期間内に出生の届出をしないので，次順位の届出義務者が届出をした場合，誰が届出を怠った過料（戸120条・121条）の責めを負うことになりますか。

**A** 第1順位の届出義務者である父及び母の各自が責めを負います（大正3.12.28民1992号回答）。

なお，第2順位以下の届出義務者は，戸籍法第44条第1項の届出の催告を受けたにもかかわらず，その指定期間内に届出しなかった場合に責めを負うことになります（昭和37.1.13民事甲20号回答）。

〔注〕1 出生届又は死亡届のように，数人の届出義務者が定められている場合，届出の懈怠の責めは先順位者が負うべきであり，後順位者の届出が届出期間の経過後にされたことをもって後順位者を処罰すべきではないとされています（大正3.12.28民1992号回答）。
　　2 出生届の第二順位以下の届出義務者は，戸籍法第44条第1項の催告を受け，その催告に指定された期間を徒過したときに初めて懈怠の責めを負うことになるから，届出期間を定める必要はないとされています（昭和37.1.13民事甲20号回答）。

〔参考文献〕「改訂戸籍届書の審査と受理」60頁以下，「設題解説戸籍実務の処理Ⅱ」364頁以下，「全訂戸籍法」474頁以下

**Q213** 父又は母が出生の届出をすることができない場合，第一に同居者，第二に出産に立ち会った医師，助産師又はその他の者が届出をするとされていますが，この場合に，第二の者が届出をしたときは，誰が届出を怠った過料（戸120条・121条）の責めを負うことになりますか。

**A** 第1順位の届出義務者である父及び母の各自が責めを負います。

第2順位の届出義務者中，第一の同居者が戸籍法第44条第1項の届出の催告を受けたが，その指定期間内に届出しなかったため，第二の者が届出した場合であれば，同居者も責めを負うことになります。

## 第5 出生届の届出地

### 1 出生地での届出

**Q214** 妻が，妻の両親の住所地（A市）の病院で子を出生し，夫がA市の市役所に出生の届出をした場合，その届出は受付けられますか。

**A** 受付けられます。

出生届は，出生地でも届出できます（戸51条）ので，A市は子の出生地であり，かつ，届出人の所在地でもある（戸25条）から，A市の市役所に届出ができます。

なお，届出先については，Q24～Q26を参照願います。

〔注〕出生の届出は，子の出生地（戸51条），本籍地又は届出人の所在地で届出ができます（戸25条）。なお，所在地というのは，住所地，居所地及び一時的滞在地も含むとされ，また，一時的滞在地とは，例えば，仕事のためや旅行等のため一時的に滞在する地をいうとされています（明治32.11.15民刑1986号回答）。

本問のA市は，子の出生地であり，届出人の所在地に該当するから，A市の市役所に出生の届出ができます。

〔参考文献〕「設題解説戸籍実務の処理Ⅲ」103頁以下

## 2 本籍地での届出

**Q215** 妻が住所地（B市）の病院で子を出生し，夫が夫婦の本籍地（C市）の市役所に出生の届出をした場合，その届出は受付けられますか。

**A** 受付けられます。
　C市は，子が入籍する戸籍のある本籍地の市区町村ですから（戸25条），C市の市役所に届出ができます。

## 3 住所地（所在地）での届出

**Q216** 妻が，妻の両親の住所地（A市）の病院で子を出生し，夫が夫婦の住所地（B市）の市役所に出生の届出をした場合，その届出は受付けられますか。

**A** 受付けられます。
　B市は届出人の所在地（住所地）ですから（戸25条），B市の市役所に届出ができます。

**Q217** 妻が住所地（B市）の病院で子を出生し，夫が勤務地（D市）の市役所に出生の届出をした場合，その届出は受付けられますか。

**A** 受付けられます。

D市は届出人の所在地ですから（戸25条），D市の市役所に届出ができます。

〔注〕所在地というのは，住所地，居所地及び一時的滞在地も含むとされています。この一時的滞在地とは，例えば，仕事のためや旅行等のため一時的に滞在する地をいうとされています（明治32.11.15民刑1986号回答）。

本問のD市は，届出人の所在地に該当するから，D市の市役所に出生の届出ができます。なお，この場合は，出生届書の「その他」欄に所在地（一時的滞在地）で届出をする旨を記載し，その所在地の町名地番を記載するのが適当と考えます。その記載がされないときは，D市に届出をする理由が確認できないことになります（出生届書の記載上からは，生まれたところ欄及び住所欄はB市，本籍欄はC市，また，届出人の住所，本籍欄も前記のとおりであり，届出地のD市は表示されないことになりますので，出生届書の「その他」欄に記載する必要があります）。

〔**参考文献**〕「設題解説戸籍実務の処理Ⅲ」103頁以下

# 第6　出生届書の提出する通数

## 1　届書の通数

**Q218**　出生の届出を，父が住所地の市区町村長にする場合，届書は本籍地の市区町村役場分と届出地の市区町村役場分の2通を提出することになりますか。

**A**　原則としては，そのとおりです。

　戸籍の届書を何通提出するかは，戸籍法第36条に規定されています。同条第1項の規定によれば，届書は，戸籍に記載すべき市区町村役場の数と同じ数を提出することとされています。

　本問の場合は，出生の届出によって戸籍に記載する市区町村役場は本籍地の1箇所だけですから，届書は1通でよいことになります。しかし，同条第2項の規定では，本籍地以外の市区町村役場（戸籍の記載を要しない市区町村役場－非本籍地）に届出するときは，あと1通の届書を提出することとされています。

　したがって，本問の場合は，父が住所地の市区町村長にしているため，これは，本籍地以外での届出になるので，届書はあと1通必要になり，合計2通提出することになります。

　以上が戸籍法第36条に規定されている戸籍届書の提出通数の原則です。

　届書の通数をこの原則どおりに提出するときは，届出人が複数の届書を提出する必要があるため，負担が多くなります。また，市区町村役場においても複数の届書の記載内容について，その同一性の審査，確認等をすることになるので効率的ではありません。

　そこで現在は，届出人の負担の解消及び市区町村役場における事務の効率化を図る観点から，届書を複数提出する必要がある場合でも，1通の提出で足りるとする届書の一通化が実施されています（平成3.12.27民二6210号通達）。

　その場合は，必要となる届書については，受理した市区町村長が届

書謄本を作成してこれに代えることになります（戸36条3項）。したがって，本問において，仮に届書が1通しか提出されなかったとすれば，他の1通は受理した市区町村長が届書謄本を作成することになります。

なお，届書の一通化については，Q219を参照願います。

〔**参考文献**〕「設題解説戸籍実務の処理Ⅱ」298頁以下

## 2 届書の一通化

**219** 出生の届出を，父が住所地の市区町村役場にする場合，届書を1通だけしか提出しませんでしたが，この場合，本籍地の市区町村長に送付する分の届書は提出しなくてもよいのですか。

**A** 　出生の届出を受付けした市区町村役場が，届書の一通化を実施している場合は（平成3.12.27民二6210号通達），本籍地の市区町村長に送付する分の届書の提出は要しないこととしています。

　本問の場合の届書の必要通数は2通です（戸36条2項）が，前記の届書の一通化を実施している場合は，他の1通は，届書を受理した市区町村長が，届書の謄本を作成して届書に代えることにしています（同条3項）。

　この場合，届書の原本は本籍地の市区町村長に送付し，受理した住所地の市区町村役場は，届書の謄本を自庁で保管することにしています（昭和52.4.6民二1672号通知二の2の（一））。

　この届書の原本と届書の謄本の送付関係については，Q221を参照願います。

〔注〕 1　届書の一通化
　　　　戸籍は，届書に基づいて記載することになるから，戸籍の記載

をする市区町村役場の数だけ届書が必要になります（戸36条1項）。また，戸籍の記載を要しない市区町村長に届出する場合は，更にその市区町村分として，もう1通の届書が必要になります（同条2項）。

　以上が届書を提出する場合の通数の原則です。この原則によると，届出人は複数の届書を提出する必要があるため負担が多くなります。また，市区町村役場においても複数の届書の記載内容についての同一性の審査，確認等をすることになるので効率的ではありません。

　届書の一通化の実施は（平成3.12.27民二6210号通達），前記のような届出人の負担の軽減及び市区町村役場の事務処理の効率化を図る観点から実施されているものです。しかし，届書の必要な数に変わりがありませんので，必要な分の届書類は，届出を受理した市区町村長が届書の謄本を作成することになります（同条3項）。

　2　届書の送付

　届出によって他の市区町村長が戸籍の記載を要する場合は，届出を受理した市区町村長は，届書を送付しなければならないことになるが（戸規25条〜29条），その場合に届書の謄本を作成したときは，その謄本と届書の原本のいずれを送付するかが問題になります。このことについては，昭和52年4月6日民二第1672号通知に基づいて取扱うことになりますが，その詳細については，Q221を参照願います。

〔**参考文献**〕「設題解説戸籍実務の処理Ⅱ」286頁・288頁・367頁

**Q220**　出生の届出を，父が住所地の市区町村役場にする場合，届書を本籍地の市区町村役場分を含めて2通提出した。届書を受付けした住所地の市区町村役場は，届書の一通化を実施しているので，届書は1通で足りるとして，他の1通は返戻されたが，これでよいのでしょうか。

**A**　届出人は，規定どおり必要な通数の届書を提出した場合ですから（戸36条2項），返戻するまでもなく，そのまま受付けして処理するのが適当と考えます。

## 3 届書原本の保管市区町村

**Q221** 出生の届出を，父が住所地の市区町村役場に1通提出したが，この場合，届書の原本は，本籍地の市区町村役場に送付されるのですか。

**A** 届書の原本は，本籍地の市区町村役場に送付されます。

受理した住所地の市区町村役場では，届書の謄本を作成し，その謄本を保管します。

なお，届書の謄本を作成した場合（戸36条3項），届書の原本と届書の謄本をいずれの市区町村役場で保管するかについては，昭和52年4月6日民二第1671号通達，同日付け民二第1672号通知によって取り扱うことになっています〔注〕。

〔注〕1 届書謄本を作成した場合の届書原本の取扱い

届書の謄本を作成した場合，届書の原本をいずれの市区町村役場に送付するかについては，戸籍の記載を要する市区町村役場に送るのを原則としています（前掲民二1671号通達，民二1672号通知）。

この原則を定める前掲民二第1672号通知は，概ね次の基準により取り扱うものとしています。

(1) 本籍地の市区町村役場に届出がされた場合

届出を受理した本籍地の市区町村役場に届書の原本をおき，他の市区町村役場へは届書の謄本を送る。

(2) 非本籍地の市区町村役場に届出がされた場合

ア 戸籍の記載を要する市区町村役場が1箇所の場合は，その市区町村役場に届書の原本を送り，受理した市区町村役場には届書の謄本をおく。

イ 戸籍の記載を要する市区町村役場が2箇所以上の場合

(ア) 事件本人につき新戸籍を編製する場合は，新戸籍を編製する市区町村役場に届書の原本を送る。それ以外の市区町村役場には届書の謄本を送る。受理した市区町村役場には届書

の謄本をおく。
　(イ)　事件本人が一つの戸籍から除かれて他の戸籍に入籍する届出の場合は，入籍すべき戸籍のある市区町村役場に届書の原本を送る。それ以外の市区町村役場には届書の謄本を送る。受理した市区町村役場には届書の謄本をおく。
　(ウ)　認知又は養子縁組の届出等の場合は，事件本人について戸籍の変動を生じない事例については，子（養子）の本籍地の市区町村役場に届書の原本を送る。それ以外の市区町村役場には届書の謄本を送る。受理した市区町村役場には届書の謄本をおく。
　2　届書の保管
　前記のように届書原本の取扱いの基準を定めている理由は，市区町村長が戸籍に記載した届書類（本籍人に関するもの）は，その受理した日（又は送付を受けた日）の翌月20日までに管轄法務局に送付し（戸規48条2項，標準準則36条2項），同局では，送付された年の翌年から起算して27年間保存します（戸規49条2項）。また，本籍地以外の市区町村役場で受理した届書類（非本籍人に関するもの）は，その市区町村役場で1年間保存します（戸規48条3項）。
　そこで，本問のように届書の一通化を実施しているときは，届書の原本を戸籍の記載をする市区町村役場に送ることにより，結果として届書類の原本が長年保存されることになります（前掲民二1671号通達，民二1672号通知）。
　〔**参考文献**〕「設題解説戸籍実務の処理Ⅱ」288頁以下

## 4 届書謄本の作成方法

**222** 出生の届出を受理した市区町村長が，他の市区町村長に届書謄本を作成して送付する場合，届書謄本に添付する出生証明書（原本）は，届出人が提出することになりますか。

**A** 提出する必要はありません。

市区町村長が届書謄本を作成するとき（戸36条3項）は，添付する出生証明書についても謄本を作成し，届書謄本に添付することになります（大正4.7.7民638号回答9，昭和23.1.13民事甲17号通達(28)，昭和26.1.31民事甲110号回答，平成3.12.27民二6210号通達）。

〔注〕出生の届出用紙は，出生証明書の様式と一体になっているので，届書謄本を作るときに，届書原本を複写することによって同時に出生証明書の謄本も作成できます。なお，出生証明書はやむを得ない事由がある場合のほかは，別用紙にすることはできない（戸28条）が，もし，別用紙として出生届に添付されている場合は，それを複写して謄本を作ることになります。

〔参考文献〕「設題解説戸籍実務の処理Ⅱ」298頁以下

# 第7　出生届の添付書類

## 1　出生証明書

**Q223** 出生証明書の「子の氏名」欄に，子の氏名が記載されていないとき，それを証明書と認められますか。

**A**　出生証明書と認められます。

その場合は，出生届書の「その他」欄に，「出生証明書の子の氏名欄は，命名前に証明書が発行されたので空白です。」と届出人が記載して届出すればよいことになっています（昭和50.5.23民二2696号通達）。

したがって，証明書を発行した病院の医師等に「子の氏名」欄に子の名を追記してもらう必要はありません。

〔注〕出生証明書の「子の氏名」欄が空欄で発行される場合としては，病院の医師が出生証明書を発行するときには，出生した子の名前が，まだ決まっていないことが考えられます。その場合は，出生証明書の「子の氏名」欄は空欄で発行されることになります。なお，Q27を参照願います。

〔**参考文献**〕「設題解説戸籍実務の処理Ⅲ」131頁以下

**Q224** 出生届書の「子の氏名」欄に記載されている名と，出生証明書の「子の氏名」欄に記載されている名が違う場合，その証明書を出生証明書として使うことができますか。

**A**　出生の届出をする時に決めた名が，出生証明書の発行当時に決めた名を変更し，別の名前で届出する場合であれば，出生証明書の同一性に相違がないことになるので，その証明書をそのまま使うことができ

ます。
　その場合は，出生届書の「その他」欄に「出生証明書の子の氏名欄の名前を，命名後に変更したので，届出の名前と証明書の名前は相違する。」と届出人が記載すればよいことになります。
　前記のとおりである場合は，証明書を発行した病院の医師等に氏名の訂正をしてもらう必要はありません。なお，Q28を参照願います。

　　〔注〕本問の場合は，出生証明書の「子の氏名」欄と出生届書の「子の氏名」欄の名前が相違することになるので，その出生証明書が，出生届書に記載されている子の出生を証明するものであるか否かが問題になります。
　　　その証明書が子の氏名の相違を除けば，他の記載内容から，届書記載の母が分娩した事実が明らかであり，かつ，名前の変更の経緯が出生届書の「その他」欄に記載されていて，信憑性に欠けるところがないときは，出生証明書の名前を訂正させるまでもなく，その証明書は出生の証明資料の役割を果たしているものと考えられます。
　　　この場合の取扱いは，出生証明書の「子の氏名」欄が空欄である場合の取扱いと同様に考えられます（昭和50.5.23民二2696号通達参照）。Q223を参照願います。

## Q225

出生証明書の「男女の別」欄の記載がされていないときは，出生届書の「父母との続き柄」欄は，どのように記載して届出することになりますか。

**A**　記載を遺漏した場合は，出生証明書を発行した医師等に補記してもらうことになります。

　　〔注〕出生証明書の「男女の別」欄に男女の記載がなく，擬性半陰陽と記載されているときは，出生届書の「父母との続き柄」欄は記載しないで，「その他」欄に「出生子は擬性半陰陽のため，父母との続き柄の男女の別は記載できない。」旨を記載し，届書の記載遺漏でない

ことを明らかにする取扱いをすることになっています。その後，男女の別が確定したときは，医師の証明書を添付し，出生届に対して追完届をして戸籍の記載をすることになります（昭和35.5.25民事二発210号回答）。

〔参考文献〕「改訂戸籍届書の審査と受理」207頁

## Q226

出生証明書の「生まれたとき」欄の記載が，午前12時50分となっている場合，どのようにすればよいですか。また，届書にはどのように記載すればよいですか。

**A** 　出生証明書の記載が，昼の12時50分のことであれば，それは午後0時50分ということになりますので，そのように記載します。

　もし，それが夜中の12時50分のことであれば，それは翌日の午前0時50分になります。ただし，その場合は，夜中の正子を過ぎると日にちが変わり，出生の日が1日違うことになるので，注意を要します。

　本問の場合，昼の12時50分のことであり，日にちにも誤りがなければ，届書には午後0時50分と記載し，出生届書の「その他」欄には「出生証明書の生まれたときの午前12時50分の記載は，午後0時50分が正しい。」旨を記載して届出することも考えられます。

　しかし，前記のとおり日にちが変わることも考えられることから，場合によっては，出生証明書を発行した医師等に訂正してもらう必要も考えられます。

　なお，Q71〜Q74及びQ227を参照願います。

　　〔注〕出生届書には，出生の年月日時分及び場所を記載することになっています（戸49条2項2号）が，この時分の出生時刻は，午前と午後の12時間制による記載をすることになっています（大正3.4.8民586号回答）。ただし，戸籍には出生の時分は記載されません。

　　〔参考文献〕「設題解説戸籍実務の処理Ⅲ」115頁以下

## Q227

出生証明書の「生まれたとき」欄の記載が，午後12時40分となっている場合，どのようにすればよいですか。また，届書にはどのように記載すればよいですか。

**A** 　出生証明書の記載が，夜中の12時40分のことであれば，それは翌日の午前0時40分ということになるので，そのように記載します。

　ただし，その場合は，夜中の正子を過ぎているので日にちが変わりますから，出生の日に注意を要します。

　もし，それが昼の12時40分のことであれば，それは午後0時40分ということになります。

　本問の場合，夜中の12時40分のことであり，日にちにも誤りがないのであれば，届書には午前0時40分と記載し，出生届書の「その他」欄には「出生証明書の生まれたときの午後12時40分の記載は，午前0時40分が正しい。」旨を記載して届出することも考えられます。

　しかし，前記のとおり出生日が変わることも考えられることから，場合によっては，出生証明書を発行した医師等に訂正してもらう必要も考えられます。

　なお，Q71～Q74及びQ226を参照願います。

〔参考文献〕「設題解説戸籍実務の処理Ⅲ」115頁以下

## Q228

出生証明書の「母の氏名」欄が，婚姻前の氏名で記載されている場合，出生の届出はどのようにすればよいですか。

**A** 　出生証明書の記載が，母の婚姻前の氏名でされている場合は，出生届書の「その他」欄に「出生証明書の母の氏名は，婚姻前の氏名である。」旨を記載します。

　この記載及び父母の戸籍の婚姻事項の記載によって出生届書に記載の母と出生証明書の母が同一人であることが確認できる場合は，その

証明書は，出生の事実を証明することになります。

なお，疑義がある場合は，市区町村長は，管轄法務局の長の指示を得た上で処理することになるものと考えます。

〔注〕父母の婚姻前の子を婚姻後に出生届をする場合において，母が婚姻前に出生証明書を得ているときは，本問のような事例になります。また，子の出生直前に父母が婚姻し，母が誤って婚姻前の氏名を病院に告げているような場合も，本問のような場合が生じることが考えられます。

## Q229

出生証明書の証明者である「1 医師　2 助産師　3 その他」欄で，証明者の印がない場合，どのようにすればよいですか。

**A**　署名している場合は，押印は要しないことになっていますので，出生証明書として使用できます。なお，記名の場合は，押印を要します。

〔注〕「出生証明書の様式等を定める省令」（昭和27.11.17法務省令・厚生省令1号，最新改正・平成14.2.18法務省・厚生労働省令1号）の第1条によれば，「医師，助産師又はその他の出産立会者が戸籍法（昭和22年法律第224号）第49条第3項の規定により作成する出生証明書には，次の事項を記載し，記名押印又は署名をしなければならない。（以下省略）」とされています。したがって，署名している場合は，押印の必要はないことになります。

〔**参考文献**〕「設題解説戸籍実務の処理Ⅲ」126頁以下・129頁以下

## 230

出生の届書を作成し，出生証明書と合致することを確認して届出をした後，出生証明書を発行した医師から，先に発行した出生証明書に記載の誤りがあるとして，正しい証明書が送られてきた場合，どのようにすればよいですか。
また，出生の届出をした市区町村役場の窓口に確認したところ，届出は受理され，戸籍の記載前であるという場合，どのようにすればよいですか。

**A** 出生届に対する追完届をすることになります。

追完届は，基本の届出（本問では出生届）を受理した市区町村長が，届書に不備があるため戸籍の記載ができないときに，届出人にその不備の箇所を補ってもらうために提出を求めるものです（戸45条）。

〔注〕追完届は，受理された基本の届書のいかなる事項の不備についても認められ（大正4.6.26民519号回答），その不備は，届書の記載遺漏にとどまらず，誤記も含まれます。また，報告的届出についても創設的届出についても認められます。例えば，出生届において子の名の記載を遺漏した場合，父母の氏名及び父母との続柄が不詳と記載されている場合（昭和9.12.28民事甲1110号回答），婚姻又は認知の届出において準正嫡出子の身分を取得した子の記載を遺漏した場合（昭和11.7.15民事甲785号回答）等各種の場合において認められます。

また，添付書類の添付を遺漏している場合又は添付書類の記載に不備がある場合についても認められます。

〔参考文献〕「改訂戸籍届書の審査と受理」144頁，「設題解説戸籍実務の処理ⅩⅦ」12頁，「注解戸籍届出追完の実務」8頁，「全訂戸籍訂正・追完の手引き」331頁

**Q231** Q230の事例で，戸籍の記載が完了している場合，どのようにすればよいですか。

**A** 　正しい証明書によれば，現在の戸籍の記載に誤りがある場合，出生の届出に錯誤があることになるので，戸籍訂正の申請により訂正することになります（戸113条）。
　出生の届出は，届書の記載と出生証明書が一致していなければ受理されませんが，本問の場合は，届出時には一致していたが，その後に出生証明書に誤りがあったことが判明し，そのため出生の届出及び戸籍の記載にも錯誤が生じた場合です。
　戸籍の記載は，届出に基づいて記載されます（戸15条）が，その届出による戸籍の記載に誤りがある場合は，その原因が出生証明書の誤りであるとしても，結果として届出の錯誤ということなります。
　この場合は，届出人が，家庭裁判所の許可を得て，戸籍訂正の申請によって訂正することになります（戸113条）。

〔参考文献〕「設題解説戸籍実務の処理Ⅹ」104頁以下，「設題解説戸籍実務の処理Ⅺ」65頁

**Q232** 出産に立会った者は父だけで，他に立会った者がいないため，父が出生証明書を作成し，その証明書を添付して，父が嫡出子出生の届出をした場合，この届出は受付けられますか。

**A** 　受付けられますが，市区町村長は，管轄法務局の長の指示を求めた上で，その届出を受理するか否を決定することになります。

　〔注〕妻の出産に立会った者が夫以外にいない場合は，夫が出生証明書を作成するほかないが，その場合には，出生の届出を父（夫）がす

るときは，自ら証明した出生証明書を添付して届出することになります。出生証明書は，届出にかかる事実の真実性を担保するために添付するものであるが，この場合は，その趣旨に反するものと考えられます。

そこでこのような場合は，慎重を期する意味で出生証明書の添付がない場合と同様に考え，市区町村長は，管轄法務局の長の指示を求めた上で，その届出を受理するか否かを決することが望ましいとされています（昭和54.9.27～28高知県連合戸籍事務協議会決議二）。

〔参考文献〕「改訂戸籍届書の審査と受理」200頁，「設題解説戸籍実務の処理Ⅲ」129頁

**Q233** 出生届に添付する出生証明書は，出生当時の医師又は助産師が死亡又は行方不明で添付できないので，出生届書の「その他」欄にその旨の記載をして，母が出生の届出をした場合，その届出は受付けられますか。

**A** 受付けられますが，市区町村長は，管轄法務局の長の指示を求めた上で，その届出を受理するか否かを決定することになります（昭和23.12.1民事甲1998号回答七）。

〔注〕出産に立会った者がいない場合は，出生証明書の添付はできず，また，出産に立会った者がいたとしても，その者が死亡している場合や行方不明の場合などは，出生証明書の交付を求めることができないので，添付することができないことなります。その場合は添付を要しないとされています（戸49条3項ただし書）。

しかし，出生に関する資料が全くない場合は，届出の受理が困難になるので，戸籍の実務では，出生を間接に証明するためのものとして，母及び関係者の申述書や関係者の写真，出生時の子の臍の緒等を添えて届出するように求めるようにしているようです。なお，Q234，Q235を参照願います。

〔参考文献〕「改訂戸籍届書の審査と受理」200頁，「設題解説戸籍実務の処理Ⅲ」132頁以下

## 2 出生証明書に代わる書面

**Q234** 出産に立会った者がいないため，出生証明書の添付ができない場合，出産前後の状況を知っている母の関係者（例えば，母の母又は母の妹等）が，その状況を記載した書面を添付して届出をした場合，受付けられますか。

**A** 受付けられますが，市区町村長は，管轄法務局の長の指示を求めた上で，その届出を受理するか否かを決定することになると考えます。

〔注〕本問の書面は，出産に直接立会った者が作成した出生証明書には該当しないが，それに準じるものと考えられます。しかし，Q232の〔注〕で述べた場合と同様に，本問の場合も母の関係者が証明した書面であり，届出にかかる事実の真実性を担保するために添付する出生証明書の趣旨からすれば疑義があります。したがって，本問についても慎重を期する意味で出生証明書の添付がない場合（昭和23.12.1民事甲1998号回答七）と同様に考えて，市区町村長は，管轄法務局の長の指示を求めた上で，処理するのが適当と考えます。

**Q235** 出産に立会った者がいないため，出生証明書の添付ができない場合，出産後に母体を診察した医師の証明書を添付して届出をした場合，受付けられますか。

**A** 受付けられますが，市区町村長は，管轄法務局の長の指示を求めた上で，その届出を受理するか否かを決定することになると考えます。

〔注〕本問の証明書は，出産後に医師が診察した証明書であり，出産に立会った医師の作成したものではありません。したがって，出生証明書に該当しないが，状況によっては，出生証明書に準じるものとも考えられます。しかし，慎重を期する意味では，出生証明書の添

付がない場合と同様にみて処理することになるものと考えます（昭和23.12.1民事甲1998号回答七）。

**Q236** 出生証明書に代わるものとして、親子関係不存在確認の裁判の謄本を添付し、出生届書の「その他」欄に「乙野太郎及び同人妻花子との親子関係不存在確認の裁判確定により消除された子の出生届である。」と記載した出生の届出がされた場合、受付けられますか。

**A** 　添付された親子関係不存在確認の裁判の謄本及び確定証明書により、出生届書に記載された父母（又は母）と子との間に親子関係が認められるときは、その謄本は出生を証する書類として取り扱うことができます。したがって、出生証明書の添付がなくてもそのまま受理することができます（昭和42.8.4民事甲2152号回答）。

〔注〕親子関係不存在確認の裁判が確定し、その裁判に基づいて戸籍訂正申請がされ、戸籍から消除された子については、あらためて出生の届出がされる場合があります。その場合において、出生届に添付された親子関係不存在確認の裁判の謄本により、届書に記載した父母（又は母）と子との間に親子関係が認められるときは、出生証明書の添付がない場合でも、市区町村長は、管轄法務局の長の指示を求める必要はなく、そのまま受理して差し支えないとされています（前掲民事甲2152号回答）。

〔**参考文献**〕「改訂戸籍届書の審査と受理」200頁、「設題解説戸籍実務の処理Ⅲ」133頁

## 第8　出生届出の受理又は不受理

### 1　受理の場合

**Q237** 出生の届書を市区町村役場の窓口に提出した場合，どのように処理されるのですか。

**A**　出生の届出が市区町村役場の窓口に提出されたときは，まず受付け（届書を受領すること）をし，引き続いてその届書の記載内容及び添付書類である出生証明書の内容等を書類上で調査します。また，本籍地の市区町村役場への届出の場合は，戸籍原本と対照することになります。これを一般的に届書の審査と呼びます。

届書の審査は，第2の「出生届書の記載方法」で述べたように，届書の各欄が適法に記載されているとき，そして，その記載に適合する出生証明書等が添付されているときは，その届出は受理されることになります。

市区町村役場で届書の審査をしたときに，書類上の不備があるときは，まず届出人においてその不備を補正することになります。その補正がされたときは，その届出は受理されることになります。

受理された届出は，戸籍受附帳に記載されます（戸規20条1項・21条）。その後，その届出書類に基づいて，遅滞なく戸籍に記載されます（戸規24条）が，本籍地の市区町村役場以外の役場に届出された届書は，本籍地の市区町村役場に送付され，そこの役場において戸籍の記載がされます（戸規26条）。その場合の出生届書の送付については，Q257を参照願います。

〔参考文献〕「改訂戸籍届書の審査と受理」21頁以下，「設題解説戸籍実務の処理Ⅱ」160頁以下，「初任者のための戸籍実務の手引き」（改訂新版第四訂）11頁以下

**Q238** 出生の届出の受付けと受理は、違うのですか。

**A** 受付けは、届出人から提出された届出書類を受領することをいいます。これに対し、受理は、受付けした届出書類の内容を審査し、その届出を適法と認めることをいいます。したがって、受理とは、受付けを認容する行政処分といわれています。

〔参考文献〕「改訂戸籍届書の審査と受理」21頁以下、「設題解説戸籍実務の処理Ⅱ」160頁以下、「初任者のための戸籍実務の手引き」(改訂新版第四訂) 10頁以下

**Q239** 出生の届出が受理されるのは、どのような場合ですか。

**A** 出生の届書は、第2の「出生届書の記載方法」で述べたように、届書の各欄が適法に記載されているとき、そして、その記載に適合する出生証明書等が添付されている場合は、その届出は受理されることになります。

出生の届書の審査をしたときに、もし書類上の不備があるときは、まず届出人においてその不備を補正し、その補正がされたときは、その届出は受理されます。

〔注〕なお、例外的に、市区町村長が、管轄法務局の長の指示を得た上で、受理するか否かを決定する出生の届出もあるので、その点については、Q254を参照願います。

〔参考文献〕「改訂戸籍届書の審査と受理」21頁以下、「設題解説戸籍実務の処理Ⅱ」160頁以下、「初任者のための戸籍実務の手引き」(改訂新

版第四訂）10頁以下

### Q240 出生の届出が受理されたときは，届出人に受理した旨の通知がされますか。

**A** 受理した旨の通知はされません。

　出生の届書が市区町村役場の窓口に提出されたときは，これを受付けした後，その届出書類を審査し，適法なものと判断したときは，当該届出は受理されます。

　この受理は，受付を認容する行政処分とされていますが，受理と決定したときに市区町村長は，届出人に対し口頭又は文書で受理した旨の通知をする取扱いをすることにはなっていません。

〔注〕出生の届出が，市区町村役場の執務時間外にされた場合を除き，通常は即日に届出書類について審査がされ，届書等の不備がある場合は，届出人がその不備について補正を求められます。また，不備が補正できない場合は，その届出は不受理となる場合もありますが，不受理の場合は，その届書が届出人に事実上返戻されることになります。この返戻することが，不受理になったことを表しています。

　したがって，この返戻がないときは，届出は受理されたことになります。

〔**参考文献**〕「改訂戸籍届書の審査と受理」21頁以下，「設題解説戸籍実務の処理Ⅱ」160頁以下，「初任者のための戸籍実務の手引き」（改訂新版第四訂）10頁以下

## 2 不受理の場合

**Q241** 出生の届出が不受理とされるのは,どのような場合ですか。

**A** 出生の届出が,届書の記載の誤り,あるいは出生証明書等の不備などがあるため,届出人において届書等の補正をしたが,なお不備があり補正ができない場合は,市区町村長は,その届出を受理することができないので,不受理とするほかないことになります。

出生の届出書類が市区町村役場の窓口に提出されたときは,まず受付(届書を受領すること)をし,引き続いてその届書の記載内容及び添付書類である出生証明書等の内容を書類上で調査します。また,本籍地の市区町村役場への届出の場合は,戸籍原本との対照をします。これを一般的に届書の審査と呼びます。

届書の審査は,第2の「出生届書の記載方法」で述べたように,出生届書の各欄が適法に記載されているとき,そして,その記載に適合する出生証明書等が添付されているときは,その届出は受理されることになります。

市区町村役場で届書の審査をしたときに,もし書類上の不備があるときは,まず届出人において補正する機会があるので,いきなり不受理になることはありません。

不受理となる場合は,冒頭に述べたような場合です。

なお,不受理となる前に,届出人が届出を取下げする場合については,Q249を参照願います。

〔注〕出生の届出書類に不備がある場合は,受理前であればそれらの届出書類を補正し,受理後であれば追完届によって不備を補うことができます(戸44条・45条)。また,報告的届出については,当該届出を届書として受理できないときは,市区町村長はその届出書類を資料として,管轄法務局の長の許可を得て職権で戸籍の記載ができる

場合もあります。したがって，事案にもよりますが，不受理となるときでも，市区町村長は事前に管轄法務局の長に指示を求めた上で，受理するか否かを決定する場合があります（標準準則22条・23条）。

〔**参考文献**〕「改訂戸籍届書の審査と受理」21頁以下，「設題解説戸籍実務の処理Ⅱ」160頁以下，「初任者のための戸籍実務の手引き」（改訂新版第四訂）10頁以下

**Q242** 出生の届出が不受理とされたときは，届出人に不受理にした旨の通知がされますか。

**A** 不受理の通知はしない取扱いですが，その場合は，その届出書類を届出人に事実上返戻するので，その行為が不受理の旨を表しています。

〔**注**〕不受理とは，届出を不適当なものと判断して，受付を拒否する行政処分とされています。届出を不受理とした場合は，当該届書類を事実上届出人に返戻する取扱いをするだけで，届出を却下決定するというような積極的な行政処分をすることにはなっていません（大正4.8.2民1237号回答）。

なお，不受理処分をした届出については，不受理処分整理簿に不受理処分の年月日，届書の返戻年月日，事件の内容，不受理の理由を記載することになっています（標準準則31条）。これは当該届出の不受理処分の経緯を明確に記録し，後日，不受理証明書の請求に備えておくためです。

〔**参考文献**〕「改訂戸籍届書の審査と受理」24頁以下，「設題解説戸籍実務の処理Ⅱ」190頁以下，「初任者のための戸籍実務の手引き」（改訂新版第四訂）10頁以下

## 3 受理又は不受理の証明書

**Q243** 出生の届出をしたことを証明する必要があるため，受理証明書の交付を請求したいが，どのようにすればよいですか。

**A** 受理証明書は，届出人からの請求により交付されます（戸48条1項）。

請求する場合は，届出が受理されたことを確認してから，届出をした市区町村役場に受理証明書の交付請求書を提出します。

証明書の発行方法等は，戸籍法施行規則第66条に規定されており，書式は，同規則附録第20号書式により作成されます。

〔注〕出生届を住所地の市区町村役場に届出をした場合，戸籍に記載されるのは，届書が本籍地の市区町村役場に送付されてからになります。したがって，出生の届出をしたことを戸籍謄抄本によって証明するには，若干の日時を要することになります。そこで，届出が受理されたことを直ちに証明する必要がある場合は，受理証明書によってすることになります。

また，外国人の出生の届出の場合は，戸籍に記載することはないので，出生の届出がされたことを証明するには，受理証明書，又は出生届の記載事項証明書（いわゆる出生届書の写し）によってすることになります。

〔**参考文献**〕「設題解説戸籍実務の処理Ⅰ」303頁以下，「新版Q＆A戸籍公開の実務」188頁以下

## Q244

出生の届出が，届書の記載の誤り又は出生証明書等の不備などのため，届出は不受理になりました。
不受理になったことを証明するために，その証明書が必要ですが，どのようにすればよいですか。

**A** 不受理証明書は，届出人からの請求により交付されます（戸48条1項）。届出が不受理になった場合は，届出書類が返戻されるので，それを確認してから，届出をした市区町村役場に不受理証明書の交付請求書を提出します。

証明書の発行方法等は，戸籍法施行規則第66条に規定されており，書式は，同規則附録第20号書式により作成されます。

〔注〕届出が不受理になった場合は，届出人は，不受理処分を不当として家庭裁判所に不服申立をすることができます（戸118条）。その不服申立には不受理証明書を添付する必要があるため，同証明書が請求がされることがあります。

なお，不受理証明書は，不受理処分整理簿に基づいて発行することになりますが，不受理処分整理簿については，Q242を参照願います。

〔**参考文献**〕「設題解説戸籍実務の処理Ⅰ」303頁以下，「設題解説戸籍実務の処理Ⅱ」190頁以下，「初任者のための戸籍実務の手引き」（改訂新版第四訂）10頁以下

## Q245

住所地の市区町村長に出生の届出をしたが，本籍地の戸籍にはまだ記載がされていなかったので，戸籍謄本の代わりに，受理証明書の交付を本籍地の市区町村長に請求しました。この証明書の交付は受けられますか。

**A** 交付は受けられません。

受理証明書は，届出を受理した市区町村長が，届出人からの請求に応じて発行するものです（戸48条1項）。届書の送付を受けた市区町村

長は，届書の送付を受けただけで，受理はしていないので，受理証明書の発行はできないことになっています（昭和34.7.10鳥取県戸籍事務協議会総会決議三）。

〔**注**〕届書を受理し又は送付を受けたときは，届書に受附番号及び年月日を記載し（戸規20条１項），戸籍受附帳に記載したのち（戸規21条１項），遅滞なく戸籍の記載をしなければならない（戸規24条）とされています。本問の場合は，遅滞なく戸籍の記載をし，戸籍謄抄本によって対応すべきものと考えます。

〔**参考文献**〕「設題解説戸籍実務の処理Ⅱ」194頁以下，「新版Ｑ＆Ａ戸籍公開の実務」188頁以下

## 4　不受理申出

**Q246** 婚姻中に出生した子について，妻が，夫から嫡出子出生の届出がされても，その届出は受理しないでほしい旨，出生届の不受理申出書を本籍地の市区町村長に提出したが，受付けられますか。

**A**　この不受理申出は，受付けられません。

届出の不受理申出は，協議離婚届，協議離縁届等の相手方のある創設的届出及び姻族関係終了届，復氏届等の相手方のない創設的届出について認められています（昭和51.1.23民二900号通達，同日付民二901号依命通知）。

しかし，出生（戸62条の出生届は除く），死亡等の報告的届出についての不受理申出は認められていないので，本問の申出はできないことになります。したがって，その申出書は申出人に趣旨を説明して返戻することになります。

〔**注**〕不受理申出の制度は，前記のとおり創設的届出において，当事者の意思によらない届出がされることを事前に防止するために設けら

れているものです。例えば，協議離婚において，夫婦の一方が離婚意思がないにもかかわらず他方が勝手に届出するおそれがある場合，又は協議離婚届書にいったん署名，押印した者の一方が，その届出をする前に離婚意思をひるがえした場合において，その届出があっても受理しないように，あらかじめ市区町村長に対して申し出ることができます（前掲民二900号通達，民二901号依命通知）。

　ところが近年，当事者が知らない間に第三者によって虚偽の婚姻届や養子縁組届等がされる事件が数多く発生，発覚しており，これを防止する観点から，市区町村役場の窓口においては，届出人の本人確認を実施しています（平成15.3.18民一748号通達）。

　前記の不受理申出並びに本人確認は，いずれも法務省民事局長通達によるものであるところ，これをより実効性あるものにするため，これらの事項が戸籍法に規定されることとなり，平成19年5月11日法律第35号をもって「戸籍法の一部を改正する法律」が公布されました（施行日は，公布の日から1年6か月を超えない範囲で政令で定める日とされています。）。

　本問の不受理制度に関係する部分については，改正法第27条の2の第3項において，下記のように規定しています。そして同項の解説（「戸籍」801号22頁）では，「従来昭和51年の通達によって運用されていた不受理申出の制度を発展させた形で法制化したものである。すなわち，従来の通達は，協議離婚の届出については一律に実施するが，それ以外の届出については各市町村長の判断に委ねており，また，不受理申出の有効期間を6か月に制限するものであったが，改正法では，その適用対象となる届出を他の主要な創設的届出に拡大し，また，6か月という有効期間を撤廃する等，その制度を発展させてより利用しやすく，かつ，戸籍の記載の真実性をより強く担保する制度として法制化したものである。」としているので，改正法施行後は，従来の不受理申出の通達による取扱いは廃止され，改正法に基づく取扱いによることとなります。

**第27条の2**

③　何人も，その本籍地の市町村長に対し，あらかじめ，法務省令で定める方法により，自らを届出事件の本人とする縁組等の届出がされた場合であつても，自らが市役所又は町村役場に出頭して届け出たことを第1項の規定による措置により確認することができないときは当該縁組等の届出を受理しないよう申し

出ることができる。

(編注:「縁組等」とは,認知,縁組,離縁,婚姻又は離婚の届出のことです。第1項参照)

なお,改正法第27条の2の全文については,Q10の〔注〕に掲げているので参照願います。

〔参考文献〕「改訂戸籍届書の審査と受理」411頁以下,「設題解説戸籍実務の処理Ⅱ」437頁以下

---

**Q247** 夫婦の婚姻前の出生子について,妻が,夫から嫡出子出生の届出がされても,その届出は受理しないでほしい旨,出生届の不受理申出書を本籍地の市区町村長に提出したが,受付けられますか。

**A** 妻からの申出は認められないので,その申出書は申出人に趣旨を説明して返戻することになります。

本問の嫡出子出生届は,認知の届出の効力を有する届出であるから(戸62条),その届出は創設的届出の性質を有します。不受理申出は,離婚届や他の創設的届出についてもできるとされている(昭和51.1.23民二900号通達前文参照)ので,本問の届出の不受理申出が,夫からされた場合は受付けられることになります。

届出によって成立する任意認知の届出は,子の父が届出をするものであり,その届出をするか否かは父の意思によるから,任意認知届の不受理申出は父(夫)がすることになります。本問は,妻(母)からの不受理申出であるから,受付けできないことになります。

〔参考文献〕「設題解説戸籍実務の処理Ⅱ」437頁以下

**Q248** 妻の婚姻前の出生子について，夫が，嫡出子出生の届出がされても，その届出は受理しないでほしい旨，出生届の不受理申出書を本籍地の市区町村長に提出したが，受付けられますか。

**A** その申出書を受付けし，不受理申出の取扱いをすることになります（昭和51.1.23民二900号通達，同日民二901号通知）。

本問の嫡出子出生の届出は，認知の届出の効力を有する届出であるから（戸62条），この届出の届出人は夫でなければなりません。この不受理申出は，夫名義で届出される嫡出子出生の届出がされても受理しないことの申出であり，その内容は，認知届の不受理申出とみられるので，不受理申出の取扱いをすることになります。

〔注〕本問において，夫が，嫡出子出生届の不受理申出をしたということは，父が子を任意に認知しないことを意味しています。

夫が子の事実上の父でない場合は認知しても，その認知は無効です。しかし，夫が子の事実上の父であるのに任意認知の届出をしないときは，子又はその法定代理人（この場合は母）は，父を相手方に認知の訴えを提起することができます（民787条）。

〔**参考文献**〕「改訂戸籍届書の審査と受理」232頁・236頁・411頁，「設題解説戸籍実務の処理Ⅱ」433頁，「設題解説戸籍実務の処理Ⅲ」267頁・343頁

## 5　届出の取下げ

**Q249** 出生の届出が不受理となる前に，届出人が届出を取下げることはできますか。

**A** 　届書の記載又は出生証明書などの添付書類に不備があり，届出人において補正ができないときは，不受理になりますが，その不受理の処分がされる前に，届出人において届出書類を整えて再度提出するため，取下げすることができます。

〔注〕届出人の申出によって，取下げることができるのは，原則として届出が受理又は不受理の処分がされる前に限るとされています（昭和23.12.1民事甲1998号回答，昭和52.4.4民二1861号回答）。
　なお，出生の届出には届出期間（戸49条1項）の定めがあるので，届出を取下げし再度提出する場合は留意が必要です。特に，国籍留保の届出を伴う出生届については，届出期間を経過すると届出が受理されない場合があるので，特に留意する必要があります。国籍留保の届出については，Q195～Q199を参照願います。
　また，市区町村役場においては，取下げの場合も不受理処分の場合に準じて，届出の経緯を明確にしておくため戸籍発収簿に記載しておく必要があるものと考えます（標準準則28条・30条・31条）。

〔**参考文献**〕「改訂戸籍届書の審査と受理」27頁，「設題解説戸籍実務の処理Ⅱ」197頁，「初任者のための戸籍実務の手引き」（改訂新版第四訂）12頁

# 第9 出生届が即日に受理決定ができない場合

## 1 届書の補正又は追完

**Q250** 出生の届出を市区町村役場の執務時間の終わる直前にしたが，その日に受理されますか。

**A** 特に問題がなければその日に受理されます。しかし，執務時間内に処理できないときもありますので，その場合は，届出された日を出生届書の欄外余白に，標準準則付録第22号ひな形の印判を押して，受領の年月日及び収受番号（戸籍発収簿の進行番号）を記載して，戸籍発収簿に出生届の内容を記載する取扱いをします（標準準則30条1項）。

本問の場合，届書の審査が翌日以降になるときは，受理の決定も翌日以降になるので，受理した場合は，届書の受理年月日欄に年月日及び受理番号を記載します。この場合の年月日は，受理決定の日ではなく，届書を受領した日になります。また，受理番号は戸籍受附帳に記載するときの番号になります（戸規20条1項）。

なお，本問の場合において，翌日以降に届出を受理したときは，先に出生届の内容を記載した戸籍発収簿の該当箇所の備考欄に，その届出を受理した旨を記載します（標準準則30条2項）。

〔注〕届書を受領したとき，実務上は，届書の受理年月日欄に受領した年月日を記載します（一般的には年月日のゴム印を押す）。即日に受理決定となったときは，戸籍受附帳の番号を届書の受理年月日欄の番号の個所に記載します。その後，届出の内容を戸籍受附帳に記載し，事務処理工程に沿って処理が進められます。

これに対し，即日に処理ができない場合は，届出の受領の経緯を明確にしておく必要から，戸籍発収簿の記載など，前記のとおりの手続をします。

〔参考文献〕「改訂戸籍届書の審査と受理」22頁，「設題解説戸籍実務の処

理Ⅱ」164頁以下,「初任者のための戸籍実務の手引き」(改訂新版第四訂)11頁以下

**Q251** 出生の届出を市区町村役場の執務時間の終わる直前にしたが,その日に受理ができないので,届書の審査は翌日になるといわれた。届書の記載の誤りがある場合の書類の補正等については,届出人に連絡がありますか。

**A** 　審査の結果,適正な届出であればそのまま受理されますが,受理した旨の通知は特にされません。もし,審査の結果,書類に不備があり,書類の補正を要するときは,届出人にその旨の通知がされるので,その場合は,市区町村役場の窓口で届出書類の補正をすることになります。

　なお,通知があっても書類の不備を補正しないときは,届出が受理できないこともあるので,その場合は,届出人において届出の取下げをするか,取下げしないときは,不受理処分になります。

　〔注〕補正しても受理できない場合又は補正に応じない場合においては,当該届出は受理できないことになります。したがって,届出は不受理処分となるほかないが,事案によっては,市区町村長は,事前に管轄法務局の長の指示を求めた上で,処理する必要があるものと考えます。
　　　なお,不受理処分にした場合でも,出生の届出には届出期間の定めがあることを届出人に知らせる必要があります(戸49条・52条・44条)。

　　〔**参考文献**〕「設題解説戸籍実務の処理Ⅱ」160頁以下,197頁以下,311頁以下,「初任者のための戸籍実務の手引き」(改訂新版第四訂)10頁・12頁

## 252

出生の届出は受理されたが，その後に戸籍に記載できない書類上の不備があるので，追完の届出をするようにと市区町村役場から通知があった場合，どのようにしたらよいですか。

**A** 　市区町村役場では，出生の届出を受理したときは，戸籍受附帳に記載した後，戸籍に記載することになるが，その際に届書の記載に誤りがあって，戸籍に記載できないことを発見する場合が稀にあります。その場合は，出生届書の記載の不備を補う追完届を，届出人に提出してもらう場合があります（戸45条）。

　どのような追完届をするかは，届書の不備の内容によりますが，そのことは市区町村役場の窓口で知らせてくれます。追完届が提出されたときは，その届と基本の出生届によって戸籍の記載がされることになります。

　　〔注〕出生届において，届書の記載に不備があるときは，その届出は受理できないことになります。しかし，それを誤って受理した場合は，届出による戸籍の記載ができないことになります。その場合は，戸籍の記載ができるように届書の不備を補う必要があります。これが追完届です。

　　　　追完届は，原則として戸籍の記載前にすることになります。戸籍の記載後は，戸籍訂正によるのが原則ですが，事案によっては戸籍の記載後に追完届が認められる場合もあります。

　　〔**参考文献**〕「設題解説戸籍実務の処理Ⅱ」325頁以下，「設題解説戸籍実務の処理ⅩⅦ」29頁以下，「全訂戸籍訂正・追完の手引き」331頁以下

**Q253** 出生の届出を受理し、戸籍受附帳に記載した後、戸籍に記載する際に届書の記載に誤りがあることを発見したが、その誤りが戸籍の記載に差し支えない場合は、届出人に補正を求めるまでもなく、市区町村長において処理するとされているようですが、その場合はどのような取扱いをするのですか。

**A** 届出を受理した後、届書に軽微な不備を発見した場合において、その不備が戸籍の記載をするについて影響がない場合は、届出人に追完届の提出を求める（戸45条）までもなく、市区町村長において、便宜、例外的に不備の箇所を補正した上で処理することが認められています（標準準則33条）。

この場合は、標準準則付録第24号書式のひな形の符せんを届書に貼付し、その符せんに必要事項を記載します。また、その符せんを貼付する代わりに同書式のひな形の印判を届書の余白に押して、その印判の箇所に必要事項を記載する方法でもよいとされています（標準準則33条）。なお、符せん処理については、Q171の〔注〕を参照願います。

〔参考文献〕「改訂戸籍届書の審査と受理」136頁以下、「設題解説戸籍実務の処理Ⅱ」312頁以下、「設題解説戸籍実務の処理ⅩⅦ」5頁以下、「初任者のための戸籍実務の手引き」（改訂新版第四訂）11頁以下

## 2 受理照会を要する届出

**Q254** 出生の届出がされたときに、市区町村長が、管轄法務局の長の指示を求めるのは、どのような届出がされた場合ですか。

**A** 次のような届出がされた場合です。
1 出生証明書の添付がされていない出生届（昭和23.12.1民事甲1998

号回答）
2 学齢に達した子の出生届（昭和34.8.27民事甲1545号通達）
3 50歳以上の母から出生した子の出生届（昭和36.9.5民事甲2008号通達）
4 無国籍者を父母とする嫡出子出生届又は無国籍者を母とする嫡出でない子の出生届（昭和57.7.6民二4265号通達）
5 離婚後300日以内に出生した子について，医師の作成した「懐胎時期に関する証明書」が添付されている出生届（平成19.5.7民一1008号依命通知）
6 その他受理について疑義がある出生届（例えば，届出人である父が証明した出生証明書添付の出生届など，戸規82条）

〔注〕上記の受理照会（又は処理照会）となる場合を，本書のQによって整理すると次のようになります。
　　1については，Q233を参照願います。
　　2については，Q23を参照願います。
　　3については，Q97，Q107を参照願います。
　　4については，Q137，Q161を参照願います。
　　5については，Q59，Q68，Q93，Q112，Q134，Q158，Q159を参照願います。
　　6については，Q16，Q198，Q232，Q234，Q235を参照願います。
〔参考文献〕「設題解説戸籍実務の処理Ⅱ」177頁以下，「設題解説戸籍実務の処理Ⅲ」7頁以下，「初任者のための戸籍実務の手引き」（改訂新版第四訂）13頁以下

# 第10　出生届の戸籍受附帳の記載

## 1　本籍人に関する届出

**Q255**　出生の届出がされた場合は，まず，戸籍受附帳に記載し，それから届出書類の審査をすることになりますか。

**A**　戸籍受附帳に記載するのは，出生の届出書類を審査し，その届出を適法と認めて受理と決定したときです（戸規20条）。したがって，届出書類の審査をする前に戸籍受附帳に記載することはしません。

〔参考文献〕「改訂戸籍届書の審査と受理」23頁，「設題解説戸籍実務の処理Ⅱ」158頁以下，「初任者のための戸籍実務の手引き」（改訂新版第四訂）11頁

**Q256**　出生の届出書類を受領し，戸籍受附帳に記載するまでの間，その出生の届出がされたことを他の帳簿に書きとめておくことになりますか。

**A**　出生の届出がされた日に受理決定したときは，直ちに戸籍受附帳に記載することになるので（戸規20条1項・21条），他の帳簿に書きとめておく取扱いはしていないものと考えます。

　しかし，届出された日に受理決定ができない場合は，当該届書の受領（受付）年月日を明確にしておく必要があるため，戸籍発収簿に記載します（標準準則30条）。

〔注〕届書を受領したときは，実務上は，届書の受理年月日欄に受領した年月日を記載しています（一般的には年月日のゴム印を押す）。こ

れは届書の受領日後に受理決定した場合でも，受理年月日は受理決定の日ではなく，届書を受領した日になるため，受領した年月日を受理年月日欄に記載しておいても問題がないからです。

〔**参考文献**〕「設題解説戸籍実務の処理Ⅱ」158頁以下，「初任者のための戸籍実務の手引き」（改訂新版第四訂）11頁

## 2 非本籍人に関する届出

**Q257** 届出人の住所地の市区町村長に届出された出生届書を，本籍地の市区町村長に送付するまでの間，戸籍発収簿等に記載しておくことになりますか。

**A** 届出人の住所地の市区町村長に届出された出生届書（本籍人でない者の届出書類という意味で「非本籍人に関する届書」という。）は，本籍人に関する届書と同様に審査し，受理と決定したときは，届書の該当個所に受附番号及び年月日を記載し（戸規20条），戸籍受附帳に記載します（戸規21条）。

その届書は，遅滞なく本籍地の市区町村役場に送付することとされています（戸規26条）し，その作業は一連の手続の中で行われるので，その間に戸籍発収簿等に記載する必要はないものと考えます。

ただし，戸籍の届書類は重要な書類ですから，保管及び管理には特に留意する必要があることはいうまでもありません。

なお，戸籍受附帳の「備考」欄に届書の発送月日を記載し，その送付関係を明確にすることにしています。

また，届書の送付が的確にされるために，届書の到達確認の方法が実施されています〔注〕。

〔注〕届書を受理した市区町村長が，他の市区町村長に届書等を送付すべき場合（戸規26条）に，届書等の未着事故の発生を早期に把握し，速やかに事後の措置を講ずることができるようにするため，届書等

が送付先の市区町村役場に到達したかどうかを確認する取扱い「到達確認」が実施されています（平成7.12.26民二4491号通達）。具体的には，届書を発送するときに，所要事項が印刷された「到達確認書」（ハガキ）を同封し，到着したときに，そのハガキを返送してもらう方法が採られています（「戸籍」645号1頁以下参照）。

届書の到達確認用ハガキの書式について，その一例をあげると次のとおりです。

届書を受理した市区町村は，返信用切手を貼付したこのハガキを作成して，届書とともに送付します（前掲「戸籍」645号25頁・30頁参照）。

<u>到 達 確 認 書</u>

（送付書兼受領書）

| 種　　別 | 出生　死亡　婚姻　離婚　法77条の2　養子縁組 養子離縁　転籍　入籍　その他（　　　　　　） |
|---|---|
| 受理年月日 | 平成　　　　年　　　　月　　　　日 |
| 受理番号 | 本・非　　　第　　　　　　号 |

上記の届書・申請書を送付します。

なお，受領の確認をさせていただくため，お手数ですが，本書を返送願います。

　　平成　　　年　　　月　　　日

　　　　何市（区町村）　何　課　何　係

上記の届書・申請書を受領しました。

　　平成　　　年　　　月　　　日

　　　　何市（区町村）　何　課　何　係

〔参考文献〕「設題解説戸籍実務の処理Ⅱ」158頁以下・367頁以下，「初任者のための戸籍実務の手引き」（改訂新版第四訂）11頁

## 第11　出生届による戸籍の記載

**Q258**　出生の届出に基づく戸籍の記載は，どのようにされますか。

**A**　出生事項は，出生した子の戸籍の身分事項欄に記載します（戸13条，戸規30条・33条・35条）。また，身分事項欄の下部に設けられている，父母欄，父母との続柄欄，名欄及び出生年月日欄にそれぞれ記載をします（戸13条）。この記載は，原則として出生届書に記載された事項に基づいて記載します（戸15条）。

戸籍の記載については，紙戸籍の場合は，戸籍法施行規則附録第6号戸籍記載のひな形に定める相当欄に記載します。なお，身分事項欄に記載する場合は，法定記載例（同規則附録第7号記載例）及び参考記載例（平成2.3.1民二600号通達）に基づいて記載します。

また，コンピュータシステムによる記録事項証明書の場合は，戸籍法施行規則付録第24号ひな形に定める相当欄に記載します。なお，身分事項欄に記載する場合は，同規則付録第25号記載例（法定記載例）及び参考記載例（平成6.11.16民二7000号通達）に基づいて記載します。

〔**参考文献**〕「改訂第1版注解コンピュータ記載例対照戸籍記載例集」，「全訂　注解・戸籍記載例集」

**Q259**　出生の届出に基づく戸籍の記載は，具体的にはどのようにされますか。

**A**　出生した子は父母との身分関係によって，入籍する戸籍，出生事項の記載内容が異なります。また，届出人，届出地によっても記載内容

が異なりますが，出生事項の記載は，原則として，出生の届出に基づいて戸籍法施行規則に規定されている記載例（法定記載例）及び法務省民事局長通達による記載例（参考記載例）によって記載します（Q258参照）。

その具体的な記載の仕方については，出生の届出の内容に合わせて記載例が示されているから，この記載例をみれば，出生の届出の内容によって戸籍にどのように記載されるかが分かります。

なお，次頁に一つの例を掲げたので，参照願います。

また，後掲の「事例編」には，各事例における届書と戸籍の記載について掲げたので，参照願います。

〔**注**〕「戸籍実務六法」（日本加除出版法令編纂室編）に掲載されている戸籍記載例では，出生の届出の内容，届出人，届出地に合わせて，記載する戸籍，記載する欄，そして記載例が示されています。

〔**参考文献**〕「改訂第1版注解コンピュータ記載例対照戸籍記載例集」，「全訂　注解・戸籍記載例集」

【紙戸籍の場合】

| 本籍 | 東京都千代田区平河町一丁目十番地 |
|---|---|
| 氏名 | 甲野義太郎 |
| 編製事項 | （省略） |

平成拾九年拾壱月弐拾五日東京都千代田区で出生同月参拾日父届出入籍㊞

| 父 | 甲野義太郎 |
|---|---|
| 母 | 梅子 |
| | 男　長 |

出生 平成拾九年拾壱月弐拾五日

啓太郎

【コンピュータシステムによる記録事項証明書の場合】

|  |  |
|---|---|
|  | 全部事項証明 |

| 本　　　籍 | 東京都千代田区平河町一丁目１０番地 |
|---|---|
| 氏　　　名 | 甲野　義太郎 |
| 戸籍事項<br>　　戸籍編製 | 省略 |
| 戸籍に記録されている者 | 【名】啓太郎<br><br>【生年月日】平成１９年１１月２５日<br>【父】甲野義太郎<br>【母】甲野梅子<br>【続柄】長男 |
| 身分事項<br>　　出　　生 | 【出生日】平成１９年１１月２５日<br>【出生地】東京都千代田区<br>【届出日】平成１９年１１月３０日<br>【届出人】父 |
|  | 以下余白 |

発行番号

# 第12　出生届書の他市区町村役場への送付

**Q260** 嫡出子の出生届を，父が住所地の市区町村長に届出した場合，その届出書類は，本籍地の市区町村長にどのようにして送られるのですか。

**A**　出生の届出書類は，郵便によって本籍地の市区町村長に送付されます（戸規26条）。

　嫡出子は，原則として父母の戸籍に入籍するので，父母の戸籍がある市区町村長に出生の届出書類は送付され，子はその届出書類に基づき戸籍に記載されます（民790条，戸18条）。

〔注〕届出書類を他の市区町村長に送付する場合（戸規26条）は，届書等の未着事故の発生を防ぐ方策として，届出書類が送付先の市区町村役場に到達したかどうかを確認する取扱い「到達確認」が実施されています（平成7.12.26民二4491号通達）。詳しくはQ257の〔注〕を参照願います。

**Q261** 嫡出でない子の出生届が，母から住所地の市区町村長に届出され，出生届書の「その他」欄に，母は住所地の市区町村に新本籍を定める旨を記載している場合，その届出書類は，母の従前の本籍地の市区町村長には送付されませんか。

**A**　出生の届出書類を母の従前の本籍地の市区町村長に送付します（戸規26条）。

　送付を受けた母の従前の本籍地の市区町村長は，出生届を「その他」の事件として戸籍受附帳に記載して，母を在籍している戸籍から除籍します。

このように処理する理由は，母は戸籍の筆頭者でないため，子の出生届によって，母につき新戸籍が編製されることになり（戸17条），母を従前の戸籍から除籍する必要があるためです。その除籍の処理をするため，前記のとおり母の従前の本籍地の市区町村長へ出生の届出書類を送付します。

　なお，母の新本籍の場所は，出生届書の「その他」欄に記載することになるが，その場所は，母が自由に選定することができます。本問では，母は住所地の市区町村に本籍を定めています。なお，事例24を参照願います。

〔**注**〕母の従前の本籍地の市区町村役場は，送付された出生届を「その他」事件として受付するのは，母の戸籍には，新戸籍を編製したため除籍する旨の記載をするだけで，子の出生事項を記載するものではないためです（法定記載例12参照）。

〔**参考文献**〕「設題解説戸籍実務の処理Ⅱ」367頁以下，「初任者のための戸籍実務の手引き」（改訂新版第四訂）17頁・20頁・21頁・24頁

## 第13　出生届書の整理

### 1　市区町村役場での保管

**Q262** 市区町村長に届出された出生の届出書類は，どのように整理して保存されるのですか。

**A**　出生の届出を受理した市区町村長が，その届出に基づき戸籍の記載をしたときは，その届出書類を，本籍人に関する届出書類として区分します。

　また，受理した市区町村役場では戸籍の記載はしないが，他の市区町村役場で戸籍の記載をする届出書類は，その市区町村役場に送付し，自庁では届書の謄本を作成し（戸36条3項）保存します。この届出書類は，非本籍人に関する届出書類として区分します。

　本籍人に関する届出書類と非本籍人に関する届出書類は，前記のように区分し，更に届出の種類（出生，婚姻，死亡等）ごとに区分した上，受付の順序につづって目録をつけて整理します（戸規48条1項）。なお，届出の種類別に区分せず，受付の順序につづることも認められています（同項ただし書）。

　以上のように区分した届出書類は，本籍人に関する届出書類は，当月に受付けしたものを翌月20日までに，その市区町村役場を管轄する法務局に送付し，そこで当該年度の翌年から起算して27年間保存します（戸規48条2項・49条2項，標準準則36条）。

　また，非本籍人に関する届出書類（届出書類の原本は，本籍地の市区町村役場に送付するため，受理地の市区町村には届書の謄本が残る）は，受理した市区町村役場において，届出の翌年から起算して1年間保存します（戸規48条3項）。

〔参考文献〕「改訂戸籍届書の審査と受理」87頁以下，「設題解説戸籍実務の処理Ⅱ」371頁・374頁・378頁

**Q263** 外国人が所在地の市区町村長に届出した出生の届出書類は、どのように整理して保存されるのですか。

**A** 　年ごとに分け目録をつけて、届出を受理した市区町村役場において保存します（戸規50条1項）。出生の届出書類は報告的届出ですので、届出の翌年から起算して10年間保存します（同条2項）。

　外国人に関する出生の届出は、戸籍の記載を要しないので、他の市区町村長に届書を送付することはありませんから、受理した市区町村役場において保存します。

　受理した届出書類は、「戸籍の記載を要しない事項に関する届書報告書その他の書類つづり」又は「日本の国籍を有しない者に関する届書報告書その他の書類つづり」につづり、その書類つづりには表紙をつけ、報告的届出に関するものと創設的届出に関するものに分け、目録をつけて保存します（標準準則37条・付録第28号様式）。この書類つづりは、外国人にとってわが国における戸籍簿に相当するものともいえます。

〔注〕平和条約発効（昭和27年4月28日）前に受理した朝鮮及び台湾に属する者の届書は、その歴史的背景から、必ずしも本国においてその身分関係が把握されていないことを考慮して、当分の間廃棄することなく届書を受理した市区町村長が保管するものとされています（昭和20.10.15民事特甲452号回答、昭和34.2.6民事甲199号回答）。また、平和条約発効後に受理した朝鮮人に関する戸籍届書類は、保存期間を経過しても、当該外国人の日本国における協定永住権などの特別の地位に付随して、その資格要件の審査の資料とされることもあるので、当分の間保存するものとされています（昭和41.8.22民事甲2431号通達）。

〔参考文献〕「設題解説渉外戸籍実務の処理Ⅰ」253頁以下、「設題解説戸籍実務の処理Ⅰ」215頁以下

## 2 管轄法務局への送付

**Q264** 出生の届出書類のうち、本籍人に関するものを管轄法務局に送付するのは、どうしてですか。

**A** 　第1には、市区町村役場にある戸籍及び除籍等の原本が、水害、火災その他の事故により滅失した場合に、戸籍の届出書類は、その再製資料となるものです。したがって、戸籍及び除籍等の原本と離れた場所に保管しておくのが適当とされているためです。

　第2としては、届書の記載内容の適否を管轄法務局において確認する必要があるためです。また、戸籍法施行規則第15条の規定に基づき管轄法務局に送付された戸籍・除籍の副本と、戸籍の届出書類とを対照し、戸籍の記載が適正にされていることを確認するためでもあります。

　もし、戸籍事務の取扱上において過誤、遺漏等が生じているときは、管轄法務局の長は、戸籍法第3条の規定に基づき、市区町村長に対して、報告を求め、又は助言若しくは勧告をすることになります。また、場合によっては必要な指示をすることになります。

　また、戸籍事務は、法定受託事務として全国的に統一した取扱いが要請されていることから、その取扱い状況を把握する必要があります（戸1条2項・3条）。

〔参考文献〕「設題解説戸籍実務の処理Ⅱ」371頁以下、戸籍法施行規則解説①437頁以下、「新版Q&A戸籍公開の実務」160頁以下

## 第14 出生届書類の記載事項証明書

### 1 市区町村役場での証明

**Q265** 出生の届出をした届出人が，子が戸籍に記載される前に受理された出生届書の写しが必要になった場合，どのようにすればよいですか。

**A** 出生の届出をした市区町村長に，出生届書の記載事項証明書を請求します。ただし，戸籍の届書は，個人の秘密にかかる特別な情報が多く記載されていることから，従来から原則として非公開とされています。そのため，戸籍法第48条第2項は「利害関係人は，特別の事由がある場合に限り，届書その他市町村長の受理した書類の閲覧を請求し，又はその書類に記載した事項について証明書を請求することができる。」と規定しています。すなわち，請求ができる者に該当することと，請求するについて特別の事由があることが必要とされています。

したがって，請求に当たっては，前記の請求ができる者であること，及び請求するについて特別の事由があることを明らかにしなければなりません。

〔注〕出生の届出を受理した場合は，その届出に基づいて遅滞なく戸籍に記載される（戸規24条）ので，出生の届出の証明は戸籍謄抄本によって果たすことができます。したがって，出生届書の記載事項証明書（いわゆる出生届書の写し）が必要となる場合は，そう多くないものと考えます。

なお，請求が認められる場合としては，一般的には，届出事件本人，その親族又は届出人において必要とするとき，又は官公吏が職務上必要とするときに限定する取扱いとされています（昭和22.4.8民事甲277号通達，昭和23.9.9民事甲2484号回答）。なお，単に財産上の利害関係を持つに過ぎない者の請求は認められていません（前掲民事甲277号通達）。

〔参考文献〕「設題解説戸籍実務の処理Ⅰ」296頁，「全訂戸籍法」258頁，

「新版Ｑ＆Ａ戸籍公開の実務」169頁以下

**Q266** 非本籍の市区町村長が出生の届出を受理し，出生届書の謄本を保存している場合，届出人が出生届の記載事項証明書を請求したときは，交付されますか。

**A** 出生届書の謄本が保存されている場合は，適法な請求であれば交付されます（戸48条2項）。なお，Q265を参照願います。

〔参考文献〕「設題解説戸籍実務の処理Ⅰ」296頁以下，「新版Ｑ＆Ａ戸籍公開の実務」169頁以下

**Q267** 外国人夫婦がした出生の届出を，所在地の市区町村長が受理し，同届出書類を保存している場合，届出人が，旅券取得のため在日大使館に提出する必要があるとして，届書の記載事項証明書を請求した場合，交付されますか。

**A** 交付されます。

外国人が市区町村長に届出した届出書類は，日本における外国人の身分関係を証明する資料であり（戸規50条1項），外国人にとっては，わが国における戸籍簿に相当するものともいえます。したがって，正当な請求者が適法に請求した場合は交付されます。

〔注〕日本で出生した外国人の出生届については，戸籍に記載されないので，当該届出書類は，届出された所在地の市区町村長が「戸籍の記載を要しない事項に関する届書報告書その他の書類つづり」又は「日本の国籍を有しない者に関する届書報告書その他の書類つづり」につづり，その書類つづりには表紙をつけ，報告的届出に関するも

のと創設的届出に関するものに分け，目録をつけて保存しています（標準準則37条・付録第28号様式）。

〔**参考文献**〕「設題解説渉外戸籍実務の処理Ⅰ」255頁以下，「設題解説戸籍実務の処理Ⅰ」296頁，「新版Q&A戸籍公開の実務」187頁以下

## 2 管轄法務局での証明

**Q268** 戸籍に「長男」と記載されている子について，出生の届出6か月後に親子関係存否確認の裁判を提起するため，出生届の写しが必要になり，申立人の父が出生の届出をした市区町村役場に請求したところ，その届出書類は既に管轄法務局に送付し，市区町村役場に保存していないといわれました。この場合，どのようにしたらよいですか。

**A** 出生の届出をした市区町村役場を管轄する法務局が，出生の届出書類を保存しているので，その法務局に出生届の記載事項証明書（いわゆる出生届の写し）を請求します。

請求する場合は，「利害関係人は，特別の事由がある場合」に限り請求できるという公開についての制限規定（戸48条2項）がありますので，請求者が子の戸籍上の父であることの身分関係を証明し，また，親子関係についての裁判を提起するものであることを明らかにし，それを請求書に記載します。

以上のことが確認されたときは，同証明書が交付されます。

〔注〕出生の届出が受理された場合は，その届出に基づいて遅滞なく戸籍に記載される（戸規24条）ので，出生の届出の証明は戸籍謄抄本によって果たすことができます。したがって，出生届書の記載事項証明書（いわゆる出生届書の写し）が必要となる場合は，そう多くないものと考えます。

ただ，本問のように親子関係存否確認の裁判においては，必要と

なる場合が生じるものと考えられます。

〔**参考文献**〕「設題解説戸籍実務の処理Ⅰ」296頁以下，「新版Ｑ＆Ａ戸籍公開の実務」169頁以下

# 事 例

出生届の具体例について38事例（届書及び戸籍のひな形）を掲げ，さらに，前掲のQ&Aと関連付けています。

## 第1 嫡出子の出生届

**事例1** 父母の婚姻から200日後に出生した子の嫡出子出生届を，父が，住所地の市区町村長に届出をする場合

〔注〕この事例は，推定される嫡出子の出生届を，父が届出する場合です。嫡出子出生届ですから，母が届出することもできます。なお，届出義務者については，Q206を，届出地については，Q24を参照願います。

**出 生 届**

平成 20 年 3 月 12 日 届出

東京都千代田区 長 殿

| 受理 | 平成 20 年 3 月 12 日 | 発送 | 平成 20 年 3 月 12 日 |
|---|---|---|---|
| 第 | 579 号 | | 東京都千代田区 長㊞ |
| 送付 | 平成 20 年 3 月 14 日 | | |
| 第 | 489 号 | | |
| 書類調査 | 戸籍記載 | 記載調査 | 調査票 | 附票 | 住民票 | 通知 |

| | | | | |
|---|---|---|---|---|
| (1) | 子の氏名 | (よみかた) おつ かわ はる こ<br>氏 乙川　名 春子 | 父母との続き柄 | ☑嫡 出 子　□嫡出でない子　（長　□男 ☑女） |
| (2) | 生まれたとき | 平成 20 年 3 月 5 日　☑午前 □午後　7 時 40 分 | | |
| (3) | 生まれたところ | 東京都港区港南6丁目7　番地／番 8 号 | | |
| (4) | 住　所（住民登録をするところ） | 東京都千代田区大手町7丁目3　番地／番 4 号<br>世帯主の氏名 乙川和夫　世帯主との続き柄 子 | | |
| (5) | 父母の氏名 生年月日（子が生まれたときの年齢） | 父 乙川和夫　昭和55年 6 月 8 日（満27歳）　母 乙川明美　昭和57年 9 月10日（満25歳） | | |
| (6) | 本　籍（外国人のときは国籍だけを書いてください） | 東京都新宿区西新宿8丁目10　番地／番<br>筆頭者の氏名 乙川和夫 | | |
| (7) | 同居を始めたとき | 平成 18 年 6 月（結婚式をあげたとき，または，同居を始めたときのうち早いほうを書いてください） | | |

その他

届出人

☑1.父　□2.法定代理人（　　　）　□3.同居者　□4.医師　□5.助産師　□6.その他の立会者
□母　□7.公設所の長

住所　東京都千代田区大手町7丁目3　番地／番 4 号
本籍　東京都新宿区西新宿8丁目10　番地／番　筆頭者の氏名 乙川和夫
署名　乙川和夫 ㊞　　昭和55年 6 月 8 日生

## 出 生 証 明 書

| | | | | |
|---|---|---|---|---|
| 子の氏名 | 乙川春子 | 男女の別 | 1 男 | ②女 |

| 生まれたとき | 平成20年 3月 5日 | ㊤午前/午後 7時40分 |
|---|---|---|

| (10) 出生したところ及びその種別 | 出生したところの種別 | ①病院　2 診療所　3 助産所<br>4 自宅　5 その他 |
|---|---|---|
| | 出生したところ | 東京都港区港南<br>6丁目7　~~番地~~　番 8 号 |
| | (出生したところの種別1～3)<br>施設の名称 | 港南病院 |

| (11) 体重及び身長 | 体重 3,200 グラム | 身長 48 センチメートル |
|---|---|---|

| (12) 単胎・多胎の別 | ①単胎　2 多胎 ( 子中第 子) |
|---|---|

| (13) 母の氏名 | 乙川明美 | 妊娠週数 満39週 3日 |
|---|---|---|

| (14) この母の出産した子の数 | 出生子 (この出生子及び出生後死亡した子を含む) 1 人 |
|---|---|
| | 死産児 (妊娠満22週以後) 胎 |

| (15) ①医師<br>2 助産師<br>3 その他 | 上記のとおり証明する。<br>　　　　　　　　平成20年 3月10日<br>(住所) 東京都港区港南<br>　　　 6丁目7　~~番地~~　番 8 号<br>(氏名) 山川一郎 ㊞ |
|---|---|

(注・本戸籍は，242頁から始まります)

| | | | | | | | | |
|---|---|---|---|---|---|---|---|---|
| | | 東京都千代田区長から送付入籍㊞ | 平成弐拾年参月五日東京都港区で出生同月拾弐日父届出同月拾四日 | | | 十八番地甲山太郎戸籍から入籍㊞ | 平成拾八年六月弐拾参日乙川和夫と婚姻届出京都市北区小山初音町 | 出生事項（省略） |
| 出生 | | 母 | 父 | 出生 | 妻 | | 母 | 父 |
| 平成弐拾年参月五日 | 春 子 | 乙川和夫美長女 | | 昭和五拾七年九月拾日 | 明 美 | | 甲山道子二女 | 甲山太郎 |

◇ **父母の戸籍**（本戸籍は、二四二頁・二四一頁の順になります）

| 本籍 | 東京都新宿区西新宿八丁目十番地 |
| --- | --- |
| 氏名 | 乙川和夫 |

平成拾八年六月弐拾参日編製㊞

出生事項 平成拾八年六月弐拾参日甲山明美と婚姻届出東京都港区新橋五丁目六番地乙川昭男戸籍から入籍㊞

（省略）

父 乙川昭男
母 松子
長男

夫 和夫

出生 昭和五拾五年六月八日

## ◇父母の戸籍

（2の1） 全部事項証明

| 本　　籍 | 東京都新宿区西新宿八丁目１０番地 |
|---|---|
| 氏　　名 | 乙川　和夫 |

| 戸籍事項<br>　　戸籍編製 | 【編製日】平成１８年６月２３日 |
|---|---|

| 戸籍に記録されている者 | 【名】和夫<br><br>【生年月日】昭和５５年６月８日　【配偶者区分】夫<br>【父】乙川昭男<br>【母】乙川松子<br>【続柄】長男 |
|---|---|
| 身分事項<br>　　出　生<br>　　婚　姻 | 省略<br><br>【婚姻日】平成１８年６月２３日<br>【配偶者氏名】甲山明美<br>【従前戸籍】東京都港区新橋五丁目６番地　乙川昭男 |

| 戸籍に記録されている者 | 【名】明美<br><br>【生年月日】平成５７年９月１０日　【配偶者区分】妻<br>【父】甲山太郎<br>【母】甲山道子<br>【続柄】二女 |
|---|---|
| 身分事項<br>　　出　生<br>　　婚　姻 | 省略<br><br>【婚姻日】平成１８年６月２３日<br>【配偶者氏名】乙川和夫<br>【従前戸籍】京都市北区小山初音町１８番地　甲山太郎 |

| 戸籍に記録されている者 | 【名】春子<br><br>【生年月日】平成２０年３月５日<br>【父】乙川和夫<br>【母】乙川明美<br>【続柄】長女 |
|---|---|
| 身分事項<br>　　出　生 | 【出生日】平成２０年３月５日<br>【出生地】東京都港区<br>【届出日】平成２０年３月１２日 |

発行番号　　　　　　　　　　　　　　　　　　　　　　　　　以下次頁

|  | (2の2) | 全部事項証明 |
|---|---|---|
|  | 【届出人】父<br>【送付を受けた日】平成20年3月14日<br>【受理者】東京都千代田区長 | |
|  | | 以下余白 |

発行番号

**事例2** 父母の婚姻後200日以内に出生した子の嫡出子出生届を，母が，本籍地の市区町村長に届出をする場合

〔注〕 この事例は，推定されない嫡出子の出生届を，母が届出する場合です。事例1の推定される嫡出子の出生届と本事例の推定されない嫡出子の出生届は，いずれも嫡出子出生届ですから，届書の記載内容は同じです。この届出は，父がすることもできます。なお，Q41及びQ52を参照願います。

# 出 生 届

平成 20 年 8 月 22 日 届出

東京都千代田区 長 殿

受理 平成 20 年 8 月 22 日 第 681 号
発送 平成 年 月 日
送付 平成 年 月 日 第 号
書類調査　戸籍記載　記載調査　調査票　附票　住民票　通知

(1) 子の氏名 （よみかた）こうの なつお 氏 甲野 名 夏雄 父母との続き柄 ☑嫡出子 □嫡出でない子 長男 ☑男 □女

(2) 生まれたとき 平成 20 年 8 月 9 日 □午前 ☑午後 8 時 30 分

(3) 生まれたところ 東京都新宿区西新宿7丁目8 番地 9 号

(4) 住所（住民登録をするところ）東京都千代田区平河町8丁目5 番地 6 号 世帯主の氏名 甲野 良男 世帯主との続き柄 子

(5) 父母の氏名 生年月日（子が生まれたときの年齢）父 甲野 良男 昭和54年 3月9日（満29歳） 母 甲野 朝子 昭和56年 4月12日（満27歳）

(6) 本籍（外国人のときは国籍だけを書いてください）東京都千代田区平河町8丁目20 番地 筆頭者の氏名 甲野 良男

(7) 同居を始めたとき 平成19年 12月 （結婚式をあげたとき，または，同居を始めたときのうち早いほうを書いてください）

その他

届出人 ☑1.父 母 □2.法定代理人（　　） □3.同居者 □4.医師 □5.助産師 □6.その他の立会者 □7.公設所の長

住所 東京都千代田区平河町8丁目5 番地 6 号

本籍 東京都千代田区平河町8丁目20 番地 筆頭者の氏名 甲野 良男

署名 甲野 朝子 ㊞ 昭和56年 4月 12日生

（出生証明書省略）

# 第1 嫡出子の出生届

| | | | | | | |
|---|---|---|---|---|---|---|
| 平成弐拾年八月九日東京都新宿区で出生同月弐拾弐日母届出入籍㊞ | 父 甲野良男 母 朝子 長男 | 平成弐拾年八月九日東京都新宿区で出生同月弐拾弐日母届出入籍㊞ | 妻 朝子 昭和五拾六年四月拾弐日 | 平成弐拾年四月弐拾七日甲野良男と婚姻届出東京都港区浜松町二丁目五十番地乙川武次戸籍から入籍㊞ | 父 乙川武次 母 明子 三女 | 出生事項（省略） |

出生 平成弐拾年八月九日　夏雄

◇父母の戸籍（二四六頁・二四七頁で見開き）

| 本籍 | 東京都千代田区平河町八丁目二十番地 | | | | 氏名 | 甲野 良男 |

平成弐拾年四月弐拾七日編製㊞

出生事項（省略）

平成弐拾年四月弐拾七日乙川朝子と婚姻届出東京都千代田区平河町八丁目二十番地甲野松雄戸籍から入籍㊞

| 父 | 甲野松雄 | 長 |
| 母 | 甲野梅子 | 男 |
| 夫 | 良男 | |
| 出生 | 昭和五拾四年参月九日 | |

◇父母の戸籍

(1の1)　　全部事項証明

| 本　　　籍 | 東京都千代田区平河町八丁目２０番地 |
|---|---|
| 氏　　　名 | 甲野　良男 |
| 戸籍事項<br>　　戸籍編製 | 【編製日】平成２０年４月２７日 |
| 戸籍に記録されている者 | 【名】良　男<br><br>【生年月日】昭和５４年３月９日　【配偶者区分】夫<br>【父】甲野松雄<br>【母】甲野梅子<br>【続柄】長男 |
| 身分事項<br>　　出　　生<br>　　婚　　姻 | 省略<br>- - - - - - - - - - - - - - - - - - - - - - - - - - - - - -<br>【婚姻日】平成２０年４月２７日<br>【配偶者氏名】乙川朝子<br>【従前戸籍】東京都千代田区平河町八丁目２０番地　甲野松雄 |
| 戸籍に記録されている者 | 【名】朝　子<br><br>【生年月日】昭和５６年４月１２日　【配偶者区分】妻<br>【父】乙川武次<br>【母】乙川明子<br>【続柄】三女 |
| 身分事項<br>　　出　　生<br>　　婚　　姻 | 省略<br>- - - - - - - - - - - - - - - - - - - - - - - - - - - - - -<br>【婚姻日】平成２０年４月２７日<br>【配偶者氏名】甲野良男<br>【従前戸籍】東京都港区浜松町二丁目５０番地　乙川武次 |
| 戸籍に記録されている者 | 【名】夏　雄<br><br>【生年月日】平成２０年８月９日<br>【父】甲野良男<br>【母】甲野朝子<br>【続柄】長男 |
| 身分事項<br>　　出　　生 | 【出生日】平成２０年８月９日<br>【出生地】東京都新宿区<br>【届出日】平成２０年８月２２日<br>【届出人】母 |

発行番号

## 事例3

父母の離婚後300日以内に出生した子の嫡出子出生届を，母が，住所地の市区町村長に届出をする場合

〔注〕この事例は，父母離婚後に出生した，推定される嫡出子の出生届を，母が届出する場合です。この場合の第1順位の届出義務者は母です。なお，Q54，Q90及びQ125を参照願います。

# 出 生 届

平成 20 年 5 月 25 日 届出

東京都千代田区 長 殿

| 受理 | 平成 20 年 5 月 25 日 | 発送 | 平成 20 年 5 月 25 日 |
|---|---|---|---|
| 第 | 793 号 | | |
| 送付 | 平成 20 年 5 月 27 日 | 東京都千代田区 長 ㊞ | |
| 第 | 652 号 | | |
| 書類調査 | 戸籍記載 | 記載調査 | 調査票 | 附票 | 住民票 | 通知 |

## 生まれた子

(1) 子の氏名
（よみかた）へいやま あきお
氏：丙山　名：明夫
父母との続き柄：☑嫡出子　□嫡出でない子　〔長　☑男　□女〕

(2) 生まれたとき
平成 20 年 5 月 12 日　□午前　☑午後　9 時 40 分

(3) 生まれたところ
東京都千代田区神田淡路町 6 丁目 7 番地／番 8 号

(4) 住所（住民登録をするところ）
東京都千代田区神田小川町 2 丁目 3 番地／番 4 号
世帯主の氏名：乙野秋子
世帯主との続き柄：子

(5) 父母の氏名 生年月日（子が生まれたときの年齢）
父：丙山正治　昭和52年 2月 8日（満31歳）
母：乙野秋子　昭和52年 11月 5日（満30歳）

(6) 本籍（外国人のときは国籍だけを書いてください）
横浜市磯子区磯子 6 丁目 25　番地／番
筆頭者の氏名：丙山正治

(7) 同居を始めたとき
平成 15 年 4 月
（結婚式をあげたとき，または，同居を始めたときのうち早いほうを書いてください）

### その他
父母平成19年11月30日離婚届出
親権者は母である。

### 届出人
□ 1. 父　☑ 母　□ 2. 法定代理人（　　　）　□ 3. 同居者　□ 4. 医師　□ 5. 助産師　□ 6. その他の立会者　□ 7. 公設所の長

住所：東京都千代田区神田小川町 2 丁目 3　番地／番 4 号

本籍：千葉市中央区中央 5 丁目60　番地／番
筆頭者の氏名：乙野秋子

署名：乙野秋子 ㊞　昭和52年 11月 5日生

（出生証明書省略）

| | | | 父 | | 妻 | 母 | 父 | 出生事項（省略） |
|---|---|---|---|---|---|---|---|---|
| | | | 母 | | | | | |
| | 親権者母㊞ | 平成弐拾年五月弐拾弐日東京都千代田区で出生同月弐拾五日母届出同月弐拾七日同区長から送付入籍㊞ | 乙野忠治戸籍から入籍㊞ | 丁目六十番地に新戸籍編製につき除籍㊞ | 平成拾九年拾壱月参拾日夫正治と協議離婚届出千葉市中央区中央五 | 五番地乙野忠治戸籍から入籍㊞ | 平成拾五年四月六日丙山正治と婚姻届出千葉市中央区中央二丁目十 | |
| 出生 | | | 父 丙山正治 長男 | | | 母 乙野安子 二女 | | |
| | | | 母 乙野秋子 | | 秋子 昭和五拾弐年拾壱月五日 | | 父 乙野忠治 | |
| 平成弐拾年五月拾弐日 | | | | | | | | |
| | | 明夫 | | | | | | |

◇父母離婚当時の戸籍（二五〇頁・二五一頁で見開き）

| 本籍 | 横浜市磯子区磯子六丁目二十五番地 平成拾五年四月六日編製㊞ | | | 氏名 | 丙山正治 |
|---|---|---|---|---|---|
| | | 出生事項（省略） 平成拾五年四月六日乙野秋子と婚姻届出横浜市磯子区磯子一丁目十番地丙山正造戸籍から入籍㊞ 平成拾九年拾壱月参拾日妻秋子と協議離婚届出㊞ | | 父 丙山正造 母 竹子 二男 | |
| | | | 未 正治 | | 出生 昭和五拾弐年弐月八日 |

## ◇父母離婚当時の戸籍

(2の1)　全部事項証明

| 本　　　籍 | 横浜市磯子区磯子六丁目25番地 |
| --- | --- |
| 氏　　　名 | 丙山　正治 |
| 戸籍事項<br>　　戸籍編製 | 【編製日】平成15年4月6日 |
| 戸籍に記録されている者 | 【名】正　治<br><br>【生年月日】昭和52年2月8日<br>【父】丙山正造<br>【母】丙山竹子<br>【続柄】二男 |
| 身分事項<br>　　出　　生<br><br>　　婚　　姻<br><br><br><br>　　離　　婚 | 省略<br><br>【婚姻日】平成15年4月6日<br>【配偶者氏名】乙野秋子<br>【従前戸籍】横浜市磯子区磯子一丁目10番地　丙山正造<br><br>【離婚日】平成19年11月30日<br>【配偶者氏名】丙山秋子 |
| 戸籍に記録されている者<br><br>除　　籍 | 【名】秋　子<br><br>【生年月日】昭和52年11月5日<br>【父】乙野忠治<br>【母】乙野安子<br>【続柄】二女 |
| 身分事項<br>　　出　　生<br><br>　　婚　　姻<br><br><br><br>　　離　　婚 | 省略<br><br>【婚姻日】平成15年4月6日<br>【配偶者氏名】丙山正治<br>【従前戸籍】千葉市中央区中央二丁目15番地　乙野忠治<br><br>【離婚日】平成19年11月30日<br>【配偶者氏名】丙山正治<br>【新本籍】千葉市中央区中央五丁目60番地 |
| 戸籍に記録されている者 | 【名】明　夫<br><br>【生年月日】平成20年5月12日<br>【父】丙山正治 |

発行番号　　　　　　　　　　　　　　　　　　　　　　　　　　　　以下次頁

（2の2） 全部事項証明

| | |
|---|---|
| | 【母】乙野秋子<br>【続柄】長男 |
| 身分事項<br>　出　生 | 【出生日】平成20年5月12日<br>【出生地】東京都千代田区<br>【届出日】平成20年5月25日<br>【届出人】母<br>【送付を受けた日】平成20年5月27日<br>【受理者】東京都千代田区長 |
| 　親　権 | 【親権者】母 |

以下余白

発行番号

# 第1 嫡出子の出生届

**事例4** 父母の婚姻前に出生した子の出生届を，父が，婚姻後に嫡出子として住所地の市区町村長に届出をする場合

〔注〕 この事例は，父母婚姻前に出生した子の出生届を，父母の婚姻後に父が嫡出子出生届をする場合です。この届出は，認知の届出の効力を有するので，父が届出人になります。なお，Q47，Q53及びQ86を参照願います。

## 出 生 届

平成 20 年 6 月 5 日 届出

東京都新宿区 長 殿

受理 平成 20 年 6 月 5 日 第 853 号
送付 平成 20 年 6 月 7 日 第 749 号
発送 平成 20 年 6 月 5 日
東京都新宿区 長 ㊞

書類調査　戸籍記載　記載調査　調査票　附票　住民票　通知

| | | | | |
|---|---|---|---|---|
| (1) | 子の氏名 | (よみかた) こう かわ ふゆ こ  氏 甲川　名 冬子 | 父母との続き柄 | ☑嫡出子 □嫡出でない子　長　□男 ☑女 |
| (2) | 生まれたとき | 平成 20 年 1 月 18 日 ☑午前 □午後 5 時 20 分 | | |
| (3) | 生まれたところ | 東京都新宿区北新宿 5 丁目 8 番地 5 号 | | |
| (4) | 住所 (住民登録をするところ) | 東京都新宿区西新宿 3 丁目 4　番 7 号　世帯主の氏名 甲川道雄　世帯主との続き柄 子 | | |
| (5) | 父母の氏名 生年月日 (子が生まれたときの年齢) | 父 甲川道雄　昭和54年 5 月 9 日 (満28歳) | 母 甲川咲子　昭和58年 5 月 7 日 (満24歳) | |
| (6) | 本籍 (外国人のときは国籍だけを書いてください) | 千葉市中央区中央 7 丁目30　番地　筆頭者の氏名 甲川道雄 | | |
| (7) | 同居を始めたとき | 平成 18 年 12 月 (結婚式をあげたとき、または、同居を始めたときのうち早いほうを書いてください) | | |

その他　父母平成20年 5 月25日婚姻届出

届出人

☑ 1. 父／母　□ 2. 法定代理人 (　　　)　□ 3. 同居者　□ 4. 医師　□ 5. 助産師　□ 6. その他の立会者
□ 7. 公設所の長

住所　東京都新宿区西新宿 3 丁目 4　番地 7 号

本籍　千葉市中央区中央 7 丁目30　番地　筆頭者の氏名 甲川道雄

署名　甲川道雄 ㊞　昭和54年 5 月 9 日生

(出生証明書省略)

(注・本戸籍は，256頁から始まります)

| | | | | | | | |
|---|---|---|---|---|---|---|---|
| | 平成弐拾年壱月拾八日東京都新宿区で出生同年六月五日父届出同月七日同区長から送付入籍㊞ | | | | 平成弐拾年五月弐拾五日甲川道雄と婚姻届出埼玉県上尾市本町三丁目九番地乙村一郎戸籍から入籍㊞ | | 出生事項（省略） |
| 出生 | 母 | 父 | 出生 | 妻 | | 母 | 父 |
| 平成弐拾年壱月拾八日 | 冬子 | 甲川道雄<br>長女 | 昭和五拾八年五月七日 | 咲子 | | 福子 | 乙村一郎<br>二女 |

◇父母の戸籍（本戸籍は、二五六頁・二五五頁の順になります）

| 本　籍 | 千葉市中央区中央七丁目三十番地 |
|---|---|
| 氏　名 | 甲川　道雄 |

平成弐拾年五月弐拾五日編製㊞

出生事項（省略）

平成弐拾年五月弐拾五日乙村咲子と婚姻届出千葉市中央区千葉港九十番地甲川雄治戸籍から入籍㊞

父　甲川雄治
母　光子
長男

夫　道雄

出生　昭和五拾四年五月九日

## ◇父母の戸籍

(2の1) 全部事項証明

| 本　　　籍 | 千葉市中央区中央七丁目30番地 |
|---|---|
| 氏　　　名 | 甲川　道雄 |

| 戸籍事項<br>　　戸籍編製 | 【編製日】平成20年5月25日 |
|---|---|
| 戸籍に記録されている者 | 【名】道　雄<br><br>【生年月日】昭和54年5月9日　【配偶者区分】夫<br>【父】甲川雄治<br>【母】甲川光子<br>【続柄】長男 |
| 身分事項<br>　　出　　生<br><br>　　婚　　姻 | 省略<br><br>【婚姻日】平成20年5月25日<br>【配偶者氏名】乙村咲子<br>【従前戸籍】千葉市中央区千葉港90番地　甲川雄治 |
| 戸籍に記録されている者 | 【名】咲　子<br><br>【生年月日】昭和58年5月7日　【配偶者区分】妻<br>【父】乙村一郎<br>【母】乙村福子<br>【続柄】二女 |
| 身分事項<br>　　出　　生<br><br>　　婚　　姻 | 省略<br><br>【婚姻日】平成20年5月25日<br>【配偶者氏名】甲川道雄<br>【従前戸籍】埼玉県上尾市本町三丁目9番地　乙村一郎 |
| 戸籍に記録されている者 | 【名】冬　子<br><br>【生年月日】平成20年1月18日<br>【父】甲川道雄<br>【母】甲川咲子<br>【続柄】長女 |
| 身分事項<br>　　出　　生 | 【出生日】平成20年1月18日<br>【出生地】東京都新宿区<br>【届出日】平成20年6月5日 |

発行番号　　　　　　　　　　　　　　　　　　　　　　　以下次頁

|  | (2の2) | 全部事項証明 |
|---|---|---|
|  | 【届出人】父<br>【送付を受けた日】平成20年6月7日<br>【受理者】東京都新宿区長 | |
|  | | 以下余白 |

発行番号

## 事例5　嫡出子出生届を，同居者が，住所地の市区町村長に届出をする場合

〔注〕この事例は，父又は母が届出できないため，次順位の届出義務者である同居者が届出する場合です。なお，同居者は夫の父で，出生子の名前は予め子の父母から知らされている事例です。なお，Q207を参照願います。

# 出生届

平成 20 年 7 月 6 日届出

東京都千代田区 長 殿

| 受理 | 平成20年 7月 6日 | 発送 | 平成20年 7月 6日 |
|---|---|---|---|
| 第 | 914 号 | | 東京都千代田区 長 ㊞ |
| 送付 | 平成20年 7月 8日 | | |
| 第 | 812 号 | | |
| 書類調査 | 戸籍記載 | 記載調査 | 調査票 | 附票 | 住民票 | 通知 |

| | | | | | |
|---|---|---|---|---|---|
| (1) | 子の氏名 | (よみかた) こうの けいた / 氏 甲野　名 啓太 | 父母との続き柄 | ☑嫡出子　□嫡出でない子 | 〔長〕 ☑男 □女 |
| (2) | 生まれたとき | 平成 20 年 6 月 24 日 | ☑午前 □午後 | 6 時 40 分 | |
| (3) | 生まれたところ | 東京都千代田区大手町6丁目7 | | 番地／番 9 号 | |
| (4) | 住　所 (住民登録をするところ) | 東京都千代田区平河町4丁目5 | | 番地／番 6 号 | |
| | | 世帯主の氏名　甲野 英男 | 世帯主との続き柄　子 | | |
| (5) | 父母の氏名 生年月日 (子が生まれたときの年齢) | 父　甲野 英男 昭和55年 6月 8日 (満28歳) | 母　甲野 信子 昭和59年 4月 8日 (満24歳) | | |
| (6) | 本　籍 (外国人のときは国籍だけを書いてください) | 横浜市中区昭和町50 | | 番地／番 | |
| | | 筆頭者の氏名　甲野 英男 | | | |
| (7) | 同居を始めたとき | 平成 19 年 2 月 | (結婚式をあげたとき，または，同居を始めたときのうち早いほうを書いてください) | | |

| その他 | 父が海外出張中であり，母は病院に入院中のため届出ができないので，同居者が届出する。 |
|---|---|

| 届 | □1. 父 / 母　□2. 法定代理人（　）　☑3. 同居者　□4. 医師　□5. 助産師　□6. その他の立会者 □7. 公設所の長 |
|---|---|
| 出 | 住　所　東京都千代田区平河町4丁目5　　　番地／番 6 号 |
| 人 | 本　籍　横浜市中区昭和町50　　番地／番　筆頭者の氏名　甲野 芳治 |
| | 署　名　甲野 芳治　㊞　　昭和27年 8月 5日生 |

(出生証明書省略)

260　第1　嫡出子の出生届

| | | | | | | | |
|---|---|---|---|---|---|---|---|
| 出生 | | 父 甲野英男 母 甲野信子 男 長 | 平成弐拾年六月弐拾四日東京都千代田区で出生同年七月六日同居者甲野芳治届出同月八日同区長から送付入籍㊞ | 生出 | 妻 信 子 | 父 乙野太郎 母 乙野竹子 女 三 | 平成拾九年弐月拾参日甲野英男と婚姻届出東京都港区高輪二丁目二十九番地乙野太郎戸籍から入籍㊞ | 出生事項（省略） |

| 生出 | | | | |
|---|---|---|---|---|
| 平成弐拾年六月弐拾四日 | | 啓 太 | | |

◇父母の戸籍（二六〇頁・二六一頁で見開き）

| 本 籍 | 横浜市中区昭和町五十番地 |
|---|---|
| 氏 名 | 甲野英男 |

平成拾九年弐月拾参日編製㊞

出生事項（省略）

平成拾九年弐月拾参日乙野信子と婚姻届出横浜市中区昭和町五十番地甲野芳治戸籍から入籍㊞

| 父 | 甲野芳治 |
|---|---|
| 母 | 富子 |
| 続柄 | 長男 |

| 夫 | 英男 |
|---|---|
| 出生 | 昭和五拾五年六月八日 |

## ◇父母の戸籍

(1の1) 全部事項証明

| 本　　　籍 | 横浜市中区昭和町５０番地 |
|---|---|
| 氏　　　名 | 甲野　英男 |
| 戸籍事項<br>　戸籍編製 | 【編製日】平成１９年２月１３日 |
| 戸籍に記録されている者 | 【名】英 男<br><br>【生年月日】昭和５５年６月８日　【配偶者区分】夫<br>【父】甲野芳治<br>【母】甲野富子<br>【続柄】長男 |
| 身分事項<br>　出　　生<br><br>　婚　　姻 | 省略<br><br>--------<br>【婚姻日】平成１９年２月１３日<br>【配偶者氏名】乙野信子<br>【従前戸籍】横浜市中区昭和町５０番地　甲野芳治 |
| 戸籍に記録されている者 | 【名】信 子<br><br>【生年月日】昭和５９年４月８日　【配偶者区分】妻<br>【父】乙野太郎<br>【母】乙野竹子<br>【続柄】三女 |
| 身分事項<br>　出　　生<br><br>　婚　　姻 | 省略<br><br>--------<br>【婚姻日】平成１９年２月１３日<br>【配偶者氏名】甲野英男<br>【従前戸籍】東京都港区高輪二丁目２９番地　乙野太郎 |
| 戸籍に記録されている者 | 【名】啓 太<br><br>【生年月日】平成２０年６月２４日<br>【父】甲野英男<br>【母】甲野信子<br>【続柄】長男 |
| 身分事項<br>　出　　生 | 【出生日】平成２０年６月２４日<br>【出生地】東京都千代田区<br>【届出日】平成２０年７月６日<br>【届出人】同居者　甲野芳治<br>【送付を受けた日】平成２０年７月８日<br>【受理者】東京都千代田区長 |

発行番号

## 事例6　名未定の嫡出子出生届を，出産に立ち会った医師が，住所地の市区町村長に届出をする場合

〔注〕この事例は，父又は母が届出できない事由があり，また，次順位の同居者がいないため，その次の順位の届出義務者である出産に立ち会った医師が，名未定の出生の届出をする場合です。なお，Q34を参照願います。

# 出 生 届

平成20年8月9日届出

東京都港区　長　殿

| 受理 | 平成20年8月9日 | 発送 | 平成20年8月9日 |
|---|---|---|---|
| 第 | 984 号 | | |
| 送付 | 平成20年8月11日 | 東京都港区　長 ㊞ | |
| 第 | 734 号 | | |
| 書類調査 | 戸籍記載 | 記載調査 | 調査票 | 附票 | 住民票 | 通知 |

| | | | | |
|---|---|---|---|---|
| (1) | 子の氏名 | （よみかた）<br>氏　　　名<br>名　未　定 | 父母との続き柄 | ☑嫡出子<br>□嫡出でない子　〔長〕□男 ☑女 |
| (2) | 生まれたとき | 平成20年7月28日　☑午前 □午後　7時50分 | | |
| (3) | 生まれたところ | 東京都港区新橋7丁目8 | 番地／番 7号 | |
| (4) | 住　所<br>(住民登録をするところ) | 東京都港区元麻布5丁目6 | 番地／番 9号 | |
| | | 世帯主の氏名　乙山義治 | 世帯主との続き柄　子 | |
| (5) | 父母の氏名<br>生年月日<br>(子が生まれたときの年齢) | 父　乙山義治<br>昭和54年7月6日（満29歳） | 母　乙山福子<br>昭和56年5月7日（満27歳） | |
| (6) | 本　籍<br>(外国人のときは国籍だけを書いてください) | 東京都千代田区大手町6丁目5 | 番地／番 | |
| | | 筆頭者の氏名　乙山義治 | | |
| (7) | 同居を始めたとき | 平成18年9月　（結婚式をあげたとき，または，同居を始めたときのうち早いほうを書いてください） | | |

その他：父は海外出張中であり，母は病院に入院中であるため，子の名は未定である。父母が届出できず，同居者もいないので，出産に立ち会った医師が届出する。

届出人：
□1.父母　□2.法定代理人（　）　□3.同居者　☑4.医師　□5.助産師　□6.その他の立会者　□7.公設所の長

住所　東京都千代田区平河町4丁目5　番地／番 6号
本籍　東京都千代田区平河町4丁目10番地　筆頭者の氏名　丁川春彦
署名　丁川春彦 ㊞　　昭和37年4月3日生

（出生証明書省略）

| | | | | | | | |
|---|---|---|---|---|---|---|---|
| | 丁川春彦届出同月拾壱日同区長から送付入籍㊞ | 平成弐拾年七月弐拾八日東京都港区で出生名未定同年八月九日医師 | | | 甲野隆一戸籍から入籍㊞ | 平成拾八年九月弐拾日乙山義治と婚姻届出鹿児島市山下町二十番地 | 出生事項（省略） |
| 出生 | 母 | 父 | 妻 | 生出 | | 母 | 父 |
| 平成弐拾年七月弐拾八日 | 乙山福子女 | 乙山義治長 | 福子 | 昭和五拾六年五月七日 | | 甲野清子女 | 甲野隆一二 |

◇父母の戸籍 (二六四頁・二六五頁で見開き)

| 本　籍 | 東京都千代田区大手町六丁目五番地 | 氏　名 | 乙　山　義　治 |
|---|---|---|---|

平成拾八年九月弐拾日編製㊞

出生事項 (省略)

平成拾八年九月弐拾日甲野福子と婚姻届出青森市中央五丁目十番地

乙山義蔵戸籍から入籍㊞

| 父 | 乙山義蔵 |
|---|---|
| 母 | 民子 |
| | 三男 |

夫　義　治

出生　昭和五拾四年七月六日

## ◇父母の戸籍

（1の1）　　全部事項証明

| 本　　　籍 | 東京都千代田区大手町六丁目5番地 |
|---|---|
| 氏　　　名 | 乙山　義治 |
| 戸籍事項<br>　戸籍編製 | 【編製日】平成18年9月20日 |
| 戸籍に記録されている者 | 【名】義治<br><br>【生年月日】昭和54年7月6日　【配偶者区分】夫<br>【父】乙山義蔵<br>【母】乙山民子<br>【続柄】三男 |
| 身分事項<br>　出　　生<br><br>　婚　　姻 | 省略<br><br>---<br>【婚姻日】平成18年9月20日<br>【配偶者氏名】甲野福子<br>【従前戸籍】青森市中央五丁目10番地　乙山義蔵 |
| 戸籍に記録されている者 | 【名】福子<br><br>【生年月日】昭和56年5月7日　【配偶者区分】妻<br>【父】甲野隆一<br>【母】甲野清子<br>【続柄】二女 |
| 身分事項<br>　出　　生<br><br>　婚　　姻 | 省略<br><br>---<br>【婚姻日】平成18年9月20日<br>【配偶者氏名】乙山義治<br>【従前戸籍】鹿児島市山下町20番地　甲野隆一 |
| 戸籍に記録されている者 | 【名】<br><br>【生年月日】平成20年7月28日<br>【父】乙山義治<br>【母】乙山福子<br>【続柄】長女 |
| 身分事項<br>　出　　生 | 【出生日】平成20年7月28日<br>【出生地】東京都港区<br>【届出日】平成20年8月9日<br>【届出人】医師　丁川春彦<br>【送付を受けた日】平成20年8月11日<br>【受理者】東京都港区長<br>【特記事項】名未定 |

発行番号

**事例7** 名未定の嫡出子出生届がされた後，父が，名の追完届を本籍地の市区町村長に届出をする場合

〔注〕 事例6の名未定の嫡出子出生届をした後，子の名が決まったため，父が，名の追完届をする場合です。なお，Q35を参照願います。

## 追　完　届

東京都千代田区長　殿

平成20年10月2日届出

受付　平成20年10月2日　第1987号
戸籍調査　記載
記載調査
送付
住民票　記載
通知
附票　記載
通知

| | | | | | | |
|---|---|---|---|---|---|---|
| (一) | 種類 | 出生届 | 届出の年月日 | 平成20年8月9日 | 基本届出事件の受付年月日及び受付番号 | 平成20年8月9日　第984号 |
| (二) 追完を要する届出事件 | 届出人 | 丁川春彦 | | | | |
| (三) | 事件本人 | 本籍 | 東京都千代田区大手町6丁目5番地 | | | |
| | | 筆頭者氏名 | 乙山義治 | | | |
| (四) | | 住所及び世帯主氏名 | 東京都港区元麻布5丁目6番9号　乙山義治 | | | |
| (五) | | 氏名 | 乙山良子（名未定） | | | |
| | | 生年月日 | 平成20年7月28日 | | | |
| (六) | 追完の事由 | 父母が出生届をすることができなかったため，名未定として医師から出生届をしたが，海外出張中の父が帰国し，出生子の命名をした。 | | | | |
| (七) | 追完する事項 | 事件本人の名を「良子」と追完する。 | | | | |
| (八) | 添付書類 | | | | | |
| (九) 届出人 | | 本籍 | 東京都千代田区大手町6丁目5番地 | | | |
| | | 筆頭者氏名 | 乙山義治 | | | |
| | | 住所 | 東京都港区元麻布5丁目6番9号 | | | |
| | | 届出人の資格及び署名押印 | （父）乙山義治　㊞ | | | |
| | | 生年月日 | 昭和54年7月6日生 | | | |

（注意）
一　事件本人又は届出人が二人以上であるときは，必要に応じ該当欄を区切って記載すること。
二　(六)欄は，追完するにいたった錯誤，遺漏の事情を簡明に記載すること。
三　(七)欄は，追完すべき箇所及び事項を簡明に記載すること。

| | | 出生事項（省略） |
|---|---|---|
| | 父 | 甲野隆一二 |
| | 母 | 清子 女 |
| | 妻 | 福子 |
| | 出生 | 昭和五拾六年五月七日 |
| 甲野隆一戸籍から入籍㊞ | | |
| 平成拾八年九月弐拾日乙山義治と婚姻届出鹿児島市山下町二十番地 | | |
| 平成弐拾年七月弐拾八日東京都港区で出生名未定同年八月九日医師丁川春彦届出同月拾壱日同区長から送付入籍㊞ | | |
| 平成弐拾年拾月弐日名追完父届出㊞ | | |
| | 父 | 乙山義治 長 |
| | 母 | 福子 女 |
| | | 良子 |
| | 出生 | 平成弐拾年七月弐拾八日 |

◇父母の戸籍 （二六八頁・二六九頁で見開き）

| 本　籍 | 東京都千代田区大手町六丁目五番地 |
| --- | --- |
| 氏　名 | 乙山義治 |

平成拾八年九月弐拾日編製㊞

出生事項（省略）

平成拾八年九月弐拾日甲野福子と婚姻届出青森市中央五丁目十番地

乙山義蔵戸籍から入籍㊞

| 父 | 乙山義蔵 |
| 母 | 民子 |
| | 三男 |

| 夫 | 義治 |
| 出生 | 昭和五拾四年七月六日 |

◇父母の戸籍

(2の1) | 全部事項証明

| 本　　籍 | 東京都千代田区大手町六丁目5番地 |
|---|---|
| 氏　　名 | 乙山　義治 |

| 戸籍事項<br>　戸籍編製 | 【編製日】平成18年9月20日 |
|---|---|
| 戸籍に記録されている者 | 【名】義治<br><br>【生年月日】昭和54年7月6日　【配偶者区分】夫<br>【父】乙山義蔵<br>【母】乙山民子<br>【続柄】三男 |
| 身分事項<br>　出　　生<br>　婚　　姻 | 省略<br><br>【婚姻日】平成18年9月20日<br>【配偶者氏名】甲野福子<br>【従前戸籍】青森市中央五丁目10番地　乙山義蔵 |
| 戸籍に記録されている者 | 【名】福子<br><br>【生年月日】昭和56年5月7日　【配偶者区分】妻<br>【父】甲野隆一<br>【母】甲野清子<br>【続柄】二女 |
| 身分事項<br>　出　　生<br>　婚　　姻 | 省略<br><br>【婚姻日】平成18年9月20日<br>【配偶者氏名】乙山義治<br>【従前戸籍】鹿児島市山下町20番地　甲野隆一 |
| 戸籍に記録されている者 | 【名】良子<br><br>【生年月日】平成20年7月28日<br>【父】乙山義治<br>【母】乙山福子<br>【続柄】長女 |
| 身分事項<br>　出　　生 | 【出生日】平成20年7月28日<br>【出生地】東京都港区<br>【届出日】平成20年8月9日 |

発行番号　　　　　　　　　　　　　　　　　　　　　　　　　　　以下次頁

(2の2) 全部事項証明

| | |
|---|---|
| 追　完 | 【届出人】医師　丁川春彦<br>【送付を受けた日】平成20年8月11日<br>【受理者】東京都港区長 |
| 追　完 | 【追完日】平成20年10月2日<br>【追完の内容】名<br>【届出人】父<br>【従前の記録】<br>　　【特記事項】名未定 |
| 追　完 | 【追完日】平成20年10月2日<br>【追完の内容】名<br>【届出人】父<br>【記録の内容】<br>　　【名】良子 |

以下余白

発行番号

# 第1 嫡出子の出生届

**事例8** 嫡出子出生届を，公設所の長（公立病院の長）が，所在地の市区町村長に届出をする場合

〔注〕この事例は，公設所で出生した子の出生届を，父又は母が届出できないため，公設所の長が，届出する場合で，出生子の名前は予め子の母から知らされている事例です。なお，Q174，Q184及びQ185を参照願います。

## 出生届

平成20年11月21日届出

東京都千代田区長 殿

| 受理 | 平成20年11月21日 | 発送 | 平成20年11月21日 |
|---|---|---|---|
| 第 | 1209 号 | 東京都千代田区長 ㊞ | |
| 送付 | 平成20年11月22日 | | |
| 第 | 893 号 | | |

| 書類調査 | 戸籍記載 | 記載調査 | 調査票 | 附票 | 住民票 | 通知 |
|---|---|---|---|---|---|---|

### 生まれた子

(1) 子の氏名 （よみかた）へいの あきお
氏 丙野 名 秋男
父母との続き柄 ☑嫡出子 □嫡出でない子 〔長 ☑男 □女〕

(2) 生まれたとき 平成20年11月8日 □午前 ☑午後 8時10分

(3) 生まれたところ 東京都千代田区大手町8丁目9番地 10号

(4) 住所（住民登録をするところ） 東京都新宿区北新宿9丁目10番地 11号
世帯主の氏名 丙野春夫　世帯主との続き柄 子

(5) 父母の氏名 生年月日（子が生まれたときの年齢）
父 丙野春夫　昭和55年4月7日（満28歳）
母 丙野夏子　昭和57年8月1日（満26歳）

(6) 本籍（外国人のときは国籍だけを書いてください） 東京都新宿区西新宿7丁目10番地
筆頭者の氏名 丙野春夫

(7) 同居を始めたとき 平成17年10月 （結婚式をあげたとき，または，同居を始めたときのうち早いほうを書いてください）

### その他

父は船舶の乗組員のため航海中であり，母は出産後の病状が良くないので現在入院中であるため，子の出生した病院の院長が届出する。

### 届出人

□1.父母　□2.法定代理人（　）　□3.同居者　□4.医師　□5.助産師　□6.その他の立会者
☑7.公設所の長　東京都立大手町病院長

住所 東京都千代田区大手町8丁目9番地 10号

本籍　　番地　筆頭者の氏名
　　　　番

署名 甲野一郎 ㊞　昭和 年 月 日生

（出生証明書省略）

(注・本戸籍は，274頁から始まります)

| | | | | | | 出生事項（省略） |
|---|---|---|---|---|---|---|
| | 平成弐拾壱年拾弐月八日東京都千代田区で出生同月弐拾壱日甲野一郎届出同月弐拾弐日同区長から送付入籍㊞ | | | 五番地乙山幸次戸籍から入籍㊞ | 平成拾七年拾月弐拾五日丙野春夫と婚姻届出宮崎市青島八丁目二十 | |
| 出生 | 母 | 父 | 出生 | 妻 | 母 | 父 |
| 平成弐拾壱年拾弐月八日 | 秋男 | 丙野春夫 長男 | 昭和五拾七年八月壱日 | 夏子 | 由子 | 乙山幸次二 |
| | | 夏子 | | | | |

◇父母の戸籍（本戸籍は、二七四頁・二七三頁の順になります）

| 本籍 | 東京都新宿区西新宿七丁目十番地 |
|---|---|
| 氏名 | 内野春夫 |

平成拾七年拾月弐拾五日編製㊞

出生事項（省略）

平成拾七年拾月弐拾五日乙山夏子と婚姻届出岩手県盛岡市青山九丁目三十番地丙野正治戸籍から入籍㊞

| 父 | 丙野正治 |
| 母 | 芳子 |
| | 男 |

| 夫 | 春夫 |
| 出生 | 昭和五拾五年四月七日 |

◇父母の戸籍

(2の1) 　全部事項証明

| 本　　　籍 | 東京都新宿区西新宿七丁目１０番地 |
|---|---|
| 氏　　　名 | 丙野　春夫 |

| 戸籍事項<br>　　戸籍編製 | 【編製日】平成１７年１０月２５日 |
|---|---|

| 戸籍に記録されている者 | 【名】春 夫<br><br>【生年月日】昭和５５年４月７日　【配偶者区分】夫<br>【父】丙野正治<br>【母】丙野芳子<br>【続柄】二男 |
|---|---|
| 身分事項<br>　　出　　生<br>　　婚　　姻 | 省略<br><br>【婚姻日】平成１７年１０月２５日<br>【配偶者氏名】乙山夏子<br>【従前戸籍】岩手県盛岡市青山九丁目３０番地　丙野正治 |

| 戸籍に記録されている者 | 【名】夏 子<br><br>【生年月日】昭和５７年８月１日　【配偶者区分】妻<br>【父】乙山幸次<br>【母】乙山由子<br>【続柄】二女 |
|---|---|
| 身分事項<br>　　出　　生<br>　　婚　　姻 | 省略<br><br>【婚姻日】平成１７年１０月２５日<br>【配偶者氏名】丙野春夫<br>【従前戸籍】宮崎市青島八丁目２５番地　乙山幸次 |

| 戸籍に記録されている者 | 【名】秋 男<br><br>【生年月日】平成２０年１１月８日<br>【父】丙野春夫<br>【母】丙野夏子<br>【続柄】長男 |
|---|---|
| 身分事項<br>　　出　　生 | 【出生日】平成２０年１１月８日<br>【出生地】東京都千代田区<br>【届出日】平成２０年１１月２１日 |

発行番号　　　　　　　　　　　　　　　　　　　　　　　　　　以下次頁

|  | （2の2） | 全部事項証明 |
|---|---|---|
|  | 【届出人】甲野一郎<br>【送付を受けた日】平成20年11月22日<br>【受理者】東京都千代田区長 | |
|  | | 以下余白 |

発行番号

## 事例9 日本人女と外国人男夫婦の日本で出生した子の嫡出子出生届を，父が，住所地の市区町村長に届出をする場合

〔注〕この事例は，外国人父も戸籍法の適用がある（属地的効力）ので，届出義務者として届出する場合です。また，日本人女も母として届出義務を有するので，母が届出することもできます。なお，Q135を参照願います。

# 出 生 届

平成 20 年 1 月 12 日 届出

東京都千代田区 長 殿

| | | | |
|---|---|---|---|
| 受理 | 平成20年 1月12日 第 57 号 | 発送 | 平成20年 1月12日 |
| 送付 | 平成20年 1月14日 第 48 号 | | 東京都千代田区 長 印 |
| 書類調査 | 戸籍記載 | 記載調査 | 調査票　附票　住民票　通知 |

(1) 生まれた子
- 子の氏名（よみかた）：こうの まつこ　氏：甲野　名：松子
- 父母との続き柄：☑嫡出子　□嫡出でない子　〔長　□男　☑女〕

(2) 生まれたとき：平成20年1月3日　☑午前　□午後　6時50分

(3) 生まれたところ：東京都千代田区内神田5丁目6番地 7号

(4) 住所（住民登録をするところ）：東京都千代田区西神田6丁目5番地 6号
　世帯主の氏名：甲野梅子　世帯主との続き柄：子

(5) 父母の氏名 生年月日（子が生まれたときの年齢）
- 父　セールマン，ジョン　西暦1975年6月8日（満32歳）
- 母　甲野梅子　昭和55年3月3日（満27歳）

(6) 本籍（外国人のときは国籍だけを書いてください）
- （母）東京都港区浜松町5丁目20番地
- 筆頭者の氏名　甲野梅子　父の国籍　アメリカ合衆国

(7) 同居を始めたとき：平成18年2月　（結婚式をあげたとき，または，同居を始めたときのうち早いほうを書いてください）

その他

届出人
- ☑1.父　□母　□2.法定代理人（　）　□3.同居者　□4.医師　□5.助産師　□6.その他の立会者　□7.公設所の長
- 住所：東京都千代田区西神田6丁目5番地 6号
- 本籍　国籍　アメリカ合衆国　番地　筆頭者の氏名
- 署名（サイン）セールマン，ジョン　印　西暦1975年 6月 8日生

（出生証明書省略）

| 父 | セールマン、ジョン |
|---|---|
| 母 | 甲野 梅子 |
| | 長女 |

平成弐拾年壱月参日東京都千代田区で出生同月拾弐日父届出同月拾四日同区長から送付入籍㊞

| 父母 | | 出生 |
|---|---|---|
| | 松 子 | 平成弐拾年壱月参日 |

出生

◇母の戸籍（二七八頁・二七九頁で見開き）

| 本　籍 | 東京都港区浜松町五丁目二十番地 | 氏　名 | 甲野梅子 |

平成拾八年弐月弐拾日編製㊞

平成拾八年弐月弐拾日国籍アメリカ合衆国セールマン、ジョン（西暦千九百七拾五年六月八日生）と婚姻届出東京都千代田区平河町三丁目四十番地甲野正雄戸籍から入籍㊞

出生事項（省略）

父　甲野正雄
母　　　竹子
長女

| 妻 | 梅子 | 出生 | 昭和五拾五年参月参日 |

第1　嫡出子の出生届

◇母の戸籍

|  |  |
|---|---|
|  | （1の1）　全部事項証明 |
| 本　　籍 | 東京都港区浜松町五丁目20番地 |
| 氏　　名 | 甲野　梅子 |
| 戸籍事項<br>　　戸籍編製 | 【編製日】平成18年2月20日 |
| 戸籍に記録されている者 | 【名】梅子<br><br>【生年月日】昭和55年3月3日　【配偶者区分】妻<br>【父】甲野正雄<br>【母】甲野竹子<br>【続柄】長女 |
| 身分事項<br>　　出　生<br>　　婚　姻 | 省略<br><br>【婚姻日】平成18年2月20日<br>【配偶者氏名】セールマン，ジョン<br>【配偶者の国籍】アメリカ合衆国<br>【配偶者の生年月日】西暦1975年6月8日<br>【従前戸籍】東京都千代田区平河町三丁目40番地　甲野正雄 |
| 戸籍に記録されている者 | 【名】松子<br><br>【生年月日】平成20年1月3日<br>【父】セールマン，ジョン<br>【母】甲野梅子<br>【続柄】長女 |
| 身分事項<br>　　出　生 | 【出生日】平成20年1月3日<br>【出生地】東京都千代田区<br>【届出日】平成20年1月12日<br>【届出人】父<br>【送付を受けた日】平成20年1月14日<br>【受理者】東京都千代田区長<br><br>　　　　　　　　　　　　　　　　　　　以下余白 |

発行番号

## 事例10 日本人男と外国人女夫婦の婚姻前に日本で出生した子の出生届を,父が,婚姻後に嫡出子として住所地の市区町村長に届出をする場合

〔注〕この事例の出生子は,日本国籍を有しないので,子について戸籍の記載はされません。しかし,父の戸籍には「認知届出の効力を有する出生届出」をした旨の記載がされます。なお,Q47及びQ53を参照願います。

# 出 生 届

平成20年2月12日届出

東京都新宿区 長 殿

| 受理 | 平成20年2月12日 | 発送 | 平成20年2月12日 |
|---|---|---|---|
| 第 | 198 号 | | |
| 送付 | 平成20年2月13日 | 東京都新宿区 長 ㊞ | |
| 第 | 142 号 | | |

| | 書類調査 | 戸籍記載 | 記載調査 | 調査票 | 附票 | 住民票 | 通知 |

(1) 子の氏名 (よみかた) ロイス サクラコ 父母との続き柄 ☑嫡出子 □嫡出でない子 〔長 □男 ☑女〕

(2) 生まれたとき 西暦2007年10月2日 ☑午前 □午後 7時10分

(3) 生まれたところ 東京都新宿区北新宿7丁目8番地 9号

(4) 住所(住民登録をするところ) 東京都新宿区西新宿8丁目9番地 10号 世帯主の氏名 世帯主との続き柄

(5) 父母の氏名 生年月日 (子が生まれたときの年齢) 父 乙村光一 昭和50年6月8日(満32歳) 母 ロイス,エリザベス 西暦1977年4月2日(満30歳)

(6) 本籍(外国人のときは国籍だけを書いてください) (父)東京都千代田区平河町2丁目40番地 筆頭者の氏名 乙村光一 母の国籍 アメリカ合衆国

(7) 同居を始めたとき 平成18年2月 (結婚式をあげたとき,または,同居を始めたときのうち早いほうを書いてください)

その他
父母平成19年11月2日婚姻届出

届出人
☑ 1.父母  □ 2.法定代理人(　　)  □ 3.同居者  □ 4.医師  □ 5.助産師  □ 6.その他の立会者
□ 7.公設所の長

住所 東京都新宿区西新宿8丁目9番地 10号

本籍 東京都千代田区平河町2丁目40番地 筆頭者の氏名 乙村光一

署名 乙村光一 ㊞  昭和50年6月8日生

(出生証明書省略)

◇父の戸籍

| 本　籍 | 東京都千代田区平河町二丁目四十番地 |
|---|---|
| 氏　名 | 乙村光一 |

平成拾九年拾壱月弐日編製㊞

|  | 父 | 乙村昌治 | 長 |
|---|---|---|---|
| 出生事項 | 母 | 梅子 | 男 |

平成拾九年拾壱月弐日国籍アメリカ合衆国ロイス、エリザベス（西暦千九百七拾七年四月弐日生）と婚姻届出東京都千代田区平河町二丁目四十番地乙村昌治戸籍から入籍㊞

平成弐拾年弐月拾弐日国籍アメリカ合衆国ロイス、サクラコ（西暦弐千七拾月弐日生母ロイス、エリザベス）を認知届出の効力を有する出生届出同月拾参日東京都新宿区長から送付㊞

| 出生 | 夫 | 光一 |
|---|---|---|
|  | 昭和五拾年六月八日 | |

## ◇父の戸籍

| | (1の1) | 全部事項証明 |
|---|---|---|

| 本　　籍 | 東京都千代田区平河町二丁目４０番地 |
|---|---|
| 氏　　名 | 乙村　光一 |

| 戸籍事項<br>　　戸籍編製 | 【編製日】平成１９年１１月２日 |
|---|---|
| 戸籍に記録されている者 | 【名】光 一<br><br>【生年月日】昭和５０年６月８日　【配偶者区分】夫<br>【父】乙村昌治<br>【母】乙村梅子<br>【続柄】長男 |
| 身分事項<br>　　出　　生 | 省略 |
| 　　婚　　姻 | 【婚姻日】平成１９年１１月２日<br>【配偶者の氏名】ロイス，エリザベス<br>【配偶者の国籍】アメリカ合衆国<br>【配偶者の生年月日】西暦１９７７年４月２日<br>【従前戸籍】東京都千代田区平河町二丁目４０番地　乙村昌治 |
| 　　認　　知 | 【届出日】平成２０年２月１２日<br>【届出の性質】認知届出の効力を有する出生届出<br>【認知した子の氏名】ロイス，サクラコ<br>【認知した子の国籍】アメリカ合衆国<br>【認知した子の生年月日】西暦２００７年１０月２日<br>【認知した子の母の氏名】ロイス，エリザベス<br>【送付を受けた日】平成２０年２月１３日<br>【受理者】東京都新宿区長 |
| | 以下余白 |

発行番号

# 第1 嫡出子の出生届

**事例11** 日本人夫婦の子が生地主義国で出生し、父が、嫡出子出生届とともに国籍留保届を在外公館の長に届出をし、それが本籍地の市区町村長に送付された場合

〔注〕 在外公館の長に届出された出生届は、外務省を経由して、本籍地の市区町村長に送付されます。なお、Q195～Q199を参照願います。

## 出 生 届

平成 20 年 2 月 14 日届出

在サンパウロ
　日本国総領事　殿

| 受理 | 平成 20 年 2 月 14 日 |
|---|---|
| 第 | 67 号 |
| 送付 | 平成 20 年 3 月 20 日 |
| 第 | 947 号 |

公館印

| 書類調査 | 戸籍記載 | 記載調査 | 調査票 | 附票 | 住民票 | 通知 |
|---|---|---|---|---|---|---|

|   |   |   |   |   |
|---|---|---|---|---|
| (1) | 子の氏名 | (よみかた) へい やま ふじ こ　氏 丙 山　名 富士子 | 父母との続き柄 | ☑嫡出子　□嫡出でない子　（長　□男　☑女） |
| (2) | 生まれたとき | 平成 20 年 1 月 5 日　□午前 ☑午後 8 時 20 分 | | |
| (3) | 生まれたところ | ブラジル国サンパウロ州サンパウロ市10番街55　番地　号 | | |
| (4) | 住　所（住民登録をするところ） | ブラジル国サンパウロ州サンパウロ市 7 番街10　番地　号 | 世帯主の氏名 | 世帯主との続き柄 |
| (5) | 父母の氏名生年月日（子が生まれたときの年齢） | 父 丙 山 太 郎　昭和51年 7 月 9 日（満 31 歳） | 母 丙 山 桃 子　昭和55年 3 月 2 日（満 27 歳） | |
| (6) | 本　籍（外国人のときは国籍だけを書いてください） | 東京都港区西新橋 5 丁目75　番地　筆頭者の氏名 丙 山 太 郎 | | |
| (7) | 同居を始めたとき | 平成 18 年 11 月　（結婚式をあげたとき、または、同居を始めたときのうち早いほうを書いてください） | | |

| その他 | 日本国籍を留保する　署名　丙 山 太 郎 ㊞ |
|---|---|

| 届出人 | ☑ 1. 父　□ 母　□ 2. 法定代理人（　）　□ 3. 同居者　□ 4. 医師　□ 5. 助産師　□ 6. その他の立会者　□ 7. 公設所の長 |
|---|---|
| | 住所　ブラジル国サンパウロ州サンパウロ市 7 番街10　番地　号 |
| | 本籍　東京都港区西新橋 5 丁目75　番地　筆頭者の氏名 丙 山 太 郎 |
| | 署名　丙 山 太 郎 ㊞　　昭和 51 年 7 月 9 日生 |

(出生証明書省略)

(注・本戸籍は，286頁から始まります)

| 出生事項（省略） | 平成拾八年拾壱月拾日丙山太郎と婚姻届出東京都千代田区大手町三丁目百番地乙川正雄戸籍から入籍㊞ | | | 平成弐拾年壱月五日ブラジル国サンパウロ州サンパウロ市で出生同年弐月弐拾四日父国籍留保とともに届出同年参月弐拾日在サンパウロ総領事から送付入籍㊞ | | | |
|---|---|---|---|---|---|---|---|
| 父 | 乙川正雄 | | 妻 | | 父 | 丙山太郎 | |
| 母 | 静三女 | | 桃子 | | 母 | 桃子長女 | |
| 出生 | 昭和五拾五年参月弐日 | | | | 出生 | 平成弐拾年壱月五日 | |
| | | | | | | 富士子 | |

◇父母の戸籍（本戸籍は、二八六頁・二八五頁の順になります）

| 本籍 | 東京都港区西新橋五丁目七十五番地 |
|---|---|
| 氏名 | 丙山太郎 |

平成拾八年拾壱月拾日編製㊞

出生事項（省略）
平成拾八年拾壱月拾日乙川桃子と婚姻届出東京都港区西新橋五丁目七十五番地丙山松吉戸籍から入籍㊞

| | |
|---|---|
| 父 | 丙山松吉 |
| 母 | 竹子 |
| | 二男 |
| 夫 | 太郎 |
| 出生 | 昭和五拾壱年七月九日 |

## ◇父母の戸籍

（2の1）　全部事項証明

| 本　　籍 | 東京都港区西新橋五丁目７５番地 |
|---|---|
| 氏　　名 | 丙山　太郎 |

| 戸籍事項<br>　　戸籍編製 | 【編製日】平成１８年１１月１０日 |
|---|---|
| 戸籍に記録されている者 | 【名】太郎<br><br>【生年月日】昭和５１年７月９日　【配偶者区分】夫<br>【父】丙山松吉<br>【母】丙山竹子<br>【続柄】二男 |
| 身分事項<br>　　出　生<br>　　婚　姻 | 省略<br><br>【婚姻日】平成１８年１１月１０日<br>【配偶者氏名】乙川桃子<br>【従前戸籍】東京都港区西新橋五丁目７５番地　丙山松吉 |
| 戸籍に記録されている者 | 【名】桃子<br><br>【生年月日】昭和５５年３月２日　【配偶者区分】妻<br>【父】乙川正雄<br>【母】乙川静子<br>【続柄】三女 |
| 身分事項<br>　　出　生<br>　　婚　姻 | 省略<br><br>【婚姻日】平成１８年１１月１０日<br>【配偶者氏名】丙山太郎<br>【従前戸籍】東京都千代田区大手町三丁目１００番地　乙川正雄 |
| 戸籍に記録されている者 | 【名】富士子<br><br>【生年月日】平成２０年１月５日<br>【父】丙山太郎<br>【母】丙山桃子<br>【続柄】長女 |
| 身分事項<br>　　出　生 | 【出生日】平成２０年１月５日<br>【出生地】ブラジル国サンパウロ州サンパウロ市<br>【届出日】平成２０年２月１４日 |

発行番号　　　　　　　　　　　　　　　　　　　以下次頁

# 第1 嫡出子の出生届

| | |
|---|---|
| | (2の2) 　全部事項証明 |
| | 【届出人】父<br>【国籍留保の届出日】平成20年2月14日<br>【送付を受けた日】平成20年3月20日<br>【受理者】在サンパウロ総領事 |
| | 以下余白 |

発行番号

## 事例12

日本人夫婦の子が生地主義国で出生し、父が、在外公館の長に嫡出子出生届をしたが、国籍留保の届出期間を経過していたところ、その期間経過が届出人の責めに帰することができない事由に当たると認められて受理され、本籍地の市区町村長に送付された場合

〔注〕この事例は、国籍留保の届出期間を経過した出生届について、その期間経過が届出人の責めに帰することができない事由に当たるとして在外公館の長（総領事）が受理し、送付された場合です。なお、Q196〜Q199を参照願います。

# 出 生 届

平成20年5月13日届出

在サンパウロ日本国総領事　殿

受理　平成20年5月13日　第489号
送付　平成20年7月10日　第2567号

公館印

| | | |
|---|---|---|
| (1) 子の氏名 | （よみかた）こうの　はるこ　氏名　甲野　春子 | 父母との続き柄　☑嫡出子　□嫡出でない子　長　□男　☑女 |
| (2) 生まれたとき | 平成20年1月5日　☑午前　□午後　8時20分 | |
| (3) 生まれたところ | ブラジル国パラー州ベレン市アルミランテ・バホーゾ717番地 | |
| (4) 住所（住民登録をするところ） | ブラジル国パラー州タパジョス市ジュルチー92番地　世帯主の氏名　　世帯主との続き柄 | |
| (5) 父母の氏名　生年月日（子が生まれたときの年齢） | 父　甲野秋男　昭和54年10月30日（満28歳） | 母　甲野夏子　昭和56年7月20日（満26歳） |
| (6) 本籍（外国人のときは国籍だけを書いてください） | 東京都千代田区平河町2丁目10番地　筆頭者の氏名　甲野秋男 | |
| (7) 同居を始めたとき | 平成18年9月（結婚式をあげたとき、または、同居を始めたときのうち早いほうを書いてください） | |

その他
日本国籍を留保する　署名　甲野秋男　㊞

届出人の責めに帰することのできない事由により、届出期間を経過したことの理由書を、別紙のとおり提出する。

届出人
☑1.父母　□2.法定代理人（　　）　□3.同居者　□4.医師　□5.助産師　□6.その他の立会者　□7.公設所の長

住所　ブラジル国パラー州タパジョス市ジュルチー92番地
本籍　東京都千代田区平河町2丁目10番地　筆頭者の氏名　甲野秋男
署名　甲野秋男　㊞　昭和54年10月30日生

（出生証明書省略）

| 父 | 母 | 妻 | 出生 | | 父 母 | | | | | 出生 |
|---|---|---|---|---|---|---|---|---|---|---|
| 乙山良治 | 正子 | 夏子 | 昭和五拾六年七月弐拾日 | | 甲野秋男 長女 夏子 | 平成弐拾年壱月五日ブラジル国パラー州ベレン市で出生同年五月拾参日父国籍留保とともに届出（責めに帰することのできない事由のため期間経過）同年七月拾日在サンパウロ総領事から送付入籍㊞ | | | | 平成拾八年九月弐拾日甲野秋男と婚姻届出大阪市北区老松町二丁目六番地乙山良治戸籍から入籍㊞ 出生事項（省略） |
| 三 | 女 | | | | 男 女 | | | | | |

（以下、最下段）

出生 平成弐拾年壱月五日　春子

◇父母の戸籍（二九〇頁・二九一頁で見開き）

| 本　籍 | 東京都千代田区平河町二丁目十番地 | | 氏　名 | 甲野秋男 |
|---|---|---|---|---|
| 平成拾八年九月弐拾日編製㊞ | | | | |
| | 父 甲野正夫 | | | |
| 出生事項（省略） | 母 甲野竹子 | | | |
| 平成拾八年九月弐拾日乙山夏子と婚姻届出東京都千代田区平河町二丁目十番地甲野正夫戸籍から入籍㊞ | 男 二 | 夫 秋男 | 出生 | 昭和五拾四年拾月参拾日 |

## ◇父母の戸籍

(2の1) 全部事項証明

| 本　　籍 | 東京都千代田区平河町二丁目10番地 |
|---|---|
| 氏　　名 | 甲野　秋男 |
| 戸籍事項<br>　　戸籍編製 | 【編製日】平成18年9月20日 |
| 戸籍に記録されている者 | 【名】秋　男<br><br>【生年月日】昭和54年10月30日　【配偶者区分】夫<br>【父】甲野正夫<br>【母】甲野竹子<br>【続柄】二男 |
| 身分事項<br>　　出　　生<br>　　婚　　姻 | 省略<br>- - - - - - - - - - - - - - - - - - - - - - - - - - - -<br>【婚姻日】平成18年9月20日<br>【配偶者氏名】乙山夏子<br>【従前戸籍】東京都千代田区平河町二丁目10番地　甲野正夫 |
| 戸籍に記録されている者 | 【名】夏　子<br><br>【生年月日】昭和56年7月20日　【配偶者区分】妻<br>【父】乙山良治<br>【母】乙山正子<br>【続柄】三女 |
| 身分事項<br>　　出　　生<br>　　婚　　姻 | 省略<br>- - - - - - - - - - - - - - - - - - - - - - - - - - - -<br>【婚姻日】平成18年9月20日<br>【配偶者氏名】甲野秋男<br>【従前戸籍】大阪市北区老松町二丁目6番地　乙山良治 |
| 戸籍に記録されている者 | 【名】春　子<br><br>【生年月日】平成20年1月5日<br>【父】甲野秋男<br>【母】甲野夏子<br>【続柄】長女 |
| 身分事項<br>　　出　　生 | 【出生日】平成20年1月5日<br>【出生地】ブラジル国パラー州ベレン市<br>【届出日】平成20年5月13日 |

発行番号　　　　　　　　　　　　　　　　　　　　　　　　　　　以下次頁

|  | （2の2） 全部事項証明 |
|---|---|
|  | 【届出人】父<br>【国籍留保の届出日】平成20年5月13日<br>【送付を受けた日】平成20年7月10日<br>【受理者】在サンパウロ総領事<br>【特記事項】責めに帰することのできない事由のため期間経過 |
|  | 以下余白 |

発行番号

第1 嫡出子の出生届

> **事例13** 日本人女と外国人男夫婦の子が外国で出生し、子は外国人父の国籍を取得しているため、母が、嫡出子出生届とともに国籍留保届を母の本籍地の市区町村長に郵送により届出をする場合

〔注〕この事例は、外国で出生した日本人母の子が、父の国籍をも取得しているため、出生届とともに国籍留保届を、郵送により本籍地の市区町村長に届出する場合です。なお、Q196を参照願います。

# 出 生 届

平成 20 年 6 月 10 日届出

東京都新宿区 長 殿

| 受理 | 平成 20 年 6 月 20 日 | 発送 | 平成 年 月 日 |
|---|---|---|---|
| 第 | 2164 号 | | |
| 送付 | 平成 年 月 日 | | 長印 |
| 第 | 号 | | |
| 書類調査 | 戸籍記載 | 記載調査 | 調査票 | 附 票 | 住民票 | 通 知 |

| | | | | | |
|---|---|---|---|---|---|
| (1) | 子の氏名 | (よみかた) へい かわ た ろう<br>氏 丙川　名 太郎 | 父母との続き柄 | ☑嫡出子<br>□嫡出でない子 | (長) ☑男 □女 |
| (2) | 生 ま れ た 子 | 生まれたとき | 平成 20 年 5 月 6 日　☑午前 □午後 7 時 50 分 |
| (3) | | 生まれたところ | フランス国パリ市7区オッシュ通200　番地/番　号 |
| (4) | | 住　所<br>(住民登録をするところ) | フランス国パリ市7区アンヴァリッド通400　番地/番　号<br>世帯主の氏名　　　　世帯主との続き柄 |
| (5) | | 父母の氏名<br>生年月日<br>(子が生まれたときの年齢) | 父 シムロン，アンリ　　母 丙川花子<br>西暦1975年 4月 8日（満33歳）　昭和55年 4月 6日（満28歳） |
| (6) | | 本　籍<br>(外国人のときは国籍だけを書いてください) | (母) 東京都新宿区西新宿8丁目75　番地/番<br>筆頭者の氏名　丙川花子　　父の国籍　フランス共和国 |
| (7) | | 同居を始めたとき | 平成 18 年 11 月　（結婚式をあげたとき、または、同居を始めたときのうち早いほうを書いてください） |

| その他 | 日本国籍を留保する　　署名 丙川花子 ㊞ |
|---|---|

| 届出人 | □1.父 ☑母 □2.法定代理人(　　) □3.同居者 □4.医師 □5.助産師 □6.その他の立会者<br>□7.公設所の長 |
|---|---|
| | 住　所　フランス国パリ市7区アンヴァリッド通400　番地/番　号 |
| | 本　籍　東京都新宿区西新宿8丁目75　番地/番　筆頭者の氏名 丙川花子 |
| | 署　名　　丙川花子 ㊞　　　昭和55年 4月 6日生 |

(出生証明書省略)

（注・本戸籍は，296頁から始まります）

| | | |
|---|---|---|
| 平成弐拾年五月六日フランス国パリ市七区で出生同年六月弐拾日母国籍留保とともに届出入籍㊞ | 父 シムロン、アンリ<br>母 丙川花子<br>長男 | 太郎 |
| | 父<br>母 | 出生 平成弐拾年五月六日 |
| 出生 | | |

◇母の戸籍（本戸籍は、二九六頁・二九五頁の順になります）

| 本 籍 | 東京都新宿区西新宿八丁目七十五番地 |
|---|---|
| 氏 名 | 丙　川　花　子 |

平成拾八年拾弐月弐拾弐日編製㊞

出生事項（省略）

平成拾八年拾壱月五日国籍フランス共和国シムロン、アンリ（西暦千九百七拾五年四月八日生）と同国の方式により婚姻同月弐拾参日証書提出同年拾弐月弐拾弐日在パリ総領事から送付東京都新宿区西新宿八丁目七十五番地丙川忠吉戸籍から入籍㊞

| 父 | 丙　川　忠　吉 | 長 |
|---|---|---|
| 母 | 松　子 | 女 |

| 妻 | 花　　子 |
|---|---|
| 出生 | 昭和五拾五年四月六日 |

## ◇母の戸籍

(1の1) 　全部事項証明

| 本　　籍 | 東京都新宿区西新宿八丁目７５番地 |
|---|---|
| 氏　　名 | 丙川　花子 |
| 戸籍事項<br>　　戸籍編製 | 【編製日】平成１８年１２月２２日 |
| 戸籍に記録されている者 | 【名】花子<br><br>【生年月日】昭和５５年４月６日　【配偶者区分】妻<br>【父】丙川忠吉<br>【母】丙川松子<br>【続柄】長女 |
| 身分事項<br>　　出　　生<br>　　婚　　姻 | 省略<br><br>【婚姻日】平成１８年１１月５日<br>【配偶者氏名】シムロン，アンリ<br>【配偶者の国籍】フランス共和国<br>【配偶者の生年月日】西暦１９７５年４月８日<br>【婚姻の方式】フランス共和国の方式<br>【証書提出日】平成１８年１１月２３日<br>【送付を受けた日】平成１８年１２月２２日<br>【受理者】在パリ総領事<br>【従前戸籍】東京都新宿区西新宿八丁目７５番地　丙川忠吉 |
| 戸籍に記録されている者 | 【名】太郎<br><br>【生年月日】平成２０年５月６日<br>【父】シムロン，アンリ<br>【母】丙川花子<br>【続柄】長男 |
| 身分事項<br>　　出　　生 | 【出生日】平成２０年５月６日<br>【出生地】フランス共和国パリ市７区<br>【届出日】平成２０年６月２０日<br>【届出人】母<br>【国籍留保の届出日】平成２０年６月２０日 |
|  | 　　　　　　　　　　　　　　　　　　　　　　　以下余白 |

発行番号

# 第1 嫡出子の出生届

**事例14** 外国人夫婦の子が日本で出生し，父が，嫡出子出生届を所在地の市区町村長に届出をする場合

〔注〕 日本に在住する外国人にも戸籍法が適用されるので，日本で子が出生した場合は，所在地（居住地）の市区町村長に出生の届出をすることになります。なお，Q136を参照願います。

## 出 生 届

平成 20 年 4 月 13 日届出

東京都中央区 長 殿

受理 平成20年 4月13日 第 893 号

発送 平成 年 月 日

送付 平成 年 月 日 第 号

長印

書類調査　戸籍記載　記載調査　調査票　附票　住民票　通知

### 生まれた子

(1) 子の氏名　（よみかた）スルーマン　ジョン
　氏：スルーマン　名：ジョン
　父母との続き柄：☑嫡出子　□嫡出でない子　[長]　☑男　□女

(2) 生まれたとき　西暦2008年 4月 8日　☑午前 □午後　8時 30分

(3) 生まれたところ　東京都港区西新橋3丁目4番地 5号

(4) 住所（住民登録をするところ）　東京都中央区日本橋8丁目9番地 10号
　世帯主の氏名：　　　世帯主との続き柄：

(5) 父母の氏名 生年月日（子が生まれたときの年齢）
　父　スルーマン，ウェイン　西暦1978年 7月 9日（満29歳）
　母　ベルナール，マリア　西暦1980年 10月12日（満27歳）

(6) 本籍（外国人のときは国籍だけを書いてください）
　夫の国籍　アメリカ合衆国　妻の国籍　カナダ
　筆頭者の氏名：

(7) 同居を始めたとき　平成19年 5月（結婚式をあげたとき，または，同居を始めたときのうち早いほうを書いてください）

その他　西暦2006年5月10日父母婚姻

### 届出人

☑1.父母　□2.法定代理人（　）　□3.同居者　□4.医師　□5.助産師　□6.その他の立会者
□7.公設所の長

住所　東京都中央区日本橋8丁目9番地 10号

本籍　アメリカ合衆国　番地 筆頭者の氏名

署名　（サイン）スルーマン，ウェイン ㊞　西暦1978年 7月 9日生

（出生証明書省略）

## 事例15

父母の離婚後300日以内に出生した子の入籍すべき父母離婚当時の戸籍が、筆頭者である父が子の出生前に、他女と妻の氏を称する婚姻により全員除籍で除かれている場合において、母が、嫡出子出生届を住所地の市区町村長に届出をする場合

〔注〕 この事例の出生子は、嫡出推定を受けるので、父母離婚当時の氏を称して、離婚当時の戸籍に入籍する場合です。この場合は、子は父母離婚当時の戸籍にいったん入籍し、同時に子について単独の新戸籍を編製します。なお、Q126を参照願います。

# 出 生 届

平成20年5月24日届出

京都市東山区 長 殿

| 受理 | 平成20年5月24日 | 発送 | 平成20年5月24日 |
|---|---|---|---|
| 第 | 1567 号 | | |
| 送付 | 平成20年5月26日 | 京都市東山区 長 印 |
| 第 | 1493 号 | | |

書類調査 戸籍記載 記載調査 調査票 附票 住民票 通知

| | | | | |
|---|---|---|---|---|
| (1) | 子の氏名 | (よみかた) こう むら わか ば<br>氏 甲村　名 若葉 | 父母との続き柄 | ☑嫡出子　□嫡出でない子　長 □男 ☑女 |
| (2) | 生まれたとき | 平成20年5月18日 ☑午前 □午後 6時20分 | | |
| (3) | 生まれたところ | 京都市東山区清水6丁目10 番地 11号 | | |
| (4) | 住所（住民登録をするところ） | 京都市上京区小山初音町18 番地 13号　世帯主の氏名 乙野春子　世帯主との続き柄 子 | | |
| (5) | 父母の氏名 生年月日（子が生まれたときの年齢） | 父 丙川正男　昭和55年3月12日（満28歳） | 母 乙野春子　昭和55年4月6日（満28歳） | |
| (6) | 本籍（外国人のときは国籍だけを書いてください） | 横浜市鶴見区鶴見中央7丁目30 番地　筆頭者の氏名 甲村正男 | | |
| (7) | 同居を始めたとき | 平成17年12月（結婚式をあげたとき、または、同居を始めたときのうち早いほうを書いてください） | | |

その他：
父母平成19年12月28日離婚届出
父母離婚当時の戸籍（上記(6)欄）が全員除籍で除かれているため、出生子を同戸籍にいったん入籍させると同時に除籍し、同所同番地に新戸籍を編製する。
父の現在の戸籍の表示 東京都港区高輪2丁目10番地 丙川梅子
親権者は母である。

届出人：
□1.父 ☑母　□2.法定代理人（　　　）　□3.同居者　□4.医師　□5.助産師　□6.その他の立会者
□7.公設所の長

住所 京都市上京区小山初音町18 番地 13号
本籍 京都市上京区小山初音町18 番地　筆頭者の氏名 乙野忠蔵
署名 乙野春子 印　昭和55年4月6日生

（出生証明書省略）

| | | | | | | | |
|---|---|---|---|---|---|---|---|
| 出生事項（省略） | 平成拾七年拾弐月五日甲村正男と婚姻届出京都市北区小山初音町十八番地乙野忠蔵戸籍から入籍㊞ | 平成拾九年拾弐月弐拾八日夫正男と協議離婚届出京都市北区小山初音町十八番地乙野忠蔵戸籍に入籍につき除籍㊞ | | 平成弐拾年五月拾八日京都市東山区で出生同月弐拾四日母届出同月弐拾六日同区長から送付入籍横浜市鶴見区鶴見中央七丁目三十番地に新戸籍編製につき除籍㊞ 親権者母㊞ | | | |
| 父 乙野忠蔵 長 | 母 乙野民子 女 | | 妻 春子 | 出生 昭和五拾年四月六日 | 父 丙川正男 長 母 乙野春子 女 | 若葉 | 出生 平成弐拾年五月拾八日 |

◇父母の戸籍 （三〇〇頁・三〇一頁で見開き）

除籍

| 本籍 | 横浜市鶴見区鶴見中央七丁目三十番地 | 氏名 甲村正男 |
|---|---|---|

平成拾七年拾弐月五日編製㊞
平成弐拾年参月拾日消除㊞

出生事項（省略）
平成拾七年拾弐月五日乙野春子と婚姻届出横浜市磯子区磯子五丁目二十番地甲村義夫戸籍から入籍㊞
平成拾九年拾弐月弐拾八日妻春子と協議離婚届出㊞
平成弐拾年参月八日丙川梅子と婚姻届出同月拾日東京都港区長から送付同区高輪二丁目十番地に妻の氏の新戸籍編製につき除籍㊞

父 甲村義夫
母 松子
男 二

夫 正男 ✕

出生 昭和五拾五年参月拾弐日

◇子の戸籍

| 本　籍 | 横浜市鶴見区鶴見中央七丁目三十番地 |
| --- | --- |
| 氏　名 | 甲村若葉 |

平成弐拾年五月弐拾六日編製㊞

平成弐拾年五月拾八日京都市東山区で出生同月弐拾四日母届出同月弐拾六日同区長から送付横浜市鶴見区鶴見中央七丁目三十番地甲村正男戸籍から入籍㊞
親権者母㊞

| 父 | 丙川正男 |
| --- | --- |
| 母 | 乙野春子 |
| | 長女 |

| 出生 | 平成弐拾年五月拾八日 | 若葉 |
| --- | --- | --- |

◇子の戸籍

| | | (1の1) | 全 部 事 項 証 明 |
|---|---|---|---|
| 本　　　籍 | 横浜市鶴見区鶴見中央七丁目30番地 | | |
| 氏　　　名 | 甲村　若葉 | | |

| 戸籍事項<br>　　戸籍編製 | 【編製日】平成20年5月26日 |
|---|---|
| 戸籍に記録されている者 | 【名】若葉<br><br>【生年月日】昭和20年5月18日<br>【父】丙川正男<br>【母】乙野春子<br>【続柄】長女 |
| 身分事項<br>　　出　　生 | 【出生日】平成20年5月18日<br>【出生地】京都市東山区<br>【届出日】平成20年5月24日<br>【届出人】母<br>【送付を受けた日】平成20年5月26日<br>【受理者】京都市東山区長<br>【従前戸籍】横浜市鶴見区鶴見中央七丁目30番地　甲村正男 |
| 親　　　権 | 【親権者】母 |
| | 以下余白 |

発行番号

## ◇父母の戸籍

| 除　　　籍 | （2の1） | 全部事項証明 |
|---|---|---|
| 本　　籍 | 横浜市鶴見区鶴見中央七丁目30番地 | |
| 氏　　名 | 甲村　正男 | |

| 戸籍事項　　戸籍編製　　戸籍消除 | 【編製日】平成17年12月5日<br>【消除日】平成20年3月10日 |
|---|---|
| 戸籍に記録されている者<br><br>除　　籍 | 【名】正男<br><br>【生年月日】昭和55年3月12日<br>【父】甲村義夫<br>【母】甲村松子<br>【続柄】二男 |
| 身分事項<br>　　出　生 | 省略 |
| 　　婚　姻 | 【婚姻日】平成17年12月5日<br>【配偶者氏名】乙野春子<br>【従前戸籍】横浜市磯子区磯子五丁目20番地　甲村義夫 |
| 　　離　婚 | 【離婚日】平成19年12月28日<br>【配偶者氏名】甲村春子 |
| 　　婚　姻 | 【婚姻日】平成20年3月8日<br>【配偶者氏名】丙川梅子<br>【送付を受けた日】平成20年3月10日<br>【受理者】東京都港区長<br>【新本籍】東京都港区高輪二丁目10番地<br>【称する氏】妻の氏 |
| 戸籍に記録されている者<br><br>除　　籍 | 【名】春子<br><br>【生年月日】昭和55年4月6日<br>【父】乙野忠蔵<br>【母】乙野民子<br>【続柄】長女 |
| 身分事項<br>　　出　生 | 省略 |
| 　　婚　姻 | 【婚姻日】平成17年12月5日<br>【配偶者氏名】甲村正男<br>【従前戸籍】京都市北区小山初音町18番地　乙野忠蔵 |
| 　　離　婚 | 【離婚日】平成19年12月28日 |

発行番号　　　　　　　　　　　　　　　　　　　　　　　　　　　以下次頁

(2の2) 全部事項証明

| | |
|---|---|
| | 【配偶者氏名】甲村正男<br>【入籍戸籍】京都市北区小山初音町18番地　乙野忠蔵 |
| 戸籍に記録されている者<br><br>除　　籍 | 【名】若 葉<br><br>【生年月日】平成20年5月18日<br>【父】丙川正男<br>【母】乙野春子<br>【続柄】長女 |
| 身分事項<br>　出　　生 | 【出生日】平成20年5月18日<br>【出生地】京都市東山区<br>【届出日】平成20年5月24日<br>【届出人】母<br>【送付を受けた日】平成20年5月26日<br>【受理者】京都市東山区長<br>【新本籍】横浜市鶴見区鶴見中央七丁目30番地 |
| 　親　　権 | 【親権者】母 |

以下余白

発行番号

# 第1 嫡出子の出生届

**事例16** 父母の離婚後300日以内に出生した子の入籍すべき父母離婚当時の戸籍が，筆頭者である父が子の出生後に，他女と妻の氏を称する婚姻により全員除籍で除かれている場合において，母が，嫡出子出生届を住所地の市区町村長に届出をする場合

〔注〕この事例の出生子は，嫡出推定を受けるので，父母離婚当時の氏を称して，離婚当時の戸籍に入籍する場合です。この場合は，父母離婚当時の戸籍を回復し，子はその戸籍に入籍します。なお，Q118，Q127，Q128及びQ131を参照願います。

## 出 生 届

平成 20 年 6 月 25 日 届出

東京都中央区 長 殿

受理 平成 20 年 6 月 25 日 第 1793 号
発送 平成 20 年 6 月 25 日
東京都中央区 長 ㊞
送付 平成 20 年 6 月 27 日 第 1896 号

書類調査 戸籍記載 記載調査 調査票 附票 住民票 通知

| | | | | |
|---|---|---|---|---|
| (1) | (よみかた) 子の氏名 | おつの ゆういち 乙野 雄一 | 父母との続き柄 | ☑嫡出子 □嫡出でない子 〔長〕 ☑男 □女 |
| (2) | 生まれたとき | 平成 20 年 6 月 13 日 | | ☑午前 □午後 7 時 30 分 |
| (3) | 生まれたところ | 東京都中央区明石町 5 | | 番地 6 号 |
| (4) | 住所 (住民登録をするところ) | 東京都中央区新川 5 丁目 8 世帯主の氏名 甲原利子 | | 番 9 号 世帯主との続き柄 子 |
| (5) | 父母の氏名 生年月日 (子が生まれたときの年齢) | 父 丙村安雄 昭和51年 4月 2日（満 32歳） | 母 甲原利子 昭和56年 5月 7日（満 27歳） | |
| (6) | 本籍 (外国人のときは国籍だけを書いてください) | 東京都新宿区北新宿 7 丁目80 筆頭者の氏名 乙野安雄 | | 番地 番 |
| (7) | 同居を始めたとき | 平成 16 年 10 月 | （結婚式をあげたとき，または，同居を始めたときのうち早いほうを書いてください） | |

**その他**
父母平成20年1月8日離婚届出
　父母離婚当時の戸籍（上記(6)欄）が全員除籍で除かれているため，同戸籍を回復した上，その戸籍の末尾に出生子を入籍させる。
　父の現在の戸籍の表示　東京都江東区新木場9丁目10番地　丙村花子
　親権者は母である。

**届出人**
□1.父 ☑母 □2.法定代理人（　　） □3.同居者 □4.医師 □5.助産師 □6.その他の立会者 □7.公設所の長

住所 東京都中央区新川 5 丁目 8　　番 9 号
本籍 東京都中央区新川 5 丁目30　番地　筆頭者の氏名 甲原利子
署名 甲原利子 ㊞　　昭和56年 5月 7日生

（出生証明書省略）

（注・本戸籍は，308頁から始まります）

| 父 甲原 鉄男 | 妻 ~~利子~~ | 出生 昭和五拾六年五月七日 | 父 母 | 出生 | 平成拾六年拾月九日乙野安雄と婚姻届出東京都中央区新川五丁目十八番地甲原鉄男戸籍から入籍㊞<br>平成弐拾年壱月八日夫安雄と協議離婚届出東京都中央区新川五丁目三十番地に新戸籍編製につき除籍㊞ | 出生事項（省略） |
| --- | --- | --- | --- | --- | --- | --- |
| 母 貞子 女 二 | | | | | | |

◇父母の戸籍（本戸籍は、三〇八頁・三〇七頁の順になります）

|除籍|

| 本　籍 | 東京都新宿区北新宿七丁目八十番地 |
|---|---|
| 氏　名 | 乙野　安雄 |

平成拾六年拾月九日編製㊞

平成弐拾年六月拾九日消除㊞

戸籍消除の記載は錯誤につき平成弐拾年六月弐拾七日その記載消除㊞

出生事項（省略）

平成拾六年拾月九日甲原利子と婚姻届出横浜市磯子区磯子六丁目十番地乙野辰夫戸籍から入籍㊞

平成弐拾年壱月八日妻利子と協議離婚届出㊞

平成弐拾年六月拾八日丙村花子と婚姻届出同月拾九日東京都江東区長から送付同区新木場九丁目十番地に妻の氏の新戸籍編製につき除籍㊞

| 父 | 乙野　辰夫 |
|---|---|
| 母 | 乙野　京子 |
|  | 二男 |

| 出生 | 昭和五拾壱年四月弐日 |
|---|---|
| 夫 | 安雄 |

(注・本戸籍は，310頁から始まります)

| | | | | | | | | |
|---|---|---|---|---|---|---|---|---|
| | 弐拾七日同区長から送付入籍㊞ | 平成弐拾年六月拾参日東京都中央区で出生同月弐拾五日母届出同月 | | 平成弐拾年壱月八日夫安雄と協議離婚届出東京都中央区新川五丁目三十番地に新戸籍編製につき除籍㊞ | 八番地甲原鉄男戸籍から入籍㊞ | 平成拾六年拾月九日乙野安雄と婚姻届出東京都中央区新川五丁目十 | 出生事項（省略） |
| 親権者母㊞ | | | | | | | | |
| 出生 | | 父母 | 出生 | 妻 | | 母 | 父 | |
| 平成弐拾年六月拾参日 | 雄一 | 丙村安雄 長男 甲原利子 | 昭和五拾六年五月七日 | ✕利子✕ | | 甲原 貞子 二女 | 甲原 鉄男 二 | |

◇父母の戸籍（回復後）（本戸籍は、三一〇頁・三〇九頁の順になります）

| 本　籍 | 東京都新宿区北新宿七丁目八十番地 |
| --- | --- |
| 氏　名 | 乙野安雄 |

平成拾六年拾月九日編製㊞

戸籍消除の記載は錯誤につき平成弐拾年六月弐拾七日回復㊞

出生事項（省略）

平成拾六年拾月九日甲原利子と婚姻届出横浜市磯子区磯子六丁目十番地乙野辰夫戸籍から入籍㊞

平成弐拾年壱月八日妻利子と協議離婚届出㊞

平成弐拾年六月拾八日丙村花子と婚姻届出同月拾九日東京都江東区長から送付同区新木場九丁目十番地に妻の氏の新戸籍編製につき除籍㊞

| | 父 | 乙野辰夫 |
| --- | --- | --- |
| | 母 | 乙野京子 |
| | | 二男 |
| 出生 | 昭和五拾壱年四月弐日 | 未 安雄 ✕ |

## ◇父母の戸籍（回復後）

(2の1)　全部事項証明

| 本　　籍 | 東京都新宿区北新宿七丁目８０番地 |
|---|---|
| 氏　　名 | 乙野　安雄 |

| 戸籍事項 | |
|---|---|
| 戸籍編製 | 【編製日】平成１６年１０月９日 |
| 戸籍回復 | 【回復日】平成２０年６月２７日<br>【回復事由】戸籍消除の記録錯誤 |

| 戸籍に記録されている者<br><br>除　　籍 | 【名】安 雄<br><br>【生年月日】昭和５１年４月２日<br>【父】乙野辰夫<br>【母】乙野京子<br>【続柄】二男 |
|---|---|

| 身分事項 | |
|---|---|
| 出　生 | 省略 |
| 婚　姻 | 【婚姻日】平成１６年１０月９日<br>【配偶者氏名】甲原利子<br>【従前戸籍】横浜市磯子区磯子六丁目１０番地　乙野辰夫 |
| 離　婚 | 【離婚日】平成２０年１月８日<br>【配偶者氏名】乙野利子 |
| 婚　姻 | 【婚姻日】平成２０年６月１８日<br>【配偶者氏名】丙村花子<br>【送付を受けた日】平成２０年６月１９日<br>【受理者】東京都江東区長<br>【新本籍】東京都江東区新木場九丁目１０番地<br>【称する氏】妻の氏 |

| 戸籍に記録されている者<br><br>除　　籍 | 【名】利 子<br><br>【生年月日】昭和５６年５月７日<br>【父】甲原鉄男<br>【母】甲原貞子<br>【続柄】二女 |
|---|---|

| 身分事項 | |
|---|---|
| 出　生 | 省略 |
| 婚　姻 | 【婚姻日】平成１６年１０月９日<br>【配偶者氏名】乙野安雄<br>【従前戸籍】東京都中央区新川五丁目１８番地　甲原鉄男 |

発行番号　　　　　　　　　　　　　　　　　　　　　　　以下次頁

(2の2) 全部事項証明

| | |
|---|---|
| 離　　　婚 | 【離婚日】平成20年1月8日<br>【配偶者氏名】乙野安雄<br>【新本籍】東京都中央区新川五丁目30番地 |
| 戸籍に記録されている者 | 【名】雄　一<br><br>【生年月日】平成20年6月13日<br>【父】丙村安雄<br>【母】甲原利子<br>【続柄】長男 |
| 身分事項<br>　出　　生 | 【出生日】平成20年6月13日<br>【出生地】東京都中央区<br>【届出日】平成20年6月25日<br>【届出人】母<br>【送付を受けた日】平成20年6月27日<br>【受理者】東京都中央区長 |
| 親　　　権 | 【親権者】母 |
| | 以下余白 |

発行番号

## ◇父母の戸籍（回復前）

| 除　　籍 | （2の1）　全部事項証明 |
|---|---|
| 本　　　籍 | 東京都新宿区北新宿七丁目８０番地 |
| 氏　　　名 | 乙野　安雄 |
| 戸籍事項<br>　戸籍編製<br>　消　　除 | 【編製日】平成１６年１０月９日<br>【消除日】平成２０年６月２７日<br>【消除事項】戸籍消除事項<br>【消除事由】戸籍消除の記録錯誤<br>【従前の記録】<br>　　　【消除日】平成２０年６月１９日 |
| 戸籍に記録されている者<br><br>　　除　　籍 | 【名】安　雄<br><br>【生年月日】昭和５１年４月２日<br>【父】乙野辰夫<br>【母】乙野京子<br>【続柄】二男 |
| 身分事項<br>　出　　生 | 省略 |
| 　婚　　姻 | 【婚姻日】平成１６年１０月９日<br>【配偶者氏名】甲原利子<br>【従前戸籍】横浜市磯子区磯子六丁目１０番地　乙野辰夫 |
| 　離　　婚 | 【離婚日】平成２０年１月８日<br>【配偶者氏名】乙野利子 |
| 　婚　　姻 | 【婚姻日】平成２０年６月１８日<br>【配偶者氏名】丙村花子<br>【送付を受けた日】平成２０年６月１９日<br>【受理者】東京都江東区長<br>【新本籍】東京都江東区新木場九丁目１０番地<br>【称する氏】妻の氏 |
| 戸籍に記録されている者<br><br>　　除　　籍 | 【名】利　子<br><br>【生年月日】昭和５６年５月７日<br>【父】甲原鉄男<br>【母】甲原貞子<br>【続柄】二女 |
| 身分事項<br>　出　　生 | 省略 |
| 　婚　　姻 | 【婚姻日】平成１６年１０月９日 |

発行番号　　　　　　　　　　　　　　　　　　　　　　　以下次頁

(2の2) 全部事項証明

|  |  |
|---|---|
|  | 【配偶者氏名】乙野安雄<br>【従前戸籍】東京都中央区新川五丁目１８番地　甲原鉄男 |
| 離　　婚 | 【離婚日】平成２０年１月８日<br>【配偶者氏名】乙野安雄<br>【新本籍】東京都中央区新川五丁目３０番地 |
|  | 以下余白 |

発行番号

# 事例17

**父母の離婚後300日以内に出生した子の入籍すべき父母離婚当時の戸籍が，転籍により除籍されている場合において，母が，嫡出子出生届を住所地の市区町村長に届出をする場合**

〔注〕 この事例は，出生子の入籍すべき父母離婚当時の戸籍が，転籍により除籍になっている場合です。なお，Q124及びQ125を参照願います。

## 出 生 届

平成20年4月26日届出

東京都千代田区 長 殿

| 受理 | 平成20年4月26日 | 発送 | 平成20年4月26日 |
|---|---|---|---|
| 第 | 1295 号 | | 東京都千代田区 長 ㊞ |
| 送付 | 平成20年4月28日 | | |
| 第 | 1147 号 | | |

| 書類調査 | 戸籍記載 | 記載調査 | 調査票 | 附票 | 住民票 | 通知 |
|---|---|---|---|---|---|---|

### 生まれた子

(1) **子の氏名**
 - （よみかた）へい かわ しょう じ
 - 氏：丙川　名：正治
 - 父母との続き柄：☑嫡出子　□嫡出でない子
 - ［長　☑男　□女］

(2) **生まれたとき**：平成20年4月14日　□午前　☑午後　8時10分

(3) **生まれたところ**：東京都港区虎ノ門2丁目10番地11号

(4) **住所**（住民登録をするところ）：東京都千代田区平河町2丁目5番地6号
 - 世帯主の氏名：乙村朝子
 - 世帯主との続き柄：子

(5) **父母の氏名 生年月日**（子が生まれたときの年齢）
 - 父　丙川和雄　昭和53年5月6日（満29歳）
 - 母　乙村朝子　昭和55年6月8日（満27歳）

(6) **本籍**（外国人のときは国籍だけを書いてください）：東京都中野区中央8丁目90番地
 - 筆頭者の氏名：丙川和雄

(7) **同居を始めたとき**：平成15年9月（結婚式をあげたとき，または，同居を始めたときのうち早いほうを書いてください）

### その他

父母平成19年8月25日離婚届出
父母離婚当時の戸籍（上記(6)欄）が転籍により除かれているため，出生子を転籍前の戸籍にいったん入籍させると同時に除籍の上，父の現在戸籍に入籍させる。
父の現在の戸籍の表示　東京都江東区新木場8丁目25番地　丙川和雄
親権者は母である。

### 届出人

☑1. 父母　□2. 法定代理人（　　　）　□3. 同居者　□4. 医師　□5. 助産師　□6. その他の立会者
□7. 公設所の長

- **住所**：東京都千代田区平河町2丁目5番地6号
- **本籍**：東京都中央区新川5丁目30番地　筆頭者の氏名：乙村朝子
- **署名**：乙村朝子 ㊞　昭和55年6月8日生

（出生証明書省略）

（注・本戸籍は，318頁から始まります）

|  |  |  |  |  |  |  | 親権者母㊞ | 五番地丙川和雄戸籍に入籍につき除籍㊞ | 拾八日東京都千代田区長から送付入籍東京都江東区新木場八丁目二十 | 平成弐拾年四月拾四日東京都港区で出生同月弐拾六日母届出同月弐 | 父　丙川和雄　長男<br>母　乙村朝子 |
|---|---|---|---|---|---|---|---|---|---|---|---|
| 出生 |  |  | 父 母 | 出生<br>平成弐拾年四月拾四日 | ✕<br>正治 |

| 出生事項（省略） | 平成拾五年九月拾日丙川和雄と婚姻届出東京都中央区新川五丁目十八番地乙村秋男戸籍から入籍㊞ | 平成九年八月弐拾五日夫和雄と協議離婚届出東京都中央区新川五丁目三十番地に新戸籍編製につき除籍㊞ | | 平成拾六年拾月拾五日東京都中央区で出生同月拾八日父届出入籍㊞ | 平成九年八月弐拾五日親権者を母と定める旨父母届出㊞ | | |
|---|---|---|---|---|---|---|---|
| 父 乙村秋男 二 | | | 妻 | 父 丙川和雄 長 | | | 出生 |
| 母 夏子 女 | | | 朝子 | 母 朝子 女 | 道子 | | 平成拾六年拾月拾五日 |
| | | | 出生 昭和五拾年六月八日 | | | | |

◇父母離婚当時の戸籍（本戸籍は、三一八頁・三一七頁・三一六頁の順になります）

除籍

| 本 籍 | 氏 名 |
|---|---|
| 東京都中野区中央八丁目九十番地 | 丙 川 和 雄 |

平成拾五年九月拾日編製㊞

平成弐拾年四月八日東京都江東区新木場八丁目二十五番地に転籍届出同月拾日同区長から送付消除㊞

出生事項（省略）

平成五年九月拾日乙村朝子と婚姻届出東京都中野区中央八丁目九十番地丙川辰夫戸籍から入籍㊞

平成拾九年八月弐拾五日妻朝子と協議離婚届出㊞

| 父 | 丙 川 辰 夫 |
|---|---|
| 母 | 丙 川 京 子 |
| | 二男 |

| 夫 | 出生 |
|---|---|
| 和 雄 | 昭和五拾参年五月六日 |

（注・本戸籍は，320頁から始まります）

| | | | | 平成弐拾年四月拾四日東京都港区で出生同月弐拾六日母届出同月弐拾八日東京都千代田区長から送付入籍東京都中野区中央八丁目九十番地丙川和雄戸籍から入籍㊞ | | | | 平成拾九年八月弐拾五日親権者を母と定める旨父母届出㊞ | 平成拾六年拾月拾五日東京都中央区で出生同月拾八日父届出入籍㊞ |
|---|---|---|---|---|---|---|---|---|---|
| | | 親権者母㊞ | | | | | | | |
| 出生 | | | 父母 | | 出生 | | 父母 | | |
| 平成弐拾年四月拾四日 | 正治 | | 丙川和雄 乙村朝子 | | 平成拾六年拾月拾五日 | 道子 | | 丙川和雄 乙村朝子 | |
| | | | 長男 | | | | 長女 | | |

◇父の転籍後の戸籍（本戸籍は、三二〇頁・三一九頁の順になります）

| 本籍 | 東京都江東区新木場八丁目二十五番地 | 氏名 | 丙川和雄 |

九十番地から転籍届出㊞

平成弐拾年四月八日東京都中野区中央八丁目

出生事項（省略）

父　丙川辰夫
母　丙川京子
男　二

和雄

出生　昭和五拾参年五月六日

◇父母離婚当時の戸籍

| 除　　　籍 | （2の1） | 全部事項証明 |
|---|---|---|
| 本　　籍 | 東京都中野区中央八丁目９０番地 | |
| 氏　　名 | 丙川　和雄 | |

| 戸籍事項 | |
|---|---|
| 戸籍編製<br>転　　籍 | 【編製日】平成１５年９月１０日<br>【転籍日】平成２０年４月８日<br>【新本籍】東京都江東区新木場八丁目２５番地<br>【送付を受けた日】平成２０年４月１０日<br>【受理者】東京都江東区長 |

| 戸籍に記録されている者 | 【名】和　雄<br><br>【生年月日】昭和５３年５月６日<br>【父】丙川辰夫<br>【母】丙川京子<br>【続柄】二男 |
|---|---|

| 身分事項 | |
|---|---|
| 出　　生 | 省略 |
| 婚　　姻 | 【婚姻日】平成１５年９月１０日<br>【配偶者氏名】乙村朝子<br>【従前戸籍】東京都中野区中央八丁目９０番地　丙川辰夫 |
| 離　　婚 | 【離婚日】平成１９年８月２５日<br>【配偶者氏名】丙川朝子 |

| 戸籍に記録されている者 | 【名】朝　子<br><br>【生年月日】昭和５５年６月８日<br>【父】乙村秋男<br>【母】乙村夏子<br>【続柄】二女 |
|---|---|
| 除　　籍 | |

| 身分事項 | |
|---|---|
| 出　　生 | 省略 |
| 婚　　姻 | 【婚姻日】平成１５年９月１０日<br>【配偶者氏名】丙川和雄<br>【従前戸籍】東京都中央区新川五丁目１８番地　乙村秋男 |
| 離　　婚 | 【離婚日】平成１９年８月２５日<br>【配偶者氏名】丙川和雄<br>【新本籍】東京都中央区新川五丁目３０番地 |

発行番号　　　　　　　　　　　　　　　　　　　　　　　　　以下次頁

|  |  |
|---|---|
| 戸籍に記録されている者 | 【名】道 子<br><br>【生年月日】平成１６年１０月１５日<br>【父】丙川和雄<br>【母】乙村朝子<br>【続柄】長女 |
| 身分事項<br>　出　　生 | 【出生日】平成１６年１０月１５日<br>【出生地】東京都中央区<br>【届出日】平成１６年１０月１８日<br>【届出人】父 |
| 　親　　権 | 【親権者を定めた日】平成１９年８月２５日<br>【親権者】母<br>【届出人】父母 |
| 戸籍に記録されている者<br><br>除　　籍 | 【名】正 治<br><br>【生年月日】平成２０年４月１４日<br>【父】丙川和雄<br>【母】乙村朝子<br>【続柄】長男 |
| 身分事項<br>　出　　生 | 【出生日】平成２０年４月１４日<br>【出生地】東京都港区<br>【届出日】平成２０年４月２６日<br>【届出人】母<br>【送付を受けた日】平成２０年４月２８日<br>【受理者】東京都千代田区長<br>【入籍戸籍】東京都江東区新木場八丁目２５番地　丙川和雄 |
| 　親　　権 | 【親権者】母 |
|  | 以下余白 |

発行番号

## ◇父の転籍後の戸籍

(2の1) 　全部事項証明

| 本　　籍 | 東京都江東区新木場八丁目25番地 |
|---|---|
| 氏　　名 | 丙川　和雄 |

| 戸籍事項<br>　　転　籍 | 【転籍日】平成20年4月8日<br>【従前本籍】東京都中野区中央八丁目90番地 |
|---|---|
| 戸籍に記録されている者 | 【名】和　雄<br><br>【生年月日】昭和53年5月6日<br>【父】丙川辰夫<br>【母】丙川京子<br>【続柄】二男 |
| 身分事項<br>　　出　生 | 省略 |
| 戸籍に記録されている者 | 【名】道　子<br><br>【生年月日】平成16年10月15日<br>【父】丙川和雄<br>【母】乙村朝子<br>【続柄】長女 |
| 身分事項<br>　　出　生 | 【出生日】平成16年10月15日<br>【出生地】東京都中央区<br>【届出日】平成16年10月18日<br>【届出人】父 |
| 　　親　権 | 【親権者を定めた日】平成19年8月25日<br>【親権者】母<br>【届出人】父母 |
| 戸籍に記録されている者 | 【名】正　治<br><br>【生年月日】平成20年4月14日<br>【父】丙川和雄<br>【母】乙村朝子<br>【続柄】長男 |
| 身分事項<br>　　出　生 | 【出生日】平成20年4月14日<br>【出生地】東京都港区 |

発行番号　　　　　　　　　　　　　　　　　　　　　　　　　以下次頁

|  |  |
|---|---|
|  | （2の2）　　全部事項証明 |
| 親　　権 | 【届出日】平成20年4月26日<br>【届出人】母<br>【送付を受けた日】平成20年4月28日<br>【受理者】東京都千代田区長<br>【従前戸籍】東京都中野区中央八丁目90番地　丙川和雄<br>- - - - - - - - - - - - - - - - - - - - - - - - - - - - - - - - - -<br>【親権者】母 |
|  | 以下余白 |

## 事例18

父母の離婚後300日以内に出生した子の出生届を、母の後夫が、前夫の嫡出子否認の裁判の謄本を添付して、嫡出子として住所地の市区町村長に届出をする場合

〔注〕この事例の出生子は、母の前夫の嫡出推定を受けるが、嫡出子否認の裁判が確定したため、その推定が排除されたので、母の後夫が嫡出子出生の届出をする場合です。なお、Q57、Q91及びQ132を参照願います。

# 出 生 届

平成20年10月23日届出

東京都千代田区 長 殿

| 受理 | 平成20年10月23日 | 発送 | 平成20年10月23日 |
|---|---|---|---|
| 第 | 2137 号 | | 東京都千代田区 長 ㊞ |
| 送付 | 平成20年10月25日 | | |
| 第 | 2054 号 | | |
| 書類調査 | 戸籍記載 | 記載調査 | 調査票 | 附票 | 住民票 | 通知 |

| | | | | |
|---|---|---|---|---|
| (1) | 子の氏名 | (よみかた) こうの なつみ 氏 甲野 名 夏美 | 父母との続き柄 | ☑嫡出子 □嫡出でない子 　長 　□男 ☑女 |
| (2) | 生まれたとき | 平成20年8月1日 ☑午前 □午後 5時10分 | | |
| (3) | 生まれたところ | 東京都中央区日本橋2丁目20番地 21号 | | |
| (4) | 住所 (住民登録をするところ) | 東京都千代田区平河町1丁目10番地 11号 世帯主の氏名 甲野和雄 世帯主との続き柄 子 | | |
| (5) | 父母の氏名 生年月日 (子が生まれたときの年齢) | 父 甲野和雄 昭和53年2月8日(満30歳) 母 甲野明子 昭和55年3月12日(満28歳) | | |
| (6) | 本籍 (外国人のときは国籍だけを書いてください) | 東京都新宿区北新宿9丁目100番地 筆頭者の氏名 甲野和雄 | | |
| (7) | 同居を始めたとき | 平成20年2月 (結婚式をあげたとき、または、同居を始めたときのうち早いほうを書いてください) | | |

| その他 | 平成20年10月15日丙村孝一の嫡出子否認の裁判確定につき、裁判の謄本及び確定証明書添付 |
|---|---|

| 届出人 | ☑1.父母 □2.法定代理人( ) □3.同居者 □4.医師 □5.助産師 □6.その他の立会者 □7.公設所の長 |
|---|---|
| | 住所 東京都千代田区平河町1丁目10番地 11号 |
| | 本籍 東京都新宿区北新宿9丁目100番地 筆頭者の氏名 甲野和雄 |
| | 署名 甲野和雄 ㊞ 昭和53年2月8日生 |

(出生証明書省略)

| 出生事項（省略） | | | | | | 妻 | | | 出生 |
|---|---|---|---|---|---|---|---|---|---|
| 父 乙川高男 二 | 母 竹子 女 | 平成弐拾年六月参日甲野和雄と婚姻届出横浜市中区港町二丁目十番地乙川高男戸籍から入籍㊞ | | | | 明子 | 昭和五拾五年参月拾弐日 | | |
| 父 甲野和雄 長 | 母 明子 女 | 平成弐拾年八月壱日東京都中央区で出生同年拾月弐拾参日父届出（平成弐拾年拾月拾五日丙村孝一の嫡出子否認の裁判確定）同月弐拾五日東京都千代田区長から送付入籍㊞ | | | | 夏美 | | | 平成弐拾年八月壱日 |

◇父母の戸籍（三二六頁・三二七頁で見開き）

| 本籍 | 東京都新宿区北新宿九丁目百番地 | 氏名 | 甲野和雄 |

平成弐拾年六月参日編製㊞

平成弐拾年六月参日乙川明子と婚姻届出東京都新宿区北新宿九丁目百番地甲野義助戸籍から入籍㊞

出生事項（省略）

| 父 | 甲野義助 |
| 母 | 松子 |
| | 長男 |

| 夫 | 和雄 |
| 出生 | 昭和五拾参年弐月八日 |

## ◇父母の戸籍

（1の1） 全部事項証明

| 本　　　籍 | 東京都新宿区北新宿九丁目１００番地 |
|---|---|
| 氏　　　名 | 甲野　和雄 |
| 戸籍事項<br>　　戸籍編製 | 【編製日】平成２０年６月３日 |
| 戸籍に記録されている者 | 【名】和　雄<br><br>【生年月日】昭和５３年２月８日　【配偶者区分】夫<br>【父】甲野義助<br>【母】甲野松子<br>【続柄】長男 |
| 身分事項<br>　　出　　生<br><br>　　婚　　姻 | 省略<br><br>―――――――――――――――――――<br>【婚姻日】平成２０年６月３日<br>【配偶者氏名】乙川明子<br>【従前戸籍】東京都新宿区北新宿九丁目１００番地　甲野義助 |
| 戸籍に記録されている者 | 【名】明　子<br><br>【生年月日】昭和５５年３月１２日　【配偶者区分】妻<br>【父】乙川高男<br>【母】乙川竹子<br>【続柄】二女 |
| 身分事項<br>　　出　　生<br><br>　　婚　　姻 | 省略<br><br>―――――――――――――――――――<br>【婚姻日】平成２０年６月３日<br>【配偶者氏名】甲野和雄<br>【従前戸籍】横浜市中区港町二丁目１０番地　乙川高男 |
| 戸籍に記録されている者 | 【名】夏　美<br><br>【生年月日】平成２０年８月１日<br>【父】甲野和雄<br>【母】甲野明子<br>【続柄】長女 |
| 身分事項<br>　　出　　生 | 【出生日】平成２０年８月１日<br>【出生地】東京都中央区<br>【届出日】平成２０年１０月２３日<br>【届出人】父<br>【送付を受けた日】平成２０年１０月２５日<br>【受理者】東京都千代田区長<br>【特記事項】平成２０年１０月１５日丙村孝一の嫡出子否認の裁判確定 |

発行番号

## 事例19

父母の離婚後300日以内に出生した子の出生届を，母の後夫が，子と前夫との親子関係不存在確認の裁判の謄本を添付して，嫡出子として住所地の市区町村長に届出をする場合

〔注〕この事例の出生子は，母の前夫の嫡出推定を受けるが，子と前夫との間に親子関係不存在確認の裁判が確定したため，その推定が排除されたので，母の後夫が嫡出子出生の届出をする場合です。なお，Q58，Q92及びQ133を参照願います。

### 出生届

平成20年10月21日届出

東京都新宿区　長　殿

受理　平成20年10月21日　第2345号
発送　平成20年10月21日　東京都新宿区　長㊞
送付　平成20年10月23日　第2135号

書類調査／戸籍調査／記載調査／調査票／附票／住民票／通知

| | | | | | |
|---|---|---|---|---|---|
| (1) | 子の氏名 | （よみかた）こう かわ はる か　氏：甲川　名：春香 | 父母との続き柄 | ☑嫡出子　□嫡出でない子 | 長　□男　☑女 |
| (2) | 生まれたとき | 平成20年4月3日　□午前　☑午後　6時20分 | | | |
| (3) | 生まれたところ | 東京都新宿区西新宿2丁目30番地1号 | | | |
| (4) | 住所（住民登録をするところ） | 東京都新宿区四谷5丁目60番地10号　世帯主の氏名　甲川正夫　世帯主との続き柄　子 | | | |
| (5) | 父母の氏名／生年月日（子が生まれたときの年齢） | 父　甲川正夫　昭和54年1月9日（満29歳） | 母　甲川夏子　昭和55年8月10日（満27歳） | | |
| (6) | 本籍（外国人のときは国籍だけを書いてください）／筆頭者の氏名 | 東京都千代田区平河町5丁目30番地　筆頭者の氏名　甲川正夫 | | | |
| (7) | 同居を始めたとき | 平成19年12月（結婚式をあげたとき，または，同居を始めたときのうち早いほうを書いてください） | | | |

その他：平成20年10月16日丙山幸一との親子関係不存在確認の裁判確定につき，裁判の謄本及び確定証明書添付

届出人：☑1.父母　□2.法定代理人（　）　□3.同居者　□4.医師　□5.助産師　□6.その他の立会者　□7.公設所の長

住所：東京都新宿区四谷5丁目60番地10号
本籍：東京都千代田区平河町5丁目30番地　筆頭者の氏名　甲川正夫
署名：甲川正夫㊞　昭和54年1月9日生

（出生証明書省略）

# 330　第1　嫡出子の出生届

| 出生事項（省略） | | | | | | 父 | 乙野　富男 |
|---|---|---|---|---|---|---|---|
| 平成弐拾年弐月弐拾五日甲川正夫と婚姻届出千葉市中央区千葉港十番地乙野富男戸籍から入籍㊞ | | | | | | 母　竹　子 | 女二 |
| | | | | | 妻　夏　子 | | |
| | | | | | 出生　昭和五拾年八月拾日 | | |
| 平成弐拾年四月参日東京都新宿区で出生同年拾月弐拾壱日父届出（平成弐拾年拾月拾六日丙山幸一との親子関係不存在確認の裁判確定）同月弐拾参日東京都新宿区長から送付入籍㊞ | | | 父　甲川　正夫 | | | | |
| | | | 母　夏　子 | | 長女 | | |
| | | | | | 春　香 | | |
| | | | | | 出生　平成弐拾年四月参日 | | |

◇**父母の戸籍**（三三〇頁・三三二頁で見開き）

| 本籍 | 東京都千代田区平河町五丁目三十番地 | | 氏名 | 甲川正夫 |
|---|---|---|---|---|
| 平成弐拾年弐月拾五日編製㊞ | | | | |
| | 出生事項（省略）| 父 甲川幸吉 長男 | 夫 正夫 | 出生 昭和五拾四年壱月九日 |
| | 平成弐拾年弐月拾五日乙野夏子と婚姻届出東京都千代田区平河町五丁目三十番地甲川幸吉戸籍から入籍㊞ | 母 安子 | | |

## ◇父母の戸籍

（1の1）　　全部事項証明

| 本　　籍 | 東京都千代田区平河町五丁目30番地 |
|---|---|
| 氏　　名 | 甲川　正夫 |
| 戸籍事項<br>　　戸籍編製 | 【編製日】平成20年2月15日 |
| 戸籍に記録されている者 | 【名】正　夫<br><br>【生年月日】昭和54年1月9日　【配偶者区分】夫<br>【父】甲川幸吉<br>【母】甲川安子<br>【続柄】長男 |
| 身分事項<br>　　出　　生<br><br>　　婚　　姻 | 省略<br><br>- - - - - - - - - - - - - - - - - - - - - - - - - - -<br>【婚姻日】平成20年2月15日<br>【配偶者氏名】乙野夏子<br>【従前戸籍】東京都千代田区平河町五丁目30番地　甲川幸吉 |
| 戸籍に記録されている者 | 【名】夏　子<br><br>【生年月日】昭和55年8月10日　【配偶者区分】妻<br>【父】乙野富男<br>【母】乙野竹子<br>【続柄】二女 |
| 身分事項<br>　　出　　生<br><br>　　婚　　姻 | 省略<br><br>- - - - - - - - - - - - - - - - - - - - - - - - - - -<br>【婚姻日】平成20年2月15日<br>【配偶者氏名】甲川正夫<br>【従前戸籍】千葉市中央区千葉港10番地　乙野富男 |
| 戸籍に記録されている者 | 【名】春　香<br><br>【生年月日】平成20年4月3日<br>【父】甲川正夫<br>【母】甲川夏子<br>【続柄】長女 |
| 身分事項<br>　　出　　生 | 【出生日】平成20年4月3日<br>【出生地】東京都新宿区<br>【届出日】平成20年10月21日<br>【届出人】父<br>【送付を受けた日】平成20年10月23日<br>【受理者】東京都新宿区長<br>【特記事項】平成20年10月16日丙山幸一との親子関係不存在確認の裁判確定 |

発行番号

## 事例20

父母の離婚後300日以内に出生した子の出生届を，母の後夫が，医師の作成した懐胎時期に関する証明書を添付して，嫡出子として本籍地の市区町村長に届出をする場合

〔注〕この事例の出生子は，嫡出推定を受けるが，医師の作成した「懐胎時期に関する証明書」を添付し，この証明書によって嫡出の推定が及ばないとして，母の後夫が嫡出子出生の届出をする場合です。なお，Q59，Q93及びQ134を参照願います。

### 出生届

平成20年11月22日届出

東京都千代田区 長 殿

| 受理 | 平成20年11月22日 | 発送 | 平成 年 月 日 |
|---|---|---|---|
| 第 | 2189号 | | |
| 送付 | 平成 年 月 日 | | 長印 |
| 第 | 号 | | |

| 書類調査 | 戸籍記載 | 記載調査 | 調査票 | 附票 | 住民票 | 通知 |
|---|---|---|---|---|---|---|

**生まれた子**

(1) 子の氏名（よみかた）おつ むら あき こ
　　氏：乙村　名：秋子
　　父母との続き柄：☑嫡出子　□嫡出でない子　長女

(2) 生まれたとき：平成20年11月10日　☑午前 □午後　7時30分

(3) 生まれたところ：東京都中央区築地8丁目9番地10号

(4) 住所（住民登録をするところ）：東京都中央区日本橋9丁目10番地11号
　　世帯主の氏名：乙村太郎　世帯主との続き柄：子

(5) 父母の氏名 生年月日（子が生まれたときの年齢）
　　父：乙村太郎　昭和53年3月10日（満30歳）
　　母：乙村花子　昭和54年4月5日（満29歳）

(6) 本籍（外国人のときは国籍だけを書いてください）：東京都千代田区平河町2丁目20番地
　　筆頭者の氏名：乙村花子

(7) 同居を始めたとき：平成20年2月（結婚式をあげたとき，または，同居を始めたときのうち早いほうを書いてください）

**その他**　医師の作成した「懐胎時期に関する証明書」添付

**届出人**
☑1.父母　□2.法定代理人（　）　□3.同居者　□4.医師　□5.助産師　□6.その他の立会者
□7.公設所の長

住所：東京都中央区日本橋9丁目10番地11号
本籍：東京都千代田区平河町2丁目20番地　筆頭者の氏名：乙村花子
署名：乙村太郎㊞　昭和53年3月10日生

（出生証明書省略）

| 出生事項（省略） | | | | | |
|---|---|---|---|---|---|
| 父 | 丙川忠治 | | | | |
| 母 | 梅子 | | | | |
| | | 男二 | | | |
| 平成弐拾年八月拾日乙村花子と婚姻届出京都市北区小山初音町十八番地丙川忠治戸籍から入籍㊞ | | | | | |
| 夫 | 太郎 | | | | |
| 出生 | 昭和五拾参年参月拾 | | | | |
| 平成弐拾年拾壱月拾日東京都中央区で出生同月弐拾弐日父届出（民法第七百七十二条の推定が及ばない）同月弐拾八日入籍㊞ | | | | | |
| 父 | 乙村太郎 | | | | |
| 母 | 花子 | | | | |
| | | 長女 | | | |
| | | 秋子 | | | |
| 出生 | 平成弐拾年拾壱月拾日 | | | | |

◇父母の戸籍（三三四頁・三三五頁で見開き）

| 本　籍 | 東京都千代田区平河町二丁目二十番地 | 氏　名 | 乙村花子 |
|---|---|---|---|

平成弐拾年弐月参日編製㊞

| | | | | 出生事項（省略） | 平成弐拾年弐月壱日夫甲野義太郎と協議離婚届出同月参日大阪市北区長から送付同区老松町二丁目五番地甲野義太郎戸籍から入籍㊞ | 平成弐拾年八月拾日丙川太郎と婚姻届出㊞ |
|---|---|---|---|---|---|---|

| 父 | 乙村松雄 | 長 |
|---|---|---|
| 母 | 竹子 | 女 |

| 妻 | 花子 |
|---|---|

| 出生 | 昭和五拾四年四月五日 |
|---|---|

第1　嫡出子の出生届

## ◇父母の戸籍

（2の1）　　全部事項証明

| 本　　　籍 | 東京都千代田区平河町二丁目20番地 |
|---|---|
| 氏　　　名 | 乙村　花子 |

| 戸籍事項　戸籍編製 | 【編製日】平成20年2月3日 |
|---|---|

| 戸籍に記録されている者 | 【名】花子<br><br>【生年月日】昭和54年4月5日　【配偶者区分】妻<br>【父】乙村松雄<br>【母】乙村竹子<br>【続柄】長女 |
|---|---|
| 身分事項<br>　　出　　生<br><br>　　離　　婚<br><br><br><br><br>　　婚　　姻 | 省略<br><br>【離婚日】平成20年2月1日<br>【配偶者氏名】甲野義太郎<br>【送付を受けた日】平成20年2月3日<br>【受理者】大阪市北区長<br>【従前戸籍】大阪市北区老松町二丁目5番地　甲野義太郎<br><br>【婚姻日】平成20年8月10日<br>【配偶者氏名】丙川太郎 |

| 戸籍に記録されている者 | 【名】太郎<br><br>【生年月日】昭和53年3月10日　【配偶者区分】夫<br>【父】丙川忠治<br>【母】丙川梅子<br>【続柄】二男 |
|---|---|
| 身分事項<br>　　出　　生<br><br>　　婚　　姻 | 省略<br><br>【婚姻日】平成20年8月10日<br>【配偶者氏名】乙村花子<br>【従前戸籍】京都市北区小山初音町18番地　丙川忠治 |

| 戸籍に記録されている者 | 【名】秋子<br><br>【生年月日】平成20年11月10日<br>【父】乙村太郎<br>【母】乙村花子<br>【続柄】長女 |
|---|---|

発行番号　　　　　　　　　　　　　　　　　　　　　　　　　　以下次頁

(2の2) 全部事項証明

| 身分事項 出　　生 | 【出生日】平成20年11月10日<br>【出生地】東京都中央区<br>【届出日】平成20年11月22日<br>【届出人】父<br>【入籍日】平成20年11月28日<br>【特記事項】民法第772条の推定が及ばない |
|---|---|
| | 以下余白 |

発行番号

# 第1　嫡出子の出生届

**事例21**　母が前夫と離婚後300日以内に出生した子で，かつ，後夫と婚姻200日後に出生した子の出生届を，母が，父未定の子として住所地の市区町村長に届出をする場合

〔注〕　この事例は，嫡出の推定が重複するので，父未定の子として出生の届出をする場合です。この場合の届出人は母です。なお，Q48，Q88及びQ121を参照願います。

## 出　生　届

平成20年8月23日届出

東京都千代田区長　殿

受理　平成20年8月23日　第2435号
送付　平成20年8月25日　第1987号
発送　平成20年8月23日
東京都千代田区長㊞

書類調査／戸籍記載／記載調査／調査票／附票／住民票／通知

| | | | | |
|---|---|---|---|---|
| (1) | 子の氏名（よみかた） | こうの　なつお　甲野　夏男 | 父母との続き柄 | ☑嫡出子　□嫡出でない子　（長　☑男　□女） |
| (2) | 生まれたとき | 平成20年8月10日　☑午前　□午後　5時30分 | | |
| (3) | 生まれたところ | 東京都千代田区内神田4丁目5番地5号 | | |
| (4) | 住所（住民登録をするところ） | 東京都千代田区岩本町6丁目7番地8号　世帯主の氏名　甲野秋夫　世帯主との続き柄　妻の子 | | |
| (5) | 父母の氏名　生年月日（子が生まれたときの年齢） | 父　　　　年　月　日（満　歳） | 母　甲野春子　昭和56年4月1日（満27歳） | |
| (6) | 本籍（外国人のときは国籍だけを書いてください） | 東京都新宿区西新宿8丁目10番地　筆頭者の氏名　甲野秋夫 | | |
| (7) | 同居を始めたとき | 　　　年　月（結婚式をあげたとき，または，同居を始めたときのうち早いほうを書いてください） | | |

その他：出生子夏男は，母春子が前婚解消後6か月を経過しないうちに再婚し，前婚解消後300日以内で，かつ，再婚200日後に出生したものであるため，前婚，後婚双方の夫の子として推定を受けるので，父未定である。

届出人：
☑1.父母　□2.法定代理人（　　）　□3.同居者　□4.医師　□5.助産師　□6.その他の立会者　□7.公設所の長

住所　東京都千代田区岩本町6丁目7番地8号
本籍　東京都新宿区西新宿8丁目10番地　筆頭者の氏名　甲野秋夫
署名　甲野春子㊞　昭和56年4月1日生

（出生証明書省略）

(注・本戸籍は，340頁から始まります)

| 父 | 乙山正治 |
|---|---|
| 母 | 竹子 |
| | 二女 |

妻　春子
出生　昭和五拾六年四月壱日

平成弐拾年壱月拾日甲野秋夫と婚姻届出同月弐拾弐日東京都千代田区長から送付横浜市中区港町一丁目三十番地乙山春子戸籍から入籍㊞

出生事項（省略）

| 父 | |
|---|---|
| 母 | 甲野春子 |
| | 長男 |

　　夏男
出生　平成弐拾年八月拾日

平成弐拾年八月拾日東京都千代田区で出生父未定同月弐拾参日母届出同月弐拾五日同区長から送付入籍㊞

◇**母の後婚の戸籍**（本戸籍は、三四〇頁・三三九頁の順になります）

| 本　籍 | 東京都新宿区西新宿八丁目十番地 |
| --- | --- |
| 氏　名 | 甲　野　秋　夫 |

平成弐拾年壱月拾弐日編製㊞

出生事項（省略）

平成弐拾年壱月拾日乙山春子と婚姻届出同月拾弐日東京都千代田区長から送付東京都新宿区西新宿八丁目十番地甲野孝治戸籍から入籍㊞

| 父 | 甲野孝治 |
| --- | --- |
| 母 | 陽子 |
| | 長男 |

| 夫 | 秋　夫 |
| --- | --- |
| 出生 | 昭和五拾五年拾壱月壱日 |

◇婚姻前の母の戸籍

| 除籍 | | |
|---|---|---|
| 本　籍 | 横浜市中区港町一丁目三十番地 | |
| 氏　名 | 乙山春子 | |
| 平成拾九年拾壱月拾弐日編製㊞ | | |
| 平成弐拾年壱月拾弐日消除㊞ | | |
| 出生事項（省略） | | |
| 平成拾九年拾壱月拾日夫丙川冬雄と協議離婚届出同月拾弐日東京都港区長から送付同区西新橋七丁目六十番地丙川冬雄戸籍から入籍㊞ | 父　乙山正治 | |
| 平成弐拾年壱月拾日甲野秋夫と婚姻届出同月拾弐日東京都千代田区長から送付東京都新宿区西新宿八丁目十番地に夫の氏の新戸籍編製につき除籍㊞ | 母　竹子 | 春子 |
| | 二女 | 出生 昭和五拾六年四月壱日 |

## ◇母の後婚の戸籍

| | (2の1) | 全部事項証明 |
|---|---|---|

| 本　　　籍 | 東京都新宿区西新宿八丁目１０番地 |
|---|---|
| 氏　　　名 | 甲野　秋夫 |

| 戸籍事項<br>　　戸籍編製 | 【編製日】平成２０年１月１２日 |
|---|---|
| 戸籍に記録されている者 | 【名】秋夫<br><br>【生年月日】昭和５５年１１月１日　【配偶者区分】夫<br>【父】甲野孝治<br>【母】甲野陽子<br>【続柄】長男 |
| 身分事項<br>　　出　　生<br><br>　　婚　　姻 | 省略<br><br>------<br>【婚姻日】平成２０年１月１０日<br>【配偶者氏名】乙山春子<br>【送付を受けた日】平成２０年１月１２日<br>【受理者】東京都千代田区長<br>【従前戸籍】東京都新宿区西新宿八丁目１０番地　甲野孝治 |
| 戸籍に記録されている者 | 【名】春子<br><br>【生年月日】昭和５６年４月１日　【配偶者区分】妻<br>【父】乙山正治<br>【母】乙山竹子<br>【続柄】二女 |
| 身分事項<br>　　出　　生<br><br>　　婚　　姻 | 省略<br><br>------<br>【婚姻日】平成２０年１月１０日<br>【配偶者氏名】甲野秋夫<br>【送付を受けた日】平成２０年１月１２日<br>【受理者】東京都千代田区長<br>【従前戸籍】横浜市中区港町一丁目３０番地　乙山春子 |
| 戸籍に記録されている者 | 【名】夏男<br><br>【生年月日】平成２０年８月１０日<br>【父】<br>【母】甲野春子<br>【続柄】長男 |

発行番号　　　　　　　　　　　　　　　　　　　　　　　　　以下次頁

(2の2) | 全部事項証明

| 身分事項 出　　生 | 【出生日】平成20年8月10日<br>【出生地】東京都千代田区<br>【届出日】平成20年8月23日<br>【届出人】母<br>【送付を受けた日】平成20年8月25日<br>【受理者】東京都千代田区長<br>【特記事項】父未定 |
|---|---|
| | 以下余白 |

発行番号

◇婚姻前の母の戸籍

| 除　　　籍 | （1の1） | 全部事項証明 |
|---|---|---|
| 本　　　籍 | 横浜市中区港町一丁目30番地 | |
| 氏　　　名 | 乙山　春子 | |

| 戸籍事項<br>　　戸籍編製<br>　　戸籍消除 | 【編製日】平成19年11月12日<br>【消除日】平成20年1月12日 |
|---|---|
| 戸籍に記録されている者<br><br>除　　籍 | 【名】春子<br><br>【生年月日】昭和56年4月1日<br>【父】乙山正治<br>【母】乙山竹子<br>【続柄】二女 |
| 身分事項<br>　　出　　生 | 省略 |
| 　　離　　婚 | 【離婚日】平成19年11月10日<br>【配偶者氏名】丙川冬雄<br>【送付を受けた日】平成19年11月12日<br>【受理者】東京都港区長<br>【従前戸籍】東京都港区西新橋七丁目60番地　丙川冬雄 |
| 　　婚　　姻 | 【婚姻日】平成20年1月10日<br>【配偶者氏名】甲野秋夫<br>【送付を受けた日】平成20年1月12日<br>【受理者】東京都千代田区長<br>【新本籍】東京都新宿区西新宿八丁目10番地<br>【称する氏】夫の氏 |
| | 以下余白 |

発行番号

**事例22** 父未定の子として母が出生届をした子につき，母の後夫から父を定める訴えが提起され，後夫を父と定める裁判が確定したため，後夫が，本籍地の市区町村長に戸籍訂正の申請をする場合

〔注〕この事例は，父未定の子として母が届出した子について，父を定める訴えがされ，後夫が父と定められたため，その戸籍訂正申請をする場合です。なお，Q88を参照願います。

## 戸籍訂正申請

東京都新宿 市区町村長 殿

平成20年10月25日申請

受付 平成20年10月25日 第2658号

戸籍調査記載／記載調査／送付／住民票記載／通知／附票記載／通知

| | | | |
|---|---|---|---|
| (一) | 事件本人 | 本　籍 | 東京都新宿区西新宿8丁目10番地 |
| (二) | | 筆頭者氏名 | 甲野秋夫 |
| | | 住所及び世帯主氏名 | 東京都千代田区岩本町6丁目7番8号　甲野秋夫 |
| (三) | | 氏　名 | 甲野夏男 |
| | | 生年月日 | 平成20年8月10日 |
| (四) | | 裁判の種類 | 父を定める裁判 |
| | | 裁判確定年月日 | 平成20年10月20日 |
| (五) | | 訂正の趣旨 | 事件本人甲野夏男について，平成20年10月20日父を甲野秋夫と定める裁判確定により上記甲野秋夫戸籍中，夏男の父欄を記載し，父母との続き柄を「長男」と訂正する。<br>(※紙戸籍の場合は，上記の記載に「母欄の氏を消除する。」と付け加える。) |
| (六) | | 添付書類 | 裁判の謄本及び確定証明書 |
| (七) | 申請人 | 本　籍 | 東京都新宿区西新宿8丁目10番地 |
| | | 筆頭者氏名 | 甲野秋夫 |
| | | 住　所 | 東京都千代田区岩本町6丁目7番8号 |
| | | 署名押印 | 甲野秋夫　㊞ |
| | | 生年月日 | 昭和55年11月1日生 |

(注意) 事件本人又は申請人が二人以上であるときは，必要に応じ該当欄を区切って記載すること。

| 出生事項（省略） | | | | | | | | | |
|---|---|---|---|---|---|---|---|---|---|
| 平成弐拾年壱月拾日甲野秋夫と婚姻届出同月弐拾弐日東京都千代田区長から送付横浜市中区港町一丁目三十番地乙山春子戸籍から入籍㊞ | | | | | | | | | |
| 平成弐拾年八月拾日東京都千代田区で出生父未定同月弐拾参日母届出同月弐拾五日同区長から送付入籍㊞ | | | | | | | | | |
| 平成弐拾年拾月弐拾日父を甲野秋夫と定める裁判確定同月弐拾五日同人申請㊞ | | | | | | | | | |

| 父 | 母 | 妻 | 生出 | 父 | 母 | 出生 |
|---|---|---|---|---|---|---|
| 乙山正治 | 竹子 | 春子 | 昭和五拾六年四月壱日 | 甲野秋夫 | 甲野春子 | 平成弐拾年八月拾日 |
| 二男 | 長女 | | | 長男 | 長女 | 夏男 |

◇父母の戸籍（三四六頁・三四七頁で見開き）

| 本籍 | 東京都新宿区西新宿八丁目十番地 | | 氏名 | 甲野秋夫 |
|---|---|---|---|---|
| 平成弐拾年壱月拾弐日編製㊞ | | | | |
| 出生事項（省略）平成弐拾年壱月拾日乙山春子と婚姻届出同月拾弐日東京都千代田区長から送付東京都新宿区西新宿八丁目十番地甲野孝治戸籍から入籍㊞ | | 父 甲野孝治<br>母 陽子<br>長男 | 夫 秋夫 | 出生 昭和五拾五年拾壱月壱日 |

## ◇父母の戸籍

(2の1) 全部事項証明

| 本　　　籍 | 東京都新宿区西新宿八丁目１０番地 |
|---|---|
| 氏　　　名 | 甲野　秋夫 |
| 戸籍事項<br>　　戸籍編製 | 【編製日】平成２０年１月１２日 |
| 戸籍に記録されている者 | 【名】秋夫<br>【生年月日】昭和５５年１１月１日　【配偶者区分】夫<br>【父】甲野孝治<br>【母】甲野陽子<br>【続柄】長男 |
| 身分事項<br>　　出　　生<br>　　婚　　姻 | 省略<br>―――――――――――――――――――<br>【婚姻日】平成２０年１月１０日<br>【配偶者氏名】乙山春子<br>【送付を受けた日】平成２０年１月１２日<br>【受理者】東京都千代田区長<br>【従前戸籍】東京都新宿区西新宿八丁目１０番地　甲野孝治 |
| 戸籍に記録されている者 | 【名】春子<br>【生年月日】昭和５６年４月１日　【配偶者区分】妻<br>【父】乙山正治<br>【母】乙山竹子<br>【続柄】二女 |
| 身分事項<br>　　出　　生<br>　　婚　　姻 | 省略<br>―――――――――――――――――――<br>【婚姻日】平成２０年１月１０日<br>【配偶者氏名】甲野秋夫<br>【送付を受けた日】平成２０年１月１２日<br>【受理者】東京都千代田区長<br>【従前戸籍】横浜市中区港町一丁目３０番地　乙山春子 |
| 戸籍に記録されている者 | 【名】夏男<br>【生年月日】平成２０年８月１０日<br>【父】甲野秋夫<br>【母】甲野春子<br>【続柄】長男 |

発行番号　　　　　　　　　　　　　　　　　　　　　　　　　　　　以下次頁

(2の2) 全部事項証明

| 身分事項 | | |
|---|---|---|
| 出　生 | | 【出生日】平成20年8月10日<br>【出生地】東京都千代田区<br>【届出日】平成20年8月23日<br>【届出人】母<br>【送付を受けた日】平成20年8月25日<br>【受理者】東京都千代田区長 |
| 訂　正 | | 【訂正日】平成20年10月25日<br>【訂正事由】父を甲野秋夫と定める裁判確定<br>【裁判確定日】平成20年10月20日<br>【申請日】平成20年10月25日<br>【申請人】甲野秋夫<br>【従前の記録】<br>　　【特記事項】父未定 |
| 記　録 | | 【記録日】平成20年10月25日<br>【記録事項】父の氏名<br>【記録事由】父を甲野秋夫と定める裁判確定<br>【裁判確定日】平成20年10月20日<br>【申請日】平成20年10月25日<br>【申請人】甲野秋夫<br>【関連訂正事項】父母との続柄<br>【従前記録】<br>　　【父母との続柄】長男<br>【記録の内容】<br>　　【父】甲野秋夫 |

以下余白

発行番号

# 第1 嫡出子の出生届

**事例23** 父未定の子として母が出生届をした子につき，母の前夫から父を定める訴えが提起され，前夫を父と定める裁判が確定したため，前夫が，本籍地の市区町村長に戸籍訂正の申請をする場合

〔注〕 この事例は，父未定の子として母が届出した子について，父を定める訴えがされ，前夫が父と定められたため，その戸籍訂正申請をする場合です。なお，Q88を参照願います。

## 戸籍訂正申請

東京都港 市(区)町村 長 殿

平成20年10月28日申請

受付 平成20年10月28日 第1768号

戸籍調査

| | | | | |
|---|---|---|---|---|
| (一) | 事件本人 | 本　籍 | 東京都新宿区西新宿8丁目10番地 | 記載 |
| | | 筆頭者氏名 | 甲 野 秋 夫 | 記載調査 |
| (二) | | 住所及び世帯主氏名 | 東京都千代田区岩本町6丁目7番8号　甲野秋夫 | 送付 |
| (三) | | 氏　名 | 甲 野 夏 男 | 住民票 |
| | | 生年月日 | 平成20年8月10日 | 記載 |
| (四) | | 裁判の種類 | 父を定める裁判 | 通知 / 附票 / 記載 |
| | | 裁判確定年月日 | 平成20年10月22日 | 通知 |
| (五) | | 訂正の趣旨 | 事件本人甲野夏男について，平成20年10月22日父を丙川冬雄と定める裁判確定により，同人を上記甲野秋夫戸籍から除籍し，父丙川冬雄，母甲野春子の長男として，東京都港区西新橋7丁目60番地丙川冬雄戸籍に入籍させる。 | |
| (六) | | 添付書類 | 裁判の謄本及び確定証明書，甲野秋夫の戸籍謄本 | |
| (七) | 申請人 | 本　籍 | 東京都港区西新橋7丁目60番地 | |
| | | 筆頭者氏名 | 丙 川 冬 雄 | |
| | | 住　所 | 東京都港区西新橋7丁目8番9号 | |
| | | 署名押印 | 丙 川 冬 雄　㊞ | |
| | | 生年月日 | 昭和53年2月3日生 | |

(注) 事件本人又は申請人が二人以上であるときは，必要に応じ該当欄を区切って記載すること。

（注・本戸籍は，352頁から始まります）

| 出生事項（省略） | 平成拾七年弐月拾日丙川冬雄と婚姻届出横浜市中区港町一丁目三十番地乙山正治戸籍から入籍㊞ | 平成九年拾壱月拾日夫冬雄と協議離婚届出横浜市中区港町一丁目三十番地に新戸籍編製につき除籍㊞ | 平成弐拾年八月拾日東京都千代田区で出生同月弐拾参日母届出同月弐拾五日同区長から送付入籍㊞ | 平成弐拾年拾月弐拾弐日父を丙川冬雄と定める裁判確定同月弐拾八日同人申請東京都新宿区西新宿八丁目十番地甲野秋夫戸籍から入籍㊞ | | | |
|---|---|---|---|---|---|---|---|
| 父 乙山正治 | | | 父 丙川冬雄 長男 | | | | 出生 平成弐拾年八月拾日 |
| 母 乙山竹子 二女 | 妻 ✕春子✕ | 出生 昭和五拾六年四月壱日 | 母 甲野春子 | | | 夏男 | |

◇**母の前婚の戸籍**（本戸籍は、三五二頁・三五一頁の順になります）

| 本　籍 | 東京都港区西新橋七丁目六十番地 |
|---|---|
| 氏　名 | 丙川冬雄 |

平成七年弐月拾日編製㊞

出生事項（省略）

平成七年弐月拾日乙山春子と婚姻届出東京都港区西新橋七丁目六十番地丙川義助戸籍から入籍㊞

平成拾九年拾壱月拾日妻春子と協議離婚届出㊞

| 父 | 丙川義助 |
|---|---|
| 母 | 梅子 |
| | 三男 |

| 夫 | 冬雄 |
|---|---|
| 出生 | 昭和五拾参年弐月参日 |

(注．本戸籍は，354頁から始まります)

| 父 | 乙山 正治 |
| --- | --- |
| 母 | 竹子 |
| | 二女 |

妻　春子

出生　昭和五拾六年四月壱日

| 父 | 甲野春子 |
| --- | --- |
| 母 | |
| | 長男 |

夏男

出生　平成弐拾年八月拾日

出生事項（省略）

平成弐拾年壱月拾日甲野秋夫と婚姻届出同月弐拾弐日東京都千代田区長から送付横浜市中区港町一丁目三十番地乙山春子戸籍から入籍㊞

平成弐拾年八月拾日東京都千代田区で出生父未定同月弐拾参日母届出同月弐拾五日同区長から送付入籍㊞

平成弐拾年拾月弐拾弐日父を丙川冬雄と定める裁判確定同月弐拾八日同人申請同月参拾日東京都港区長から送付同区西新橋七丁目六十番地丙川冬雄戸籍に入籍につき除籍㊞

◇**母の後婚の戸籍**（本戸籍は、三五四頁・三五三頁の順になります）

| 本　籍 | 東京都新宿区西新宿八丁目十番地 |
|---|---|
| 氏　名 | 甲野秋夫 |

平成弐拾年壱月拾弐日編製㊞

出生事項（省略）

平成弐拾年壱月拾日乙山春子と婚姻届出同月拾弐日東京都千代田区長から送付東京都新宿区西新宿八丁目十番地甲野孝治戸籍から入籍㊞

| 父 | 甲野孝治 | 長男 |
|---|---|---|
| 母 | 陽子 | |

| 夫 | 秋夫 |
|---|---|
| 出生 | 昭和五拾五年拾壱月壱日 |

◇母の後婚の戸籍

(2の1) 全部事項証明

| 本　　　籍 | 東京都新宿区西新宿八丁目１０番地 |
|---|---|
| 氏　　　名 | 甲野　秋夫 |

| 戸籍事項<br>　　戸籍編製 | 【編製日】平成２０年１月１２日 |
|---|---|

| 戸籍に記録されている者 | 【名】秋夫<br><br>【生年月日】昭和５５年１１月１日　【配偶者区分】夫<br>【父】甲野孝治<br>【母】甲野陽子<br>【続柄】長男 |
|---|---|

| 身分事項<br>　　出　　生<br>　　婚　　姻 | 省略<br><br>【婚姻日】平成２０年１月１０日<br>【配偶者氏名】乙山春子<br>【送付を受けた日】平成２０年１月１２日<br>【受理者】東京都千代田区長<br>【従前戸籍】東京都新宿区西新宿八丁目１０番地　甲野孝治 |
|---|---|

| 戸籍に記録されている者 | 【名】春子<br><br>【生年月日】昭和５６年４月１日　【配偶者区分】妻<br>【父】乙山正治<br>【母】乙山竹子<br>【続柄】二女 |
|---|---|

| 身分事項<br>　　出　　生<br>　　婚　　姻 | 省略<br><br>【婚姻日】平成２０年１月１０日<br>【配偶者氏名】甲野秋夫<br>【送付を受けた日】平成２０年１月１２日<br>【受理者】東京都千代田区長<br>【従前戸籍】横浜市中区港町一丁目３０番地　乙山春子 |
|---|---|

| 戸籍に記録されている者<br><br>除　籍 | 【名】夏男<br><br>【生年月日】平成２０年８月１０日<br>【父】<br>【母】甲野春子<br>【続柄】長男 |
|---|---|

発行番号　　　　　　　　　　　　　　　　　　　　　以下次頁

（2の2）　全部事項証明

| 身分事項 | |
|---|---|
| 出　生 | 【出生日】平成20年8月10日<br>【出生地】東京都千代田区<br>【届出日】平成20年8月23日<br>【届出人】母<br>【送付を受けた日】平成20年8月25日<br>【受理者】東京都千代田区長<br>【特記事項】父未定 |
| 除　籍 | 【除籍日】平成20年10月30日<br>【除籍事由】父を丙川冬雄と定める裁判確定<br>【裁判確定日】平成20年10月22日<br>【申請日】平成20年10月28日<br>【申請人】丙川冬雄<br>【送付を受けた日】平成20年10月30日<br>【受理者】東京都港区長<br>【入籍戸籍】東京都港区西新橋七丁目60番地　丙川冬雄 |

以下余白

発行番号

◇母の前婚の戸籍

(2の1)　全部事項証明

| 本　　籍 | 東京都港区西新橋七丁目60番地 |
|---|---|
| 氏　　名 | 丙川　冬雄 |

| 戸籍事項　戸籍編製 | 【編製日】平成17年2月10日 |
|---|---|

| 戸籍に記録されている者 | 【名】冬　雄<br><br>【生年月日】昭和53年2月3日<br>【父】丙川義助<br>【母】丙川梅子<br>【続柄】三男 |
|---|---|
| 身分事項<br>　　出　生<br><br>　　婚　姻<br><br><br><br>　　離　婚 | 省略<br><br>【婚姻日】平成17年2月10日<br>【配偶者氏名】乙山春子<br>【従前戸籍】東京都港区西新橋七丁目60番地　丙川義助<br><br>【離婚日】平成19年11月10日<br>【配偶者氏名】丙川春子 |

| 戸籍に記録されている者<br><br>除　籍 | 【名】春　子<br><br>【生年月日】昭和56年4月1日<br>【父】乙山正治<br>【母】乙山竹子<br>【続柄】二女 |
|---|---|
| 身分事項<br>　　出　生<br><br>　　婚　姻<br><br><br><br>　　離　婚 | 省略<br><br>【婚姻日】平成17年2月10日<br>【配偶者氏名】丙川冬雄<br>【従前戸籍】横浜市中区港町一丁目30番地　乙山正治<br><br>【離婚日】平成19年11月10日<br>【配偶者氏名】丙川冬雄<br>【新本籍】横浜市中区港町一丁目30番地 |

| 戸籍に記録されている者 | 【名】夏　男<br><br>【生年月日】平成20年8月10日<br>【父】丙川冬雄 |
|---|---|

発行番号　　　　　　　　　　　　　　　　　　　　　　　　　　　　以下次頁

|  | （2の2） | 全部事項証明 |

| | | |
|---|---|---|
| | 【母】甲野春子<br>【続柄】長男 | |
| 身分事項<br>　出　　生 | 【出生日】平成２０年８月１０日<br>【出生地】東京都千代田区<br>【届出日】平成２０年８月２３日<br>【届出人】母<br>【送付を受けた日】平成２０年８月２５日<br>【受理者】東京都千代田区長 | |
| 　入　　籍 | 【入籍日】平成２０年１０月２８日<br>【入籍事由】父を丙川冬雄と定める裁判確定<br>【裁判確定日】平成２０年１０月２２日<br>【申請日】平成２０年１０月２８日<br>【申請人】丙川冬雄<br>【従前戸籍】東京都新宿区西新宿八丁目１０番地　甲野秋夫 | |
| | | 以下余白 |

発行番号

## 第2　嫡出でない子の出生届

**事例24**　父母の戸籍に在籍する女が，嫡出でない子を出生し，その出生届を住所地の市区町村長に届出をする場合

〔注〕この事例では，嫡出でない子を出生した女が，子の出生届によって父母の戸籍から除籍の上，母について新戸籍が編製され，子は母の新戸籍に入籍する場合です。なお，Q60，Q102，Q103及びQ138を参照願います。

# 出　生　届

平成 20 年 5 月 23 日 届出

東京都千代田区 長 殿

| 受理 | 平成20年5月23日 | 発送 | 平成20年5月23日 |
|---|---|---|---|
| 第 | 1689 号 | | 東京都千代田区 長 ㊞ |
| 送付 | 平成20年5月25日 | | |
| 第 | 912 号 | | |
| 書類調査 | 戸籍記載 | 記載調査 | 調査票 | 附票 | 住民票 | 通知 |

生まれた子

(1) 子の氏名
　(よみかた) おつ むら よう こ
　氏 乙村　名 陽子
　父母との続き柄　☐嫡出子　☑嫡出でない子　(長)　☐男 ☑女

(2) 生まれたとき　平成20年5月12日　☐午前 ☑午後 6時20分

(3) 生まれたところ　東京都中央区入船6丁目10番地 12号

(4) 住所（住民登録をするところ）　東京都千代田区内神田6丁目7番地 8号
　世帯主の氏名　乙村和雄　世帯主との続き柄　子の子

(5) 父母の氏名　生年月日（子が生まれたときの年齢）
　父　年月日（満　歳）
　母　乙村明子　昭和58年3月5日（満25歳）

(6) 本籍（外国人のときは国籍だけを書いてください）　東京都新宿区西新宿8丁目10番地
　筆頭者の氏名　乙村和雄

(7) 同居を始めたとき　年月（結婚式をあげたとき，または，同居を始めたときのうち早いほうを書いてください）

その他
　母につき新戸籍を編製
　新本籍　東京都千代田区内神田6丁目25番地

届出人

☑1.父母　☐2.法定代理人（　）☐3.同居者　☐4.医師　☐5.助産師　☐6.その他の立会者
☐7.公設所の長

住所　東京都千代田区内神田6丁目7番地 8号

本籍　東京都新宿区西新宿8丁目10番地　筆頭者の氏名　乙村和雄

署名　乙村明子 ㊞　昭和58年3月5日生

(出生証明書省略)

## 第2 嫡出でない子の出生届

| | | | | | | | | 父 | |
|---|---|---|---|---|---|---|---|---|---|
| | | | | | | | 籍㊞ | 母 | 平成弐拾年五月拾弐日東京都中央区で出生同月弐拾参日母届出入 |
| 出生 | | | 父 母 | 出生 | | | | 父 母 | |
| | | | | 平成弐拾年五月拾弐日 | 陽 子 | | | 乙村明子 | |
| | | | | | | | | 長女 | |

◇母の新戸籍（三六〇頁・三六一頁で見開き）

| 本籍 | 東京都千代田区内神田六丁目二十五番地 | 氏名 | 乙村明子 |
|---|---|---|---|

平成弐拾年五月弐拾参日編製㊞

出生事項（省略）
子の出生届出平成弐拾年五月弐拾参日東京都新宿区西新宿八丁目十番地乙村和雄戸籍から入籍㊞

父 乙村和雄
母 冬子
長女

出生 昭和五拾八年参月五日

明子

## 第2 嫡出でない子の出生届

◇母の従前の戸籍

|本籍|東京都新宿区西新宿八丁目十番地|
|氏名|乙村和雄|

編製事項（省略）

出生事項（省略）

平成弐拾年五月弐拾参日子の出生届出同月弐拾五日東京都千代田区長から送付同区内神田六丁目二十五番地に新戸籍編製につき除籍㊞

|父|乙村和雄|
|母|冬子|
| |長女|

名 明子

出生 昭和五拾八年参月五日

◇母の新戸籍

（1の1）　全部事項証明

| 本　　籍 | 東京都千代田区内神田六丁目２５番地 |
|---|---|
| 氏　　名 | 乙村　明子 |

| 戸籍事項<br>　　戸籍編製 | 【編製日】平成２０年５月２３日 |
|---|---|
| 戸籍に記録されている者 | 【名】明 子<br><br>【生年月日】昭和５８年３月５日<br>【父】乙村和雄<br>【母】乙村冬子<br>【続柄】長女 |
| 身分事項<br>　　出　　生<br><br>　　子の出生 | 省略<br><br><br>【入籍日】平成２０年５月２３日<br>【入籍事由】子の出生届出<br>【従前戸籍】東京都新宿区西新宿八丁目１０番地　乙村和雄 |
| 戸籍に記録されている者 | 【名】陽 子<br><br>【生年月日】平成２０年５月１２日<br>【父】<br>【母】乙村明子<br>【続柄】長女 |
| 身分事項<br>　　出　　生 | 【出生日】平成２０年５月１２日<br>【出生地】東京都中央区<br>【届出日】平成２０年５月２３日<br>【届出人】母 |
|  | 以下余白 |

発行番号

## ◇母の従前の戸籍

|  | （1の1） | 全部事項証明 |
|---|---|---|
| 本　　　籍 | 東京都新宿区西新宿八丁目１０番地 | |
| 氏　　　名 | 乙村　和雄 | |

| 戸籍事項<br>　　戸籍編製 | 省略 |
|---|---|

〜〜〜〜〜〜〜〜〜〜〜〜〜〜〜〜〜〜〜〜〜〜〜〜

| 戸籍に記録されている者<br><br>　　除　籍 | 【名】明　子<br><br>【生年月日】昭和５８年３月５日<br>【父】乙村和雄<br>【母】乙村冬子<br>【続柄】長女 |
|---|---|
| 身分事項<br>　　出　生 | 省略 |
| 　　子の出生 | 【届出日】平成２０年５月２３日<br>【除籍事由】子の出生届出<br>【送付を受けた日】平成２０年５月２５日<br>【受理者】東京都千代田区長<br>【新本籍】東京都千代田区内神田六丁目２５番地 |

以下余白

発行番号

## 事例25　戸籍の筆頭者である女が，嫡出でない子を出生し，その出生届を本籍地の市区町村長に届出をする場合

〔注〕この事例は，嫡出でない子を出生した女が戸籍の筆頭者になっているので，事例24のように母につき新戸籍を編製する必要はなく，子は母の戸籍に直ちに入籍する場合です。なお，Q100及びQ141を参照願います。

# 出生届

平成 20 年 6 月 15 日 届出

東京都港区　長 殿

受理　平成 20 年 6 月 15 日　第 1429 号
発送　平成　年　月　日
送付　平成　年　月　日　第　号

書類調査　戸籍記載　記載調査　調査票　附票　住民票　通知

(1) 生まれた子の氏名
　(よみかた) こうの　いちろう
　氏 甲野　名 一郎
　父母との続き柄：☐嫡出子　☑嫡出でない子　[長]　☑男　☐女

(2) 生まれたとき　平成 20 年 6 月 3 日　☐午前 ☑午後 8 時 50 分

(3) 生まれたところ　東京都中央区築地 7 丁目 8 番地 9 号

(4) 住所（住民登録をするところ）　東京都港区西新橋 9 丁目 10 番地 11 号
　世帯主の氏名　甲野梅子　世帯主との続き柄　子

(5) 父母の氏名　生年月日（子が生まれたときの年齢）
　父　　年　月　日（満　歳）
　母　甲野梅子　昭和 54 年 3 月 3 日（満 29 歳）

(6) 本籍（外国人のときは国籍だけを書いてください）　東京都港区東麻布 8 丁目 60 番地
　筆頭者の氏名　甲野梅子

(7) 同居を始めたとき　　年　月（結婚式をあげたとき，または，同居を始めたときのうち早いほうを書いてください）

その他

届出人：
☐1. 父　☑母　☐2. 法定代理人（　　）☐3. 同居者　☐4. 医師　☐5. 助産師　☐6. その他の立会者　☐7. 公設所の長

住所　東京都港区西新橋 9 丁目 10 番地 11 号
本籍　東京都港区東麻布 8 丁目 60 番地　筆頭者の氏名　甲野梅子
署名　甲野梅子 ㊞　昭和 54 年 3 月 3 日生

（出生証明書省略）

| 父 母 | 出生 | 父 母 | 出生 | 平成弐拾年六月参日東京都中央区で出生同月拾五日母届出入籍㊞ |
|---|---|---|---|---|
| 父<br>母 甲野梅子<br>長男 | 一郎 | 平成弐拾年六月参日 | | |

◇母の戸籍（三六六頁・三六七頁で見開き）

| 本　籍 | 東京都港区東麻布八丁目六十番地 | 氏　名 | 甲野梅子 |

平成拾九年四月拾日編製㊞

出生事項（省略）

平成拾九年四月拾日分籍届出仙台市青葉区春日町四番地甲野孝治戸籍から入籍㊞

父　甲野孝治
母　松江
長女

梅子

出生　昭和五拾四年参月参日

◇母の戸籍

|  |  |
|---|---|
|  | （1の1）　全部事項証明 |
| 本　　　籍 | 東京都港区東麻布八丁目６０番地 |
| 氏　　　名 | 甲野　梅子 |
| 戸籍事項<br>　　戸籍編製 | 【編製日】平成１９年４月１０日 |
| 戸籍に記録されている者 | 【名】梅　子<br><br>【生年月日】昭和５４年３月３日<br>【父】甲野孝治<br>【母】甲野松江<br>【続柄】長女 |
| 身分事項<br>　　出　　生<br>　　分　　籍 | 省略<br><br>【分籍日】平成１９年４月１０日<br>【従前戸籍】仙台市青葉区春日町４番地　甲野孝治 |
| 戸籍に記録されている者 | 【名】一　郎<br><br>【生年月日】平成２０年６月３日<br>【父】<br>【母】甲野梅子<br>【続柄】長男 |
| 身分事項<br>　　出　　生 | 【出生日】平成２０年６月３日<br>【出生地】東京都中央区<br>【届出日】平成２０年６月１５日<br>【届出人】母 |
|  | 以下余白 |

発行番号

## 事例26 父母の戸籍に在籍する女（未成年者）が嫡出でない子を出生し，その出生届を，母の親権者が，住所地の市区町村長に届出をする場合

〔注〕この事例は，父母の戸籍に在籍する未成年の女が，嫡出でない子を出生し，その届出を未成年の女の親権者が届出する場合です。この場合，親権者である父母が共同で届出するのが原則ですが，共同でできない事情があるとき，又は他方が届出に応じないときは，一方のみによる届出も可能です。なお，未成年者である母も意思能力を有するときは，届出をすることができます。Q206を参照願います。

# 出 生 届

平成 20 年 8 月 13 日届出

東京都中央区 長 殿

| 受理 | 平成 20 年 8 月 13 日 | 発送 | 平成 20 年 8 月 13 日 |
|---|---|---|---|
| 第 | 1234 号 | | 東京都中央区 長 ㊞ |
| 送付 | 平成 20 年 8 月 15 日 | | |
| 第 | 1567 号 | | |
| 書類調査 | 戸籍記載 | 記載調査 | 調査票 | 附 票 | 住民票 | 通 知 |

|   |   |   |   |   |
|---|---|---|---|---|
| (1) | 子の氏名 | （よみかた）へい やま あき こ<br>氏　　名　丙　山　明　子 | 父母との続き柄 | □嫡 出 子<br>☑嫡出でない子　〔長　□男<br>　　　　　　　　　　　☑女〕 |
| (2) | 生まれたとき | 平成 20 年 8 月 2 日 | ☑午前 □午後 | 7 時 10 分 |
| (3) | 生まれたところ | 東京都中央区月島5丁目6 | | 番地 番　7 号 |
| (4) | 住　　所<br>(住民登録をするところ) | 東京都中央区築地6丁目7 | | 番地 番　8 号 |
| | | 世帯主の氏名　丙　山　武　夫 | 世帯主との続き柄 | 子の子 |
| (5) | 父母の氏名<br>生 年 月 日<br>(子が生まれたときの年齢) | 父<br>　　　年　月　日（満　　歳） | 母　丙　山　花　子<br>平成3年 4月 6日（満 17歳） | |
| (6) | 本　　籍<br>(外国人のときは国籍だけを書いてください) | 京都市北区小山初音町18 | | 番地 番 |
| | | 筆頭者の氏名　丙　山　武　夫 | | |
| (7) | 同居を始めたとき | 　　年　　月 （結婚式をあげたとき，または，同居を始めたときのうち早いほうを書いてください） | | |

| その他 | 出生子の母は未成年者につき，母の親権者である父が届出する。なお，親権者母は届出ができない。 |
|---|---|

| 届出人 | □ 1. 父<br>　　　母　☑ 2. 法定代理人（母の親権者父）　□ 3. 同居者　□ 4. 医師　□ 5. 助産師　□ 6. その他の立会者<br>□ 7. 公設所の長 |
|---|---|
| | 住所　東京都中央区築地6丁目7　　　　　　　　　　　番地 番　8 号 |
| | 本籍　京都市北区小山初音町18　番地 番　筆頭者の氏名　丙　山　武　夫 |
| | 署名　　丙　山　武　夫　㊞　　　　昭和37年 5月 6日生 |

（出生証明書省略）

| 出同月拾五日同区長から送付入籍㊞ | 平成弐拾年八月弐日東京都中央区で出生同月拾参日母の親権者父届 | | | | | | | | | | |
|---|---|---|---|---|---|---|---|---|---|---|---|
| | | | | | | | | | | 父 | |
| | | | | | | | | | | 母 | 丙山花子 |
| | | | | | | | | | | | 長女 |
| 出生 | | | | | 父 母 | 出生 | 平成弐拾年八月弐日 | 明子 | | | |

◇母の新戸籍（三七〇頁・三七一頁で見開き）

| 本籍 | 京都市北区小山初音町十八番地 | 氏名 | 丙山花子 |
|---|---|---|---|

平成弐拾年八月拾五日編製㊞

出生事項（省略）

子の出生届出平成弐拾年八月拾五日京都市北区小山初音町十八番地

丙山武夫戸籍から入籍㊞

父　丙山武夫
母　和子
　　長女

花子

出生　平成参年四月六日

◇**母の新戸籍**

(1の1)　全部事項証明

| 本　　　籍 | 京都市北区小山初音町１８番地 |
|---|---|
| 氏　　　名 | 丙山　花子 |
| 戸籍事項<br>　　戸籍編製 | 【編製日】平成２０年８月１５日 |
| 戸籍に記録されている者 | 【名】花子<br><br>【生年月日】平成３年４月６日<br>【父】丙山武夫<br>【母】丙山和子<br>【続柄】長女 |
| 身分事項<br>　　出　　生<br><br>　　子の出生 | 省略<br><br>【入籍日】平成２０年８月１５日<br>【入籍事由】子の出生届出<br>【従前戸籍】京都市北区小山初音町１８番地　丙山武夫 |
| 戸籍に記録されている者 | 【名】明子<br><br>【生年月日】平成２０年８月２日<br>【父】<br>【母】丙山花子<br>【続柄】長女 |
| 身分事項<br>　　出　　生 | 【出生日】平成２０年８月２日<br>【出生地】東京都中央区<br>【届出日】平成２０年８月１３日<br>【届出人】母の親権者父<br>【送付を受けた日】平成２０年８月１５日<br>【受理者】東京都中央区長 |
| | 以下余白 |

発行番号

**事例27** 父母の婚姻後200日以内に出生した子の出生届を、母が、嫡出でない子として母の住所地の市区町村長に届出をする場合

〔注〕この事例は、出生子が母の夫によって懐胎された子でないとして、母が、嫡出でない子の出生届をする場合です。なお、Q41、Q42、Q104及びQ160を参照願います。

# 出 生 届

平成20年8月15日届出

東京都港区 長 殿

| 受理 | 平成20年8月15日 | 発送 | 平成20年8月15日 |
|---|---|---|---|
| 第 | 1765 号 | | 東京都港区 長 ㊞ |
| 送付 | 平成20年8月16日 | | |
| 第 | 1807 号 | | |
| 書類調査 | 戸籍記載 | 記載調査 | 調査票 | 附票 | 住民票 | 通知 |

| | | | | |
|---|---|---|---|---|
| (1) | 子の氏名 | （よみかた）こうの なつこ 氏 甲野 名 夏子 | 父母との続き柄 | □嫡出子 ☑嫡出でない子　〔長〕 □男 ☑女 |
| (2) | 生まれたとき | 平成20年8月4日 ☑午前 □午後 8時10分 | | |
| (3) | 生まれたところ | 東京都港区西新橋8丁目9 番地 番 10号 | | |
| (4) | 住所 (住民登録をするところ) | 東京都港区高輪7丁目8 番地 番 9号 世帯主の氏名 甲野芳雄 世帯主との続き柄 妻の子 | | |
| (5) | 父母の氏名 生年月日 (子が生まれたときの年齢) | 父　　　　年　月　日（満　歳） | 母 甲野春子 昭和54年4月2日（満29歳） | |
| (6) | 本籍 (外国人のときは国籍だけを書いてください) | 東京都新宿区西新宿9丁目20 番地 番 筆頭者の氏名 甲野芳雄 | | |
| (7) | 同居を始めたとき | 　年　月（結婚式をあげたとき、または、同居を始めたときのうち早いほうを書いてください） | | |

その他

届出人
☑1.父母　□2.法定代理人（　　）　□3.同居者　□4.医師　□5.助産師　□6.その他の立会者
□7.公設所の長

住所　東京都港区高輪7丁目8　番地 番 9号
本籍　東京都新宿区西新宿9丁目20 番地 番　筆頭者の氏名 甲野芳雄
署名　甲野春子 ㊞　昭和54年4月2日生

(出生証明書省略)

| | | | | | |
|---|---|---|---|---|---|
| 出生事項（省略） | 平成弐拾年参月壱日甲野芳雄と婚姻届出大阪市北区老松町三丁目百番地乙野東吉戸籍から入籍㊞ | | | 平成弐拾年八月四日東京都港区で出生同月拾五日母届出同月拾六日同区長から送付入籍㊞ | |
| 父 乙野東吉 | 母 乙野梅子 | 妻 春子 | 出生 昭和五拾四年四月弐日 | 父 甲野春子 | 出生 平成弐拾年八月四日 |
| | 二女 | | | 母 甲野春子 長女 | 夏子 |

◇母の戸籍（三七四頁・三七五頁で見開き）

| 本 籍 | 東京都新宿区西新宿九丁目二十番地 |
|---|---|
| 氏 名 | 甲野芳雄 |

平成弐拾年参月壱日編製㊞

平成弐拾年参月壱日乙野春子と婚姻届出群馬県前橋市千代田町二丁目三十番地甲野竹治戸籍から入籍㊞

出生事項（省略）

| 父 | 甲野竹治 |
| 母 | 松子 |
| | 長男 |

| 夫 | 芳雄 |
| 出生 | 昭和四拾八年弐月四日 |

◇母の戸籍

|  |  | （1の1） | 全部事項証明 |

| 本　　籍 | 東京都新宿区西新宿九丁目20番地 |
| --- | --- |
| 氏　　名 | 甲野　芳雄 |
| 戸籍事項<br>　戸籍編製 | 【編製日】平成20年3月1日 |
| 戸籍に記録されている者 | 【名】芳　雄<br><br>【生年月日】昭和48年2月4日　【配偶者区分】夫<br>【父】甲野竹治<br>【母】甲野松子<br>【続柄】長男 |
| 身分事項<br>　出　　生<br><br>　婚　　姻 | 省略<br><br>【婚姻日】平成20年3月1日<br>【配偶者氏名】乙野春子<br>【従前戸籍】群馬県前橋市千代田町二丁目30番地　甲野竹治 |
| 戸籍に記録されている者 | 【名】春　子<br><br>【生年月日】昭和54年4月2日　【配偶者区分】妻<br>【父】乙野東吉<br>【母】乙野梅子<br>【続柄】二女 |
| 身分事項<br>　出　　生<br><br>　婚　　姻 | 省略<br><br>【婚姻日】平成20年3月1日<br>【配偶者氏名】甲野芳雄<br>【従前戸籍】大阪市北区老松町三丁目100番地　乙野東吉 |
| 戸籍に記録されている者 | 【名】夏　子<br><br>【生年月日】平成20年8月4日<br>【父】<br>【母】甲野春子<br>【続柄】長女 |
| 身分事項<br>　出　　生| 【出生日】平成20年8月4日<br>【出生地】東京都港区<br>【届出日】平成20年8月15日<br>【届出人】母<br>【送付を受けた日】平成20年8月16日<br>【受理者】東京都港区長 |

発行番号

## 事例28 婚姻中に出生した子の出生届を，母が，嫡出子否認の裁判の謄本を添付して，嫡出でない子として本籍地の市区町村長に届出をする場合

〔注〕この事例は，父母の婚姻中に出生したと推定される嫡出子について，父の嫡出子否認の裁判が確定したため，母が，嫡出でない子として届出をする場合です。なお，Q148及びQ149を参照願います。

# 出 生 届

平成 20 年 4 月 16 日 届出

東京都新宿区 長 殿

| 受理 | 平成 20 年 4 月 16 日 | 発送 | 平成 年 月 日 |
|---|---|---|---|
| 第 | 1987 号 | | |
| 送付 | 平成 年 月 日 | | 長印 |
| 第 | 号 | | |
| 書類調査 | 戸籍記載 | 記載調査 | 調査票 | 附票 | 住民票 | 通知 |

生まれた子

(1) 子の氏名
(よみかた) へい むら ゆき お
氏 丙村 名 幸雄
父母との続き柄：☑嫡出子 / ☑嫡出でない子
長 ☑男 □女

(2) 生まれたとき 平成 20 年 1 月 9 日 ☑午前 □午後 6 時 20 分

(3) 生まれたところ 東京都新宿区北新宿 5 丁目 7 番地 8 号

(4) 住所（住民登録をするところ） 東京都新宿区百人町 7 丁目 8 番地 9 号
世帯主の氏名 丙村雄一　世帯主との続き柄 妻の子

(5) 父母の氏名 生年月日（子が生まれたときの年齢）
父 ／ 年 月 日（満 歳）
母 丙村幸子　昭和56年 9 月 2 日（満 26 歳）

(6) 本籍（外国人のときは国籍だけを書いてください） 東京都新宿区西新宿 6 丁目40 番地
筆頭者の氏名 丙村雄一

(7) 同居を始めたとき 　年 　月（結婚式をあげたとき，または，同居を始めたときのうち早いほうを書いてください）

その他：平成20年 4 月10日丙村雄一の嫡出子否認の裁判確定につき，裁判の謄本及び確定証明書添付

届出人：
☑ 1. 父母　□ 2. 法定代理人（　　）　□ 3. 同居者　□ 4. 医師　□ 5. 助産師　□ 6. その他の立会者　□ 7. 公設所の長

住所 東京都新宿区百人町 7 丁目 8 番地 9 号
本籍 東京都新宿区西新宿 6 丁目40 番地　筆頭者の氏名 丙村雄一
署名 丙村幸子 ㊞　昭和56年 9 月 2 日生

（出生証明書省略）

# 第2　嫡出でない子の出生届

| | | | |
|---|---|---|---|
| 出生事項（省略）　平成拾五年六月弐拾日丙村雄一と婚姻届出東京都港区西新橋六丁目三十番地乙野忠治戸籍から入籍㊞ | 平成弐拾年壱月九日東京都新宿区で出生同年四月拾六日母届出（平成弐拾年四月拾日丙村雄一の嫡出子否認の裁判確定）入籍㊞ | | |
| 父　乙野忠治<br>母　梅子　長女<br>妻　幸子<br>出生　昭和五拾六年九月弐日 | 父　丙村<br>母　丙村幸子　長男<br>　　幸雄<br>出生　平成弐拾年壱月九日 | | |

◇ **母の戸籍**（三七八頁・三七九頁で見開き）

| 本籍 | 東京都新宿区西新宿六丁目四十番地 |
| --- | --- |
| 氏名 | 丙村雄一 |

平成拾五年六月弐拾日編製㊞

出生事項（省略）

平成拾五年六月弐拾日乙野幸子と婚姻届出東京都千代田区西神田五丁目三十番地丙村孝助戸籍から入籍㊞

| 父 | 丙村孝助 |
| 母 | 道子 |
| | 二男 |

| 夫 | 雄一 |
| 出生 | 昭和五拾参年九月弐日 |

## ◇母の戸籍

| | （1の1） | 全部事項証明 |

| | |
|---|---|
| 本　　籍 | 東京都新宿区西新宿六丁目40番地 |
| 氏　　名 | 丙村　雄一 |
| 戸籍事項<br>　戸籍編製 | 【編製日】平成15年6月20日 |
| 戸籍に記録されている者 | 【名】雄　一<br><br>【生年月日】昭和53年9月2日　【配偶者区分】夫<br>【父】丙村孝助<br>【母】丙村道子<br>【続柄】二男 |
| 身分事項<br>　出　　生<br><br>　婚　　姻 | 省略<br><br>【婚姻日】平成15年6月20日<br>【配偶者氏名】乙野幸子<br>【従前戸籍】東京都千代田区西神田五丁目30番地　丙村孝助 |
| 戸籍に記録されている者 | 【名】幸　子<br><br>【生年月日】昭和56年9月2日　【配偶者区分】妻<br>【父】乙野忠治<br>【母】乙野梅子<br>【続柄】長女 |
| 身分事項<br>　出　　生<br><br>　婚　　姻 | 省略<br><br>【婚姻日】平成15年6月20日<br>【配偶者氏名】丙村雄一<br>【従前戸籍】東京都港区西新橋六丁目30番地　乙野忠治 |
| 戸籍に記録されている者 | 【名】幸　雄<br><br>【生年月日】平成20年1月9日<br>【父】<br>【母】丙村幸子<br>【続柄】長男 |
| 身分事項<br>　出　　生 | 【出生日】平成20年1月9日<br>【出生地】東京都新宿区<br>【届出日】平成20年4月16日<br>【届出人】母<br>【特記事項】平成20年4月10日丙村雄一の嫡出子否認の裁判確定 |

発行番号

# 事例29

婚姻中に出生した子の出生届を，母が，親子関係不存在確認の裁判の謄本を添付して，嫡出でない子として住所地の市区町村長に届出をする場合

〔注〕この事例は，父母婚姻中に出生した子について，子と父との親子関係不存在確認の裁判が確定したため，母が，嫡出でない子として届出をする場合です。なお，Q152及びQ153を参照願います。

## 出生届

平成20年12月10日届出

東京都港区　長殿

| 受理 | 平成20年12月10日 | 発送 | 平成20年12月10日 |
|---|---|---|---|
| 第 | 1598号 | | |
| 送付 | 平成20年12月11日 | 東京都港区　長㊞ | |
| 第 | 1789号 | | |
| 書類調査 | 戸籍記載 | 記載調査 | 調査票 | 附票 | 住民票 | 通知 |

|   |   |   |   |
|---|---|---|---|
| (1) | 子の氏名 | （よみかた）おつやま たかこ　氏　乙山　名　孝子 | 父母との続き柄　□嫡出子　☑嫡出でない子　〔長　□男　☑女〕 |
| (2) | 生まれたとき | 平成20年8月7日　☑午前　□午後　8時40分 | |
| (3) | 生まれたところ | 東京都千代田区大手町6丁目7 | 番地　8号 |
| (4) | 住所（住民登録をするところ） | 東京都港区西新橋7丁目8 | 番地　9号 |
| | | 世帯主の氏名　乙山春雄 | 世帯主との続き柄　妻の子 |
| (5) | 父母の氏名　生年月日（子が生まれたときの年齢） | 父　　　年　月　日（満　歳） | 母　乙山冬子　昭和55年1月13日（満28歳） |
| (6) | 本籍（外国人のときは国籍だけを書いてください） | 東京都千代田区平河町1丁目10 | 番地 |
| | | 筆頭者の氏名　乙山春雄 | |
| (7) | 同居を始めたとき | 　年　月（結婚式をあげたとき、または、同居を始めたときのうち早いほうを書いてください） | |

| その他 | 平成20年12月6日乙山春雄との親子関係不存在確認の裁判確定につき，裁判の謄本及び確定証明書添付 |
|---|---|

| 届出人 | □1.父　□2.法定代理人（　）　□3.同居者　□4.医師　□5.助産師　□6.その他の立会者 |
| | ☑母 |
| | □7.公設所の長 |
| | 住所　東京都港区西新橋7丁目8　番地　9号 |
| | 本籍　東京都千代田区平河町1丁目10　番地　筆頭者の氏名　乙山春雄 |
| | 署名　乙山冬子㊞　　昭和55年1月13日生 |

（出生証明書省略）

| 父 | 甲村和夫 | | | |
|---|---|---|---|---|
| 母 | 智子 | 長女 | | |
| 妻 | 冬子 | 出生 昭和五拾年壱月拾参日 | | |
| 父 | | | | |
| 母 | 乙山冬子 | 長女 | | |
| | 孝子 | 出生 平成弐拾年八月七日 | | |

出生事項（省略）

平成拾七年五月拾弐日乙山春雄と婚姻届出山形市緑町五丁目六十番地甲村和夫戸籍から入籍㊞

平成弐拾年八月七日東京都千代田区で出生同年拾弐月拾日母届出（平成弐拾年拾弐月六日乙山春雄との親子関係不存在確認の裁判確定）入籍㊞

◇母の戸籍（三八二頁・三八三頁で見開き）

| 本　籍 | 東京都千代田区平河町一丁目十番地 | 氏　名 | 乙山春雄 |
|---|---|---|---|

平成拾七年五月拾弐日編製㊞

出生事項（省略）

平成拾七年五月拾弐日甲村冬子と婚姻届出東京都千代田区内神田四丁目五十番地乙山武夫戸籍から入籍㊞

| 父 | 乙山武夫 |
|---|---|
| 母 | 花子 |
|   | 長男 |

| 夫 | 春雄 |
|---|---|
| 出生 | 昭和五拾参年四月弐日 |

◇母の戸籍

(1の1)　　全部事項証明

| 本　　籍 | 東京都千代田区平河町一丁目１０番地 |
|---|---|
| 氏　　名 | 乙山　春雄 |
| 戸籍事項<br>　戸籍編製 | 【編製日】平成１７年５月１２日 |
| 戸籍に記録されている者 | 【名】春　雄<br><br>【生年月日】昭和５３年４月２日　【配偶者区分】夫<br>【父】乙山武夫<br>【母】乙山花子<br>【続柄】長男 |
| 身分事項<br>　出　　生<br>　婚　　姻 | 省略<br>- - - - - - - - - - - - - - - - - - - - - - - - - - - - - - - - -<br>【婚姻日】平成１７年５月１２日<br>【配偶者氏名】甲村冬子<br>【従前戸籍】東京都千代田区内神田四丁目５０番地　乙山武夫 |
| 戸籍に記録されている者 | 【名】冬　子<br><br>【生年月日】昭和５５年１月１３日　【配偶者区分】妻<br>【父】甲村和夫<br>【母】甲村智子<br>【続柄】長女 |
| 身分事項<br>　出　　生<br>　婚　　姻 | 省略<br>- - - - - - - - - - - - - - - - - - - - - - - - - - - - - - - - -<br>【婚姻日】平成１７年５月１２日<br>【配偶者氏名】乙山春雄<br>【従前戸籍】山形市緑町五丁目６０番地　甲村和夫 |
| 戸籍に記録されている者 | 【名】孝　子<br><br>【生年月日】平成２０年８月７日<br>【父】<br>【母】乙山冬子<br>【続柄】長女 |
| 身分事項<br>　出　　生 | 【出生日】平成２０年８月７日<br>【出生地】東京都千代田区<br>【届出日】平成２０年１２月１０日<br>【届出人】母<br>【特記事項】平成２０年１２月６日乙山春雄との親子関係不存在<br>　　　　　　確認の裁判確定 |

発行番号

## 事例30

父母の離婚後300日以内に出生した子の出生届を，母が，嫡出子否認の裁判の謄本を添付して，嫡出でない子として母の本籍地の市区町村長に届出をする場合

〔注〕この事例の出生子は，嫡出推定を受けるが，母の前夫の嫡出子否認の裁判が確定したため，その推定が排除されたので，母が，嫡出でない子として出生届をする場合です。なお，Q66，Q110及びQ150を参照願います。

# 出生届

受理 平成20年6月21日 第1235号
発送 平成 年 月 日
送付 平成 年 月 日 第 号
長印

平成20年6月21日届出

東京都千代田区 長 殿

| | | | | | |
|---|---|---|---|---|---|
| (1) | 子の氏名 | よみかた おつかわ ようじ 氏 乙川 名 洋治 | 父母との続き柄 | □嫡出子 ☑嫡出でない子 | [長] ☑男 □女 |
| (2) | 生まれたとき | 平成20年3月5日 □午前 ☑午後 9時30分 | | | |
| (3) | 生まれたところ | 東京都中央区日本橋9丁目10番地 11号 | | | |
| (4) | 住所（住民登録をするところ） | 東京都千代田区大手町2丁目9番地 10号 世帯主の氏名 乙川和子 世帯主との続き柄 子 | | | |
| (5) | 父母の氏名生年月日（子が生まれたときの年齢） | 父　　　　年　月　日（満　歳） | 母 乙川和子 昭和55年6月7日（満27歳） | | |
| (6) | 本籍（外国人のときは国籍だけを書いてください） | 東京都千代田区平河町2丁目30番地 筆頭者の氏名 乙川春男 | | | |
| (7) | 同居を始めたとき | 　年　月（結婚式をあげたとき、または、同居を始めたときのうち早いほうを書いてください） | | | |

その他
母につき新戸籍を編製　新本籍　東京都千代田区大手町2丁目55番地
平成20年6月18日甲野義太郎の嫡出子否認の裁判確定につき，裁判の謄本及び確定証明書添付

届出人
☑ 1.父母　□ 2.法定代理人（　　）　□ 3.同居者　□ 4.医師　□ 5.助産師　□ 6.その他の立会者
□ 7.公設所の長

住所　東京都千代田区大手町2丁目9番地 10号
本籍　東京都千代田区平河町2丁目30番地　筆頭者の氏名　乙川春男
署名　乙川和子 ㊞　昭和55年6月7日生

（出生証明書省略）

| | | | | | 父 | 乙川和子 | 父 |
|---|---|---|---|---|---|---|---|
| | | | | | 母 | | 母 |
| 出生 | | | 父母 | 出生 平成弐拾年参月五日 | | 洋治 | 長男 |

平成弐拾年参月五日東京都中央区で出生同年六月弐拾壱日母届出（平成弐拾年六月拾八日甲野義太郎の嫡出子否認の裁判確定）入籍㊞

◇母の新戸籍（三八六頁・三八七頁で見開き）

| 本　籍 | 東京都千代田区大手町二丁目五十五番地 |
|---|---|
| 氏　名 | 乙川和子 |

平成弐拾年六月弐拾壱日編製㊞

出生事項（省略）
子の出生届出平成弐拾年六月弐拾壱日東京都千代田区平河町二丁目三十番地乙川春男戸籍から入籍㊞

父　乙川春男　長
母　竹子　　　女

和子

出生　昭和五拾五年六月七日

◇母の新戸籍

| | (1の1) | 全部事項証明 |
|---|---|---|
| 本　　　籍<br>氏　　　名 | 東京都千代田区大手町二丁目５５番地<br>乙川　和子 | |
| 戸籍事項<br>　　戸籍編製 | 【編製日】平成２０年６月２１日 | |
| 戸籍に記録されている者 | 【名】和 子<br><br>【生年月日】昭和５５年６月７日<br>【父】乙川春男<br>【母】乙川竹子<br>【続柄】長女 | |
| 身分事項<br>　　出　　生<br><br>　　子の出生 | 省略<br><br>【入籍日】平成２０年６月２１日<br>【入籍事由】子の出生届出<br>【従前戸籍】東京都千代田区平河町二丁目３０番地　乙川春男 | |
| 戸籍に記録されている者 | 【名】洋 治<br><br>【生年月日】平成２０年３月５日<br>【父】<br>【母】乙川和子<br>【続柄】長男 | |
| 身分事項<br>　　出　　生 | 【出生日】平成２０年３月５日<br>【出生地】東京都中央区<br>【届出日】平成２０年６月２１日<br>【届出人】母<br>【特記事項】平成２０年６月１８日甲野義太郎の嫡出子否認の裁<br>　　　　　　判確定 | |
| | | 以下余白 |

発行番号

**事例31** 父母の離婚後300日以内に出生した子の出生届を，母が，親子関係不存在確認の裁判の謄本を添付して，嫡出でない子として母の住所地の市区町村長に届出をする場合

〔注〕 この事例の出生子は，嫡出推定を受けるが，子と母の前夫との間に親子関係不存在確認の裁判が確定したため，その推定が排除されたので，母が，嫡出でない子として出生届をする場合です。なお，Q67及びQ157を参照願います。

# 出 生 届

平成 20 年 7 月 18 日 届出

東京都港区　長 殿

受理　平成 20 年 7 月 18 日　第 1985 号
発送　平成 20 年 7 月 18 日
送付　平成 20 年 7 月 20 日　第 1752 号
東京都港区　長 ㊞

| | | | | |
|---|---|---|---|---|
| (1) | 子の氏名 | (よみかた) へいの はるお 丙野 春雄 | 父母との続き柄 | □嫡出子　☑嫡出でない子　(☑男 □女　長) |
| (2) | 生まれたとき | 平成 20 年 4 月 8 日　□午前 ☑午後 7 時 10 分 | | |
| (3) | 生まれたところ | 東京都港区新橋7丁目8　番地／番 9 号 | | |
| (4) | 住　所 (住民登録をするところ) | 東京都港区三田5丁目6　番地／番 7 号　世帯主の氏名 丙野 秋子　世帯主との続き柄 子 | | |
| (5) | 父母の氏名 生年月日 (子が生まれたときの年齢) | 父　　年　月　日（満　歳） | 母 丙野 秋子　昭和53年 10月 26日（満 29歳） | |
| (6) | 本　籍 (外国人のときは国籍だけを書いてください) | 仙台市青葉区春日町85　番地／番　筆頭者の氏名 丙野 秋子 | | |
| (7) | 同居を始めたとき | 　年　月 (結婚式をあげたとき，または，同居を始めたときのうち早いほうを書いてください) | | |

| その他 | 平成20年7月10日乙村太郎との親子関係不存在確認の裁判確定につき，裁判の謄本及び確定証明書添付 |
|---|---|

| 届出人 | □1.父母　□2.法定代理人（　）　□3.同居者　□4.医師　□5.助産師　□6.その他の立会者　□7.公設所の長 |
|---|---|
| 住所 | 東京都港区三田5丁目6　番地／番 7 号 |
| 本籍 | 仙台市青葉区春日町85　番地／番　筆頭者の氏名 丙野 秋子 |
| 署名 | 丙野 秋子 ㊞　昭和53年 10月 26日生 |

（出生証明書省略）

| 父 | 母 | | | 出生 | 父 母 | | |
|---|---|---|---|---|---|---|---|
| 丙野秋子 | | | | 平成弐拾年四月八日 | | | 平成弐拾年四月八日東京都港区で出生同年七月拾八日母届出（平成弐拾年七月拾日乙村太郎との親子関係不存在確認の裁判確定）同月弐拾日同区長から送付入籍㊞ |
| 長男 | | | | | 春雄 | | |

◇母の戸籍（三九〇頁・三九一頁で見開き）

| 本　籍 | 仙台市青葉区春日町八十五番地 | | 氏　名 | 丙　野　秋　子 |
|---|---|---|---|---|

平成拾九年拾弐月弐拾八日編製㊞

出生事項（省略）

平成拾九年拾弐月弐拾六日夫乙村太郎と協議離婚届出同月弐拾八日東京都千代田区長から送付同区平河町一丁目五番地乙村太郎戸籍から入籍㊞

| 父 | 丙　野　忠　治 | |
|---|---|---|
| 母 | 　　梅　子 | 二女 |

| 　 | 秋　　子 | 出生 昭和五拾参年拾月弐拾六日 |
|---|---|---|

◇母の戸籍

(1の1) 　全部事項証明

| 本　　　籍 | 仙台市青葉区春日町８５番地 |
|---|---|
| 氏　　　名 | 丙野　秋子 |
| 戸籍事項<br>　　戸籍編製 | 【編製日】平成１９年１２月２８日 |
| 戸籍に記録されている者 | 【名】秋子<br><br>【生年月日】昭和５３年１０月２６日<br>【父】丙野忠治<br>【母】丙野梅子<br>【続柄】二女 |
| 身分事項<br>　　出　　生<br>　　離　　婚 | 省略<br><br>【離婚日】平成１９年１２月２６日<br>【配偶者氏名】乙村太郎<br>【送付を受けた日】平成１９年１２月２８日<br>【受理者】東京都千代田区長<br>【従前の戸籍】東京都千代田区平河町一丁目５番地　乙村太郎 |
| 戸籍に記録されている者 | 【名】春雄<br><br>【生年月日】平成２０年４月８日<br>【父】<br>【母】丙野秋子<br>【続柄】長男 |
| 身分事項<br>　　出　　生 | 【出生日】平成２０年４月８日<br>【出生地】東京都港区<br>【届出日】平成２０年７月１８日<br>【届出人】母<br>【送付を受けた日】平成２０年７月２０日<br>【受理者】東京都港区長<br>【特記事項】平成２０年７月１０日乙村太郎との親子関係不存在<br>　　　　　　確認の裁判確定 |
| | 以下余白 |

発行番号

## 事例32

父母の離婚後300日以内に出生した子の出生届を，母が，医師の作成した懐胎時期に関する証明書を添付して，嫡出でない子として母の住所地の市区町村長に届出をする場合

〔注〕この事例の出生子は，嫡出推定を受けるが，医師の作成した「懐胎時期に関する証明書」を添付し，この証明書によって嫡出の推定が及ばないときは，母が，嫡出でない子として出生届をすることができます。なお，Q68及びQ159を参照願います。

# 出生届

平成20年10月5日届出

東京都新宿区 長 殿

受理 平成20年10月5日 第2134号
発送 平成20年10月11日
送付 平成20年10月13日 第1863号
東京都新宿区 長 ㊞

| | | | |
|---|---|---|---|
| (1) | 子の氏名 | （よみかた）こうやま さいこ 甲山 彩子 | 父母との続き柄 □嫡出子 ☑嫡出でない子 〔長 □男 ☑女〕 |
| (2) | 生まれたとき | 平成20年10月1日 ☑午前 □午後 6時20分 | |
| (3) | 生まれたところ | 東京都新宿区北新宿9丁目10 番 11号 | |
| (4) | 住所（住民登録をするところ） | 東京都新宿区西新宿8丁目9 番 10号 世帯主の氏名 甲山 幸子 世帯主との続き柄 子 | |
| (5) | 父母の氏名 生年月日（子が生まれたときの年齢） | 父　　　年　月　日（満　歳） | 母 甲山 幸子 昭和56年5月7日（満27歳） |
| (6) | 本籍（外国人のときは国籍だけを書いてください） | 京都市北区小山初音町19 番地 筆頭者の氏名 甲山 幸子 | |
| (7) | 同居を始めたとき | 　年　月（結婚式をあげたとき，または，同居を始めたときのうち早いほうを書いてください） | |

| その他 | 医師の作成した「懐胎時期に関する証明書」添付 |
|---|---|

| 届出人 | ☑1.父母　□2.法定代理人（　）　□3.同居者　□4.医師　□5.助産婦　□6.その他の立会者　□7.公設所の長 |
|---|---|
| | 住所 東京都新宿区西新宿8丁目9 番 10号 |
| | 本籍 京都市北区小山初音町19 番地 筆頭者の氏名 甲山 幸子 |
| | 署名 甲山 幸子 ㊞　昭和56年5月7日生 |

（出生証明書省略）

| 父 | |
|---|---|
| 母 | 甲山幸子 |
| | 長女 |
| 出生 | 平成弐拾年拾月壱日 |
| | 彩子 |
| 父 母 | |
| 出生 | |

平成弐拾年拾月壱日東京都新宿区で出生同月五日母届出（民法第七百七十二条の推定が及ばない）同月拾参日同区長から送付入籍㊞

◇母の戸籍（三九四頁・三九五頁で見開き）

| 本　籍 | 京都市北区小山初音町十九番地 |
| --- | --- |
| 氏　名 | 甲山幸子 |

平成拾九年拾弐月拾七日編製㊞

| | |
|---|---|
| 出生事項（省略） | |
| 平成拾九年拾弐月拾五日夫丙川五郎と協議離婚届出同月拾七日東京都中央区長から送付同区新川三丁目十番地丙川五郎戸籍から入籍㊞ | 父　甲山貞治<br>母　松子<br>　　三女 |
| 出生 | 幸子 |
| 昭和五拾六年五月七日 | |

◇母の戸籍

|  |  |
|---|---|
|  | (1の1) 全部事項証明 |

| 本　　　籍 | 京都市北区小山初音町１９番地 |
|---|---|
| 氏　　　名 | 甲山　幸子 |
| 戸籍事項<br>　　戸籍編製 | 【編製日】平成１９年１２月１７日 |
| 戸籍に記録されている者 | 【名】幸子<br><br>【生年月日】昭和５６年５月７日<br>【父】甲山貞治<br>【母】甲山松子<br>【続柄】三女 |
| 身分事項<br>　　出　　生<br><br>　　離　　婚 | 省略<br><br>【離婚日】平成１９年１２月１５日<br>【配偶者氏名】丙川五郎<br>【送付を受けた日】平成１９年１２月１７日<br>【受理者】東京都中央区長<br>【従前の戸籍】東京都中央区新川三丁目１０番地　丙川五郎 |
| 戸籍に記録されている者 | 【名】彩子<br><br>【生年月日】平成２０年１０月１日<br>【父】<br>【母】甲山幸子<br>【続柄】長女 |
| 身分事項<br>　　出　　生 | 【出生日】平成２０年１０月１日<br>【出生地】東京都新宿区<br>【届出日】平成２０年１０月５日<br>【届出人】母<br>【送付を受けた日】平成２０年１０月１３日<br>【受理者】東京都新宿区長<br>【特記事項】民法第７７２条の推定が及ばない |
|  | 以下余白 |

発行番号

## 事例33

父母の戸籍に在籍する女が、嫡出でない子を出生し、その出生届をする前に他男と夫の氏を称する婚姻をした後、母が、住所地の市区町村長に出生の届出をする場合

〔注〕この事例は、嫡出でない子を出生した母が、他男と夫の氏を称して婚姻し、在籍する父母の戸籍から除籍された後に、子の出生届をする場合です。なお、Q101及びQ142を参照願います。

# 出 生 届

平成 20 年 7 月 21 日 届出

東京都千代田区 長 殿

| 受理 | 平成 20 年 7 月 21 日 | 発送 | 平成 20 年 7 月 21 日 |
|---|---|---|---|
| 第 | 1569 号 | | 東京都千代田区 長 ㊞ |
| 送付 | 平成 20 年 7 月 23 日 | | |
| 第 | 1894 号 | | |

| 書類調査 | 戸籍記載 | 記載調査 | 調査票 | 附票 | 住民票 | 通知 |

| | | | | |
|---|---|---|---|---|
| (1) 生まれた子 | 子の氏名 | (よみかた) おつの はるみ 氏 名 乙野 春美 | 父母との続き柄 | □嫡出子 ☑嫡出でない子 〔長 □男 ☑女〕 |
| (2) | 生まれたとき | 平成 20 年 2 月 15 日 | ☑午前 □午後 7 時 50 分 | |
| (3) | 生まれたところ | 東京都港区西新橋5丁目6 | 番地 7 号 | |
| (4) | 住所(住民登録をするところ) | 京都市北区小山初音町9 世帯主の氏名 乙野忠治 | 番地 10 号 世帯主との続き柄 子の子 | |
| (5) | 父母の氏名生年月日(子が生まれたときの年齢) | 父 年 月 日(満 歳) | 母 甲村夏子 昭和58年 8 月 2 日(満 24 歳) | |
| (6) | 本籍(外国人のときは国籍だけを書いてください) | 京都市北区小山初音町18 筆頭者の氏名 乙野忠治 | 番地 | |
| (7) | 同居を始めたとき | 年 月 (結婚式をあげたとき、または、同居を始めたときのうち早いほうを書いてください) | | |

| その他 | 母平成20年6月5日婚姻届出<br>　子の出生当時の母の戸籍((6)欄)は、母が婚姻により除籍されているため、子を母の在籍していた戸籍の末尾にいったん入籍させた後、同時に同所同番地に子の新戸籍を編製する。 |
|---|---|

| 届出人 | □1.父 ☑母 □2.法定代理人( ) □3.同居者 □4.医師 □5.助産師 □6.その他の立会者 □7.公設所の長 |
|---|---|
| | 住所 東京都千代田区内神田8丁目9 番地 10 号 |
| | 本籍 東京都港区高輪9丁目10 番地 筆頭者の氏名 甲村秋男 |
| | 署名 甲村夏子 ㊞ 昭和58年 8 月 2 日生 |

(出生証明書省略)

| | | | 父 |
| --- | --- | --- | --- |
| | | | 甲村 |
| | 春美 | | 夏子 |
| | | | 長女 |

| 出生 | | 父母 | 出生 |
| --- | --- | --- | --- |
| | | | 平成弐拾年弐月拾五日 |

平成弐拾年弐月拾五日東京都港区で出生同年七月弐拾壱日母届出同月弐拾参日東京都千代田区長から送付入籍京都市北区小山初音町十八番地に新戸籍編製につき除籍㊞

◇母の婚姻前の戸籍（三九八頁・三九九頁で見開き）

|本籍|京都市北区小山初音町十八番地|
|氏名|乙野忠治|

編製事項（省略）

出生事項（省略）

平成弐拾年六月五日甲村秋男と婚姻届出同月七日東京都港区長から送付同区高輪九丁目十番地に夫の氏の新戸籍編製につき除籍㊞

|父|乙野忠治|
|母|竹子|
|長女| |

夏子

出生 昭和五拾八年八月弐日

◇子の新戸籍

| 本　籍 | 京都市北区小山初音町十八番地 |
|---|---|
| 氏　名 | 乙野春美 |

平成弐拾年七月弐拾参日編製㊞

平成弐拾年弐月拾五日東京都港区で出生同年七月弐拾壱日母届出同月弐拾参日東京都千代田区長から送付京都市北区小山初音町十八番地乙野忠治戸籍から入籍㊞

| 父 | 甲村 |
|---|---|
| 母 | 甲村夏子 |
| | 長女 |

| 出生 | 平成弐拾年弐月拾五日 | 春美 |

◇母の婚姻前の戸籍

| | | （1の1） | 全部事項証明 |
|---|---|---|---|
| 本　　　籍 | | 京都市北区小山初音町１８番地 | |
| 氏　　　名 | | 乙野　忠治 | |

| 戸籍事項 | |
|---|---|
| 　戸籍編製 | 省略 |

| 戸籍に記録されている者 | 【名】夏 子<br><br>【生年月日】昭和５８年８月２日<br>【父】乙野忠治<br>【母】乙野竹子<br>【続柄】長女 |
|---|---|
| 除　　籍 | |

| 身分事項 | |
|---|---|
| 　出　　生 | 省略 |
| 　婚　　姻 | 【婚姻日】平成２０年６月５日<br>【配偶者氏名】甲村秋男<br>【送付を受けた日】平成２０年６月７日<br>【受理者】東京都港区長<br>【新本籍】東京都港区高輪九丁目１０番地<br>【称する氏】夫の氏 |

| 戸籍に記録されている者 | 【名】春 美<br><br>【生年月日】平成２０年２月１５日<br>【父】<br>【母】甲村夏子<br>【続柄】長女 |
|---|---|
| 除　　籍 | |

| 身分事項 | |
|---|---|
| 　出　　生 | 【出生日】平成２０年２月１５日<br>【出生地】東京都港区<br>【届出日】平成２０年７月２１日<br>【届出人】母<br>【送付を受けた日】平成２０年７月２３日<br>【受理者】東京都千代田区長<br>【新本籍】京都市北区小山初音町１８番地 |

以下余白

発行番号

◇**子の新戸籍**

　　　　　　　　　　　　　　　　　　（1の1）　|　全 部 事 項 証 明

| | |
|---|---|
| 　　　本　　　籍<br>　　　氏　　　名 | 京都市北区小山初音町１８番地<br>乙野　春美 |
| 戸籍事項<br>　　戸籍編製 | 【編製日】平成２０年７月２３日 |
| 戸籍に記録されている者 | 【名】春美<br><br>【生年月日】平成２０年２月１５日<br>【父】<br>【母】甲村夏子<br>【続柄】長女 |
| 身分事項<br>　　出　　生 | 【出生日】平成２０年２月１５日<br>【出生地】東京都港区<br>【届出日】平成２０年７月２１日<br>【届出人】母<br>【送付を受けた日】平成２０年７月２３日<br>【受理者】東京都千代田区長<br>【従前戸籍】京都市北区小山初音町１８番地　乙野忠治 |
| | 以下余白 |

発行番号

## 事例34

戸籍の筆頭者である女が，嫡出でない子を出生し，その出生届をする前に他男と夫の氏を称する婚姻をした後，母が，本籍地の市区町村長に出生の届出をする場合

〔注〕この事例は，嫡出でない子を出生した母が，他男と夫の氏を称して婚姻し，母を筆頭者とする戸籍から除籍され，同戸籍は全員除籍で除かれた後に，子の出生届をする場合です。なお，Q145及びQ146を参照願います。

# 出 生 届

平成20年10月14日届出

東京都新宿区　長　殿

| | | 受理 | 平成20年10月14日 第1845号 | 発送 | 平成　年　月　日 | |
|---|---|---|---|---|---|---|
| | | 送付 | 平成　年　月　日 第　号 | | | 長印 |
| | | 書類調査 | 戸籍記載 | 記載調査 | 調査票 | 附票 | 住民票 | 通知 |

| | | | | | | |
|---|---|---|---|---|---|---|
| (1) | 子の氏名 | （よみかた）てい かわ なつ み　氏 丁川　名 夏美 | 父母との続き柄 | □嫡出子 ☑嫡出でない子 | 長 | □男 ☑女 |
| (2) | 生まれたとき | 平成20年8月10日 | ☑午前 □午後 | 6時40分 | | |
| (3) | 生まれたところ | 東京都中央区新川6丁目7 | | 番地8号 | | |
| (4) | 住所 (住民登録をするところ) | 東京都千代田区平河町2丁目8 世帯主の氏名　丙山高雄 | | 番地9号 世帯主との続き柄　妻の子 | | |
| (5) | 父母の氏名 生年月日 (子が生まれたときの年齢) | 父　　　　　年　月　日（満　歳） | | 母　丙山秋子 昭和56年10月8日（満26歳） | | |
| (6) | 本籍 (外国人のときは国籍だけを書いてください) | 東京都新宿区中落合9丁目100 筆頭者の氏名　丁川秋子 | | 番地番 | | |
| (7) | 同居を始めたとき | 年　月（結婚式をあげたとき，または，同居を始めたときのうち早いほうを書いてください） | | | | |

その他
母平成20年10月1日婚姻届出
　子の出生当時の母の戸籍（(6)欄）は，母が婚姻により除籍され，同戸籍は全員除籍で除かれているため，同戸籍を回復した上，回復後の戸籍の末尾に子を入籍させる。

届出人
☑1.父母　□2.法定代理人（　）　□3.同居者　□4.医師　□5.助産師　□6.その他の立会者
□7.公設所の長

住所　東京都千代田区平河町2丁目8　番地9号
本籍　東京都新宿区西新宿5丁目45　番地　筆頭者の氏名　丙山高雄
署名　丙山秋子㊞　昭和56年10月8日生

（出生証明書省略）

◇母の戸籍（回復前）

|除籍|

| 本籍 | 東京都新宿区中落合九丁目百番地 |
| --- | --- |
| 氏名 | 丁川秋子 |

平成弐拾年弐月参日編製㊞

平成弐拾年拾月壱日消除㊞

戸籍消除の記載は錯誤につき平成弐拾年拾月拾四日その記載消除㊞

出生事項（省略）

平成弐拾年弐月参日分籍届出仙台市青葉区春日町十六番地丁川正男

戸籍から入籍㊞

平成弐拾年拾月壱日丙山高雄と婚姻届出東京都新宿区西新宿五丁目四十五番地に夫の氏の新戸籍編製につき除籍㊞

| 父 | 丁川正男 | 長女 |
| --- | --- | --- |
| 母 | 松子 | |

出生 昭和五拾六年拾月八日

秋子

(注・本戸籍は，406頁から始まります)

| | | | | |
|---|---|---|---|---|
| 出生 | | 父母 | 出生 | 父 父<br>母 丙山秋子<br>　　長女 |
| | | | 平成弐拾年八月拾日 | 平成弐拾年八月拾日東京都中央区で出生同年拾月拾四日母届出入籍㊞ |
| | | | 夏美 | |

◇母の戸籍（回復後）（本戸籍は、四〇六頁・四〇五頁の順になります）

| 本　籍 | 東京都新宿区中落合九丁目百番地 | | 氏　名 | 丁　川　秋　子 |
|---|---|---|---|---|
| 平成弐拾年弐月参日編製㊞ | | | | |
| 戸籍消除の記載は錯誤につき平成弐拾年拾月拾四日回復㊞ | | | | |
| 出生事項（省略） | | | | |
| 平成弐拾年弐月参日分籍届出仙台市青葉区春日町十六番地丁川正男戸籍から入籍㊞ | | | | |
| 平成弐拾年拾月壱日丙山高雄と婚姻届出東京都新宿区西新宿五丁目四十五番地に夫の氏の新戸籍編製につき除籍㊞ | | | | |
| | 父 | 丁　川　正　男 | 長 | |
| | 母 | 丁　川　松　子 | 女 | |
| 出生 | 昭和五拾六年拾月八日 | | 秋　子 | |

## ◇母の戸籍（回復前）

| 除　　　籍 | （1の1） | 全部事項証明 |
|---|---|---|
| 本　　籍 | 東京都新宿区中落合九丁目100番地 | |
| 氏　　名 | 丁川　秋子 | |

| 戸籍事項 | |
|---|---|
| 　戸籍編製<br>　消　　除 | 【編製日】平成20年2月3日<br>【消除日】平成20年10月14日<br>【消除事項】戸籍消除事項<br>【消除事由】戸籍消除の記録錯誤<br>【従前の記録】<br>　　【消除日】平成20年10月1日 |

| 戸籍に記録されている者<br><br>除　籍 | 【名】秋子<br><br>【生年月日】昭和56年10月8日<br>【父】丁川正男<br>【母】丁川松子<br>【続柄】長女 |
|---|---|

| 身分事項 | |
|---|---|
| 　出　　生 | 省略 |
| 　分　　籍 | 【分籍日】平成20年2月3日<br>【従前戸籍】仙台市青葉区春日町16番地　丁川正男 |
| 　婚　　姻 | 【婚姻日】平成20年10月1日<br>【配偶者氏名】丙山高雄<br>【新本籍】東京都新宿区西新宿五丁目45番地<br>【称する氏】夫の氏 |

以下余白

発行番号

## ◇母の戸籍（回復後）

（1の1） 全部事項証明

| 本　　籍 | 東京都新宿区中落合九丁目１００番地 |
|---|---|
| 氏　　名 | 丁川　秋子 |

| 戸籍事項<br>　戸籍編製<br>　戸籍回復 | 【編製日】平成２０年２月３日<br>【回復日】平成２０年１０月１４日<br>【回復事由】戸籍消除の記録錯誤 |
|---|---|
| 戸籍に記録されている者<br><br>　　除　　籍 | 【名】秋子<br><br>【生年月日】昭和５６年１０月８日<br>【父】丁川正男<br>【母】丁川松子<br>【続柄】長女 |
| 身分事項<br>　出　　生<br><br>　分　　籍<br><br><br>　婚　　姻 | 省略<br><br>【分籍日】平成２０年２月３日<br>【従前戸籍】仙台市青葉区春日町１６番地　丁川正男<br><br>【婚姻日】平成２０年１０月１日<br>【配偶者氏名】丙山高雄<br>【新本籍】東京都新宿区西新宿五丁目４５番地<br>【称する氏】夫の氏 |
| 戸籍に記録されている者 | 【名】夏美<br><br>【生年月日】平成２０年８月１０日<br>【父】<br>【母】丙山秋子<br>【続柄】長女 |
| 身分事項<br>　出　　生 | 【出生日】平成２０年８月１０日<br>【出生地】東京都中央区<br>【届出日】平成２０年１０月１４日<br>【届出人】母 |
|  | 以下余白 |

発行番号

## 事例35

父母婚姻中に出生した子の出生届を，母が，離婚後に親子関係不存在確認の裁判の謄本及び母の離婚後の氏に変更する許可審判の謄本を添付して，嫡出でない子として母の本籍地の市区町村長に届出をする場合

〔注〕 この事例は，父母婚姻中に出生した子の出生届をする前に父母が離婚し，その後に子と母の前夫との間に親子関係不存在確認の裁判が確定し，さらに，子の氏変更の許可審判を得て，出生届をする場合です。なお，Q154及びQ155を参照願います。

**出 生 届**

平成 20 年 7 月 17 日 届出

京都市北区 長 殿

| 受理 | 平成 20 年 7 月 17 日 | 発送 | 平成 20 年 7 月 17 日 |
|---|---|---|---|
| 第 | 1579 号 | | 京都市北区 長 ㊞ |
| 送付 | 平成 20 年 7 月 19 日 | | |
| 第 | 1367 号 | | |
| 書類調査 | 戸籍記載 | 記載調査 | 調査票 | 附票 | 住民票 | 通知 |

生まれた子

(1) 子の氏名
(よみかた) こうの はるみ
氏 甲野　名 春美
父母との続き柄：☐嫡出子　☑嫡出でない子
〔長〕 ☐男 ☑女

(2) 生まれたとき　平成 20 年 1 月 12 日　☑午前 ☐午後 6 時 30 分

(3) 生まれたところ　東京都港区新橋8丁目9番地 10号

(4) 住所(住民登録をするところ)　京都市北区小山初音町20番地 21号
世帯主の氏名　乙川梅子　世帯主との続き柄　子

(5) 父母の氏名 生年月日 (子が生まれたときの年齢)
父　　　　年　月　日（満　歳）
母　乙川梅子　昭和55年 3 月 1 日（満 27 歳）

(6) 本籍(外国人のときは国籍だけを書いてください)　東京都千代田区平河町1丁目10番地
筆頭者の氏名　甲野義太郎

(7) 同居を始めたとき　　年　月（結婚式をあげたとき，または，同居を始めたときのうち早いほうを書いてください）

その他
父母平成20年4月3日離婚届出
母につき新戸籍を編製　新本籍　京都市北区小山初音町18番地
平成20年7月9日甲野義太郎との親子関係不存在確認の裁判確定につき，裁判の謄本及び確定証明書添付，子は「母の氏を称して入籍する。」氏変更許可審判書謄本添付

届出人
☐1.父　☑母　☐2.法定代理人（　）　☐3.同居者　☐4.医師　☐5.助産師　☐6.その他の立会者
☐7.公設所の長

住所　京都市北区小山初音町20番地 21号
本籍　京都市北区小山初音町18番地　筆頭者の氏名　乙川忠治
署名　乙川梅子 ㊞　昭和55年 3 月 1 日生

（出生証明書省略）

| 父 | 母 | | 出生 | | 父 母 | | | |
|---|---|---|---|---|---|---|---|---|
| | 乙川梅子 | 春美 | 平成弐拾年壱月拾弐日 | | | | | 出生 |
| | 長女 | | | | | | | |

平成弐拾年壱月拾弐日東京都港区で出生同年七月拾七日母届出（平成弐拾年七月九日甲野義太郎との親子関係不存在確認の裁判確定同月拾七日母の氏を称する入籍届出）入籍㊞

◇母の新戸籍 （四一〇頁・四一一頁で見開き）

| 本籍 | 京都市北区小山初音町十八番地 | 氏名 | 乙川梅子 |
|---|---|---|---|
| 平成弐拾年七月拾七日編製㊞ | | | |

出生事項（省略）

子の出生届出平成弐拾年七月拾七日京都市北区小山初音町十八番地

乙川忠治戸籍から入籍㊞

| 父 | 乙川忠治 |
| 母 | 松子 |
| 長女 | |

梅子

出生 昭和五拾五年参月壱日

◇母の従前戸籍

| 本　籍 | 京都市北区小山初音町十八番地 | 氏　名 | 乙川忠治 |
|---|---|---|---|

編製事項（省略）

出生事項（省略）

平成弐拾年四月参日夫甲野義太郎と協議離婚届出同月五日東京都千代田区長から送付同区平河町一丁目十番地甲野義太郎戸籍から入籍㊞

平成弐拾年七月拾七日子の出生届出京都市北区小山初音町十八番地に新戸籍編製につき除籍㊞

| 父 | 乙川忠治 |
|---|---|
| 母 | 乙松子 |
|   | 長女 |

梅子

出生　昭和五拾五年参月壱日

◇母の新戸籍

| | | (1の1) | 全部事項証明 |
|---|---|---|---|

| 本　　　籍 | 京都市北区小山初音町１８番地 |
|---|---|
| 氏　　　名 | 乙川　梅子 |

| 戸籍事項<br>　　戸籍編製 | 【編製日】平成２０年７月１７日 |
|---|---|
| 戸籍に記録されている者 | 【名】梅子<br><br>【生年月日】昭和５５年３月１日<br>【父】乙川忠治<br>【母】乙川松子<br>【続柄】長女 |
| 身分事項<br>　　出　生<br><br>　　子の出生 | 省略<br><br>【入籍日】平成２０年７月１７日<br>【入籍事由】子の出生届出<br>【従前戸籍】京都市北区小山初音町１８番地　乙川忠治 |
| 戸籍に記録されている者 | 【名】春美<br><br>【生年月日】平成２０年１月１２日<br>【父】<br>【母】乙川梅子<br>【続柄】長女 |
| 身分事項<br>　　出　生 | 【出生日】平成２０年１月１２日<br>【出生地】東京都港区<br>【届出日】平成２０年７月１７日<br>【届出人】母<br>【特記事項】平成２０年７月９日甲野義太郎との親子関係不存在確認の裁判確定，平成２０年７月１７日母の氏を称する入籍届出 |
| | 以下余白 |

発行番号

## ◇母の従前戸籍

|  |  | （1の1） | 全部事項証明 |
|---|---|---|---|
| 本　　　籍 | 京都市北区小山初音町１８番地 | | |
| 氏　　　名 | 乙川　忠治 | | |
| 戸籍事項<br>　　戸籍編製 | 省略 | | |

| 戸籍に記録されている者<br><br>除　　籍 | 【名】梅 子<br><br>【生年月日】昭和５５年３月１日<br>【父】乙川忠治<br>【母】乙川松子<br>【続柄】長女 |
|---|---|
| 身分事項<br>　　出　　生 | 省略 |
| 　　離　　婚 | 【離婚日】平成２０年４月３日<br>【配偶者氏名】甲野義太郎<br>【送付を受けた日】平成２０年４月５日<br>【受理者】東京都千代田区長<br>【従前戸籍】東京都千代田区平河町一丁目１０番地　甲野義太郎 |
| 　　子の出生 | 【入籍日】平成２０年７月１７日<br>【入籍事由】子の出生届出<br>【新本籍】京都市北区小山初音町１８番地 |
|  | 以下余白 |

発行番号

**事例36** 日本人女の子が日本で出生し，子の父の本国法が事実主義を採用している旨を明らかにして，母が，嫡出でない子の出生届を住所地の市区町村長に届出をする場合

〔注〕 父の本国法が事実主義の法制を採っている場合は、子と父との親子関係は認められるので、出生届書に父の氏名を記載して届出することができます。本事例はその場合です。なお、Q114を参照願います。

# 出 生 届

平成 20 年 11 月 5 日 届出

東京都中央区 長 殿

| 受理 | 平成 20 年 11 月 5 日 | 発送 | 平成 20 年 11 月 5 日 |
|---|---|---|---|
| 第 | 1689 号 | | 東京都中央区 長 ㊞ |
| 送付 | 平成 20 年 11 月 7 日 | | |
| 第 | 912 号 | | |

| 書類調査 | 戸籍記載 | 記載調査 | 調査票 | 附票 | 住民票 | 通知 |

|   |   |   |   |
|---|---|---|---|
| (1) | 子の氏名 | (よみかた) こうの たろう／氏 甲野 名 太郎 | 父母との続き柄 □嫡出子 ☑嫡出でない子　〔長〕 ☑男 □女 |
| (2) | 生まれたとき | 平成 20 年 10 月 24 日　□午前 ☑午後 8 時 20 分 | |
| (3) | 生まれたところ | 東京都中央区湊5丁目6　番地／番 7 号 | |
| (4) | 住所（住民登録をするところ） | 東京都中央区新川6丁目9　番地／番 10 号　世帯主の氏名 甲野 花子　世帯主との続き柄 子 | |
| (5) | 父母の氏名 生年月日 (子が生まれたときの年齢) | 父 エスパノ，ゴサレス　西暦1981年 3月 1日（満 27 歳）　母 甲野 花子　昭和59年 4月 23日（満 24 歳） | |
| (6) | 本籍（外国人のときは国籍だけを書いてください） | （母）千葉市若葉区桜木町50　番地／番　筆頭者の氏名 甲野 花子　父の国籍 フィリピン共和国 | |
| (7) | 同居を始めたとき | 　年　月（結婚式をあげたとき、または、同居を始めたときのうち早いほうを書いてください） | |
| | その他 | 父の本国法は事実主義を採用している。<br>父の国籍証明書，父の申述書，父の本国法の写しを提出する。 | |

| 届出人 | □1.父 ☑母 □2.法定代理人（ ） □3.同居者 □4.医師 □5.助産師 □6.その他の立会者 □7.公設所の長 |
|---|---|
| | 住所　東京都中央区新川6丁目9　番地／番 10 号 |
| | 本籍　千葉市若葉区桜木町50　番地／番　筆頭者の氏名 甲野 花子 |
| | 署名　甲野 花子 ㊞　昭和59年 4月 23日生 |

(出生証明書省略)

| | | 出生 | | 父 母 | 出生 | | 母 | 父 |
|---|---|---|---|---|---|---|---|---|
| | | | | | 平成弐拾年拾月弐拾四日 | 太郎 | 甲野 花子 長男 | エスパノ、ゴサレス |

平成弐拾年拾月弐拾四日東京都中央区で出生（父国籍フィリピン共和国西暦千九百八拾壱年参月壱日生）同年拾壱月五日母届出同月七日同区長から送付入籍㊞

◇母の戸籍（四一六頁・四一七頁で見開き）

| 本　籍 | 千葉市若葉区桜木町五十番地 | 氏　名 | 甲野花子 |

平成弐拾年九月拾参日編製㊞

出生事項（省略）

平成弐拾年九月拾参日分籍届出横浜市中区寿町五丁目三十番地甲野

幸治戸籍から入籍㊞

父　甲野幸治
母　　　梅子
長女

出生　昭和五拾九年四月弐拾参日

花子

第2　嫡出でない子の出生届

◇母の戸籍

|  |  | （1の1） | 全部事項証明 |

| 本　　　籍 | 千葉市若葉区桜木町５０番地 |
|---|---|
| 氏　　　名 | 甲野　花子 |

| 戸籍事項<br>　　戸籍編製 | 【編製日】平成２０年９月１３日 |
|---|---|
| 戸籍に記録されている者 | 【名】花子<br><br>【生年月日】昭和５９年４月２３日<br>【父】甲野幸治<br>【母】甲野梅子<br>【続柄】長女 |
| 身分事項<br>　　出　　生<br><br>　　分　　籍 | 省略<br><br>-----<br>【分籍日】平成２０年９月１３日<br>【従前戸籍】横浜市中区寿町五丁目３０番地　甲野幸治 |
| 戸籍に記録されている者 | 【名】太郎<br><br>【生年月日】平成２０年１０月２４日<br>【父】エスパノ，ゴサレス<br>【母】甲野花子<br>【続柄】長男 |
| 身分事項<br>　　出　　生 | 【出生日】平成２０年１０月２４日<br>【出生地】東京都中央区<br>【父の国籍】フィリピン共和国<br>【父の生年月日】西暦１９８１年３月１日<br>【届出日】平成２０年１１月５日<br>【届出人】母<br>【送付を受けた日】平成２０年１１月７日<br>【受理者】東京都中央区長 |
|  | 以下余白 |

発行番号

## 事例37 日本人男が胎児認知した日本人女の嫡出でない子について，母が，住所地の市区町村長に出生の届出をする場合

〔注〕 胎児認知された子が出生した場合は，出生届により母の戸籍に入籍し，出生事項のほかに胎児認知事項が記載されます。また，父の本籍地の市区町村長に，胎児認知届書が送付され（出生届の写し添付），父の戸籍に胎児認知の記載がされます。本事例はその場合です。なお，Q115を参照願います。

# 出生届

平成20年12月3日届出

東京都千代田区長 殿

受理 平成20年12月3日 第2548号
送付 平成20年12月5日 第1987号
発送 平成20年12月3日
東京都千代田区 長 ㊞

書類調査　戸籍調査　記載調査　調査票　附票　住民票　通知

生まれた子

(1) 子の氏名　（よみかた）おつかわ ようこ　乙川 洋子　父母との続き柄 ☐嫡出子 ☑嫡出でない子　〔長〕 ☐男 ☑女

(2) 生まれたとき　平成20年11月24日 ☑午前 ☐午後 9時30分

(3) 生まれたところ　東京都港区南麻布6丁目7番地8号

(4) 住所（住民登録をするところ）　東京都千代田区大手町4丁目5番地6号　世帯主の氏名 乙川朝子　世帯主との続き柄 子

(5) 父母の氏名 生年月日（子が生まれたときの年齢）　父 甲野義太郎　昭和50年3月4日（満33歳）　母 乙川朝子　昭和55年4月6日（満28歳）

(6) 本籍（外国人のときは国籍だけを書いてください）　横浜市港北区新横浜5丁目30番地　筆頭者の氏名 乙川朝子

(7) 同居を始めたとき　　年　月（結婚式をあげたとき，または，同居を始めたときのうち早いほうを書いてください）

その他　出生子は，平成20年9月20日父甲野義太郎から胎児認知されている。
父の戸籍の表示　東京都新宿区北新宿8丁目90番地　甲野義太郎

届出人
☑1.父母 ☐2.法定代理人（　） ☐3.同居者 ☐4.医師 ☐5.助産師 ☐6.その他の立会者 ☐7.公設所の長

住所　東京都千代田区大手町4丁目5番地6号
本籍　横浜市港北区新横浜5丁目30番地　筆頭者の氏名 乙川朝子
署名　乙川朝子 ㊞　昭和55年4月6日生

（出生証明書省略）

| | | 父 | 甲野 義太郎 | 長 |
| --- | --- | --- | --- | --- |
| | | 母 | 乙川 朝子 | 女 |

平成弐拾壱月弐拾四日東京都港区で出生同年拾弐月参日母届出

同月五日東京都千代田区長から送付入籍㊞

平成弐拾年九月弐拾日東京都新宿区北新宿八丁目九十番地甲野義太郎胎児認知届出㊞

| 出生 | | | 父 母 | 出生 | 洋 子 | 平成弐拾壱年拾壱月弐拾四日 |
| --- | --- | --- | --- | --- | --- | --- |

◇母の戸籍（四二〇頁・四二二頁で見開き）

| 本　籍 | 横浜市港北区新横浜五丁目三十番地 |
| --- | --- |
| 氏　名 | 乙川朝子 |

平成拾八年参月七日編製㊞

出生事項（省略）

平成拾八年参月五日夫丙山春雄と協議離婚届出同月七日大阪市北区長から送付同区老松町二丁目十番地丙山春雄戸籍から入籍㊞

| 父 | 乙川三郎 |
| --- | --- |
| 母 | 松子 |
| | 二女 |

| 出生 | 昭和五拾五年四月六日 |
| --- | --- |

朝子

◇父の戸籍

| 本　籍 | 東京都新宿区北新宿八丁目九十番地 | 氏　名 | 甲野　義太郎 |
|---|---|---|---|

編製事項（省略）

出生事項（省略）

分籍事項（省略）

平成弐拾年九月弐拾日横浜市港北区新横浜五丁目三十番地乙川朝子同籍洋子を胎児認知届出同年拾弐月七日同区長から送付㊞

父　甲野　幸治
母　　　　道子
　　　　　　二男

出生　昭和五拾年参月四日

義太郎

◇母の戸籍

|  | （1の1） | 全部事項証明 |
|---|---|---|
| 本　　　籍<br>氏　　　名 | 横浜市港北区新横浜五丁目３０番地<br>乙川　朝子 | |

| 戸籍事項<br>　　戸籍編製 | 【編製日】平成１８年３月７日 |
|---|---|
| 戸籍に記録されている者 | 【名】朝　子<br><br>【生年月日】昭和５５年４月６日<br>【父】乙川三郎<br>【母】乙川松子<br>【続柄】二女 |
| 身分事項<br>　　出　　生<br><br>　　離　　婚 | 省略<br><br>【離婚日】平成１８年３月５日<br>【配偶者氏名】丙山春雄<br>【送付を受けた日】平成１８年３月７日<br>【受理者】大阪市北区長<br>【従前戸籍】大阪市北区老松町二丁目１０番地　丙山春雄 |
| 戸籍に記録されている者 | 【名】洋　子<br><br>【生年月日】平成２０年１１月２４日<br>【父】甲野義太郎<br>【母】乙川朝子<br>【続柄】長女 |
| 身分事項<br>　　出　　生<br><br><br><br><br><br>　　認　　知 | 【出生日】平成２０年１１月２４日<br>【出生地】東京都港区<br>【届出日】平成２０年１２月３日<br>【届出人】母<br>【送付を受けた日】平成２０年１２月５日<br>【受理者】東京都千代田区長<br><br>【胎児認知日】平成２０年９月２０日<br>【認知者氏名】甲野義太郎<br>【認知者の戸籍】東京都新宿区北新宿八丁目９０番地　甲野義太郎 |
| | 以下余白 |

発行番号

## ◇父の戸籍

| | (1の1) | 全部事項証明 |
|---|---|---|

| 本　　籍 | 東京都新宿区北新宿八丁目９０番地 |
|---|---|
| 氏　　名 | 甲野　義太郎 |

| 戸籍事項<br>　　戸籍編製 | 省略 |
|---|---|

| 戸籍に記録されている者 | 【名】義太郎<br><br>【生年月日】昭和５０年３月４日<br>【父】甲野幸治<br>【母】甲野道子<br>【続柄】二男 |
|---|---|
| 身分事項<br>　　出　　生 | 省略 |
| 　　分　　籍 | 省略 |
| 　　認　　知 | 【胎児認知日】平成２０年９月２０日<br>【認知した子の氏名】乙川洋子<br>【認知した子の戸籍】横浜市港北区新横浜五丁目３０番地　乙川朝子<br>【送付を受けた日】平成２０年１２月７日<br>【受理者】横浜市港北区長 |
| | 　　　　　　　　　　　　　　　　　　　　　　　　　　　　　　以下余白 |

発行番号

## 事例38　日本人男が胎児認知した外国人女の嫡出でない子について、母が、住所地の市区町村長に出生の届出をする場合

〔注〕本事例は、外国人女の胎児が日本人男から認知され、その胎児の出生による出生届をした場合です。子は出生によって日本国籍を取得しているので、この出生届によって子は単独の新戸籍を編製し、父の戸籍には胎児認知事項が記載されます。なお、Q116を参照願います。

---

**出　生　届**

平成 20 年 10 月 15 日 届出

東京都港区　　長殿

受理　平成 20 年 10 月 15 日　第 2356 号
送付　平成 20 年 10 月 17 日　第 1697 号
発送　平成 20 年 10 月 15 日　東京都港区　長㊞

書類調査　戸籍記載　記載調査　調査票　附票　住民票　通知

| | | | | |
|---|---|---|---|---|
| (1) | 子の氏名 | （よみかた）こうの　こういち　氏 甲野　名 幸一 | 父母との続き柄 | □嫡出子　☑嫡出でない子　〔長〕　☑男　□女 |
| (2) | 生まれたとき | 平成 20 年 10 月 3 日　□午前 ☑午後 7 時 20 分 | | |
| (3) | 生まれたところ | 東京都中央区日本橋7丁目8番地 9 号 | | |
| (4) | 住所（住民登録をするところ） | 東京都港区西新橋5丁目6番地 7 号　世帯主の氏名（カルセナ，ソナリン）　世帯主との続き柄　子 | | |
| (5) | 父母の氏名生年月日（子が生まれたときの年齢） | 父 甲野 幸吉　昭和51年 4月 6日（満 32歳）　母 カルセナ，ソナリン　西暦1984年 6月 8日（満 24歳） | | |
| (6) | 本籍（外国人のときは国籍だけを書いてください） | （父）千葉市中央区中央港8丁目60番地　筆頭者の氏名 甲野 松治　母の国籍 フィリピン共和国 | | |
| (7) | 同居を始めたとき | 　年　月（結婚式をあげたとき、または、同居を始めたときのうち早いほうを書いてください） | | |

その他
　出生子は、日本人父甲野幸吉から平成20年 8月10日胎児認知届がされているので、日本国籍を取得し、氏を「甲野」と定めて、次の場所に新戸籍を編製する。
　新本籍　東京都港区西新橋5丁目6番

届出人
□1.父　☑母　□2.法定代理人（　　　）□3.同居者　□4.医師　□5.助産師　□6.その他の立会者　□7.公設所の長

住所　東京都港区西新橋5丁目6番地 7 号
本籍　国籍 フィリピン共和国　番地　筆頭者の氏名
署名（サイン）カルセナ，ソナリン ㊞　西暦1984年 6月 8日生

（出生証明書省略）

## ◇子の戸籍

| 本　籍 | 東京都港区西新橋五丁目六番 | | |
|---|---|---|---|
| | 平成弐拾年拾月拾五日編製㊞ | | |
| | 平成弐拾年拾月参日東京都中央区で出生同月拾五日母（国籍フィリピン共和国西暦千九百八拾四年六月八日生）届出入籍㊞ 平成弐拾年八月拾日千葉市中央区中央港八丁目六十番地甲野松治同籍幸吉胎児認知届出㊞ | | |
| | 父 甲野幸吉 長男 | 母 カルセナ、ソナリン | |
| | | 氏　名 | 甲野幸一 |
| 出生 平成弐拾年拾月参日 | 幸一 | | |

◇父の戸籍

| 本　籍 | 千葉市中央区中央港八丁目六十番地 |
|---|---|
| 編製事項（省略） | |
| | 氏　名　　甲野松治 |

| 出生事項 | 平成弐拾年八月拾日東京都港区西新橋五丁目六番甲野幸一を胎児認知届出同年拾月拾七日同区長から送付㊞ |
|---|---|
| 父　甲野松治　長 | |
| 母　甲野竹子　男 | |
| 出生 昭和五拾壱年四月六日 | 幸　吉 |

◇**子の戸籍**

(1の1) | 全部事項証明

| 本　　籍 | 東京都港区西新橋五丁目6番 |
|---|---|
| 氏　　名 | 甲野　幸一 |
| 戸籍事項<br>　　戸籍編製 | 【編製日】平成20年10月15日 |
| 戸籍に記録されている者 | 【名】幸一<br>【生年月日】平成20年10月3日<br>【父】甲野幸吉<br>【母】カルセナ，ソナリン<br>【続柄】長男 |
| 身分事項<br>　　出　　生 | 【出生日】平成20年10月3日<br>【出生地】東京都中央区<br>【母の国籍】フィリピン共和国<br>【母の生年月日】西暦1984年6月8日<br>【届出日】平成20年10月15日<br>【届出人】母 |
| 　　認　　知 | 【胎児認知日】平成20年8月10日<br>【認知者氏名】甲野幸吉<br>【認知者の戸籍】千葉市中央区中央港八丁目60番地　甲野松治 |
| | 以下余白 |

発行番号

◇父の戸籍

(1の1) 全部事項証明

| 本　　　籍 | 千葉市中央区中央港八丁目６０番地 |
|---|---|
| 氏　　　名 | 甲野　松治 |
| 戸籍事項<br>　　戸籍編製 | 省略 |

～～～～～～～～～～～～～～～～～～～～～～～～～～～

| 戸籍に記録されている者 | 【名】幸吉<br><br>【生年月日】平成５１年４月６日<br>【父】甲野松治<br>【母】甲野竹子<br>【続柄】長男 |
|---|---|
| 身分事項<br>　　出　　生 | 省略 |
| 　　認　　知 | 【胎児認知日】平成２０年８月１０日<br>【認知した子の氏名】甲野幸一<br>【認知した子の戸籍】東京都港区西新橋五丁目６番　甲野幸一<br>【送付を受けた日】平成２０年１０月１７日<br>【受理者】東京都港区長 |
| | 以下余白 |

発行番号

## 著者略歴

### 荒木　文明（あらき・ふみあき）

| | |
|---|---|
| 昭和43年 | 秋田地方法務局戸籍課事務官 |
| 昭和55年 | 東京法務局八王子支局戸籍課戸籍係長 |
| 昭和60年 | 東京法務局民事行政部戸籍課総括係長 |
| 昭和61年 | 浦和地方法務局大宮支局総務課長 |
| 平成元年 | 新潟地方法務局村上支局長 |
| 平成2年 | 新潟地方法務局戸籍課長 |
| 平成3年 | 東京法務局民事行政部戸籍課長 |
| 平成5年 | 浦和地方法務局大宮支局長 |
| 平成7年 | 浦和地方法務局川越支局長 |
| 平成8年 | 退職 |
| 平成9年 | 東京家庭裁判所参与員（現在） |

戸籍のための
Q&A「出生届」のすべて

2008年1月25日　初版発行
2021年1月29日　初版第3版発行

著　者　荒　木　文　明
発行者　和　田　　　裕

発行所　日本加除出版株式会社
本　社　郵便番号 171-8516
　　　　東京都豊島区南長崎3丁目16番6号
　　　　ＴＥＬ（03）3953-5757（代表）
　　　　　　　（03）3952-5759（編集）
　　　　ＦＡＸ（03）3953-5772
　　　　ＵＲＬ　www.kajo.co.jp
営業部　郵便番号 171-8516
　　　　東京都豊島区南長崎3丁目16番6号
　　　　ＴＥＬ（03）3953-5642
　　　　ＦＡＸ（03）3953-2061

組版　㈱郁文　／　印刷・製本（POD）京葉流通倉庫㈱

落丁本・乱丁本は本社でお取替えいたします。
★定価はカバー等に表示してあります。
Ⓒ F. Araki 2008
Printed in Japan
ISBN978-4-8178-3780-6

---

| JCOPY |〈出版者著作権管理機構　委託出版物〉|

本書を無断で複写複製（電子化を含む）することは、著作権法上の例外を除き、禁じられています。複写される場合は、そのつど事前に出版者著作権管理機構（JCOPY）の許諾を得てください。
また本書を代行業者等の第三者に依頼してスキャンやデジタル化することは、たとえ個人や家庭内での利用であっても一切認められておりません。

〈JCOPY〉HP：https://www.jcopy.or.jp, e-mail：info@jcopy.or.jp
　　　　電話：03-5244-5088, FAX：03-5244-5089

# REGISTRAR BOOKS

## ⑫⓪ 戸籍実務相談 Ⅲ
――明快！解決へのアプローチ――

東京戸籍事務研究会　編

『戸籍時報』誌「実務相談」コーナー掲載の実務上必要性の高い事例を更に厳選し、収録しています。戸籍事務処理に欠かせない一冊。

A5判・424頁・4,620円（税込）[2007.11]

## ⑪⑨ 精選 戸籍法判例解説

村重　慶一　著

『戸籍時報』にて大好評連載中の「戸籍判例ノート」がついに単行本化。戸籍法関連判例の特に重要な126例を掲載、解説しています。

A5判・400頁・3,780円（税込）[2007.09]

## ⑪⑧ 設題解説 渉外戸籍実務の処理
――Ⅳ　出生・認知編――

渉外戸籍実務研究会　著

渉外戸籍実務処理シリーズの第4弾。渉外出生・認知の届出事件における処理上の問題点とその解釈のあり方等が詳細に解説されています。

A5判・448頁・4,200円（税込）[2007.07]

## ⑪⑦ スポット 戸籍の実務 Ⅲ
――戸籍の窓口相談から――

木村三男　監修・竹澤雅二郎　著

市区町村、法務局、家庭裁判所などの相談窓口の事例の中から特に重要なものについて、やさしくていねいに解説します。

A5判・392頁・3,990円（税込）[2007.03]

---

「家族」から発想する、いつくしむ世紀へ
**日本加除出版**

〒171-8516　東京都豊島区南長崎3丁目16番6号
営業部　TEL(03)3953-5642　FAX(03)3953-2061
http://www.kajo.co.jp/